LES ANGES BLANCS

LES ANGES BLANCS

LOUISE ESCAMPE

© 2021, Louise Escampe
Édition : BoD – Books on Demand,
12/14 rond-point des Champs-Élysées, 75008 Paris
Impression : BoD - Books on demand, Norderstedt, Allemagne
ISBN : 9782322201112
Dépôt légal : mai 2021

" Maman, ta vie à toi c'est comme un film…
mais avec toi ça se termine toujours bien…"
        Ness

" Cette histoire ma puce fait partie de ta vie
mais je ne suis pas sûre de pouvoir te la raconter…
et pourtant, il faudrait que tu saches."

" Le monde ne sera pas détruit par ceux qui font le mal,
mais par ceux qui les regardent sans rien faire. "

                                          Albert Einstein

NOËL 2016

Nous ne sommes qu'à quelques jours de Noël, je suis alitée et j'ai encore froid même si je n'ai plus de fièvre.

Je contemple le ciel bleu par la fenêtre de ma chambre, il n'y a pas un nuage, plus une ombre, tout est limpide mais il est vide.

C'est cette absence, ce creux immense qui me fait souffrir...
Cette trahison inhumaine me remplit de haine et cette colère n'a pas de limite.

Je ne suis qu'une petite prof d'anglais, mariée, mère de 2 enfants, une minuscule poussière d'étoile dans l'univers et pourtant, j'ai découvert une vérité d'une grande cruauté qui ne concerne pas seulement ma petite personne mais l'humanité toute entière.

C'est cette même vérité qui est évoquée dans *Docteur Jekyll et Mr Hyde* de Robert Louis Stevenson.

Le Docteur Lanyon, meilleur ami de Jekyll a accès à une terrible révélation.
Il n'en dort plus, ne mange plus, vit reclus et finit par s'isoler, se couper du monde pour se laisser mourir.

Moi, je ne veux pas partir, je ne leur ferai pas ce plaisir, rien que pour cette raison je dois vivre.

Je n'ai plus de force, je suis vidée, anémiée, humiliée, salie, anéantie et je tousse à n'en plus finir depuis presque 2 mois maintenant. J'ai consulté 8 fois et j'ai même fait venir SOS médecin à 5 h du matin parce que j'étouffais allongée.
Ce dernier m'a dit que je n'étais pas si mal puisque j'avais réussi à me lever et à lui ouvrir la porte ! Il ne réalise pas quelle énergie il m'a fallu déployer pour y parvenir et ne pas réveiller ma famille. Je ne sais plus à quelle ordonnance me vouer.

J'ai eu accès à la connaissance début décembre, le jour de l'anniversaire de ma fille aînée grâce à Internet, j'avais pourtant rencontré les 2 mots clefs en feuilletant l'ouvrage de Christel Petitcollin : *Je pense trop,* 3 mois auparavant mais je n'avais pas pris le temps de chercher, tout simplement parce-que j'ignorais que je détenais la clef du problème.

J'ai tous les symptômes de la pneumonie, sans la fièvre. Certains jours, je ne peux plus me lever, je suis incapable de conduire et d'aller travailler.

Les médecins me disent que ce n'est pas grave puisque mes bronches sont normalement encombrées pour la saison. J'ai juste du mal à respirer et la toux me laisse très peu de répit, m'empêche de dormir et de guérir.

Aujourd'hui c'est Noël, j'ai réussi à me lever et à m'habiller.

Il faut paraître heureuse, c'est un jour de fête. Je vois le sapin, j'entends les cris des enfants et pourtant j'ai l'impression que ma santé se dégrade au fil du repas. Cette toux incessante et épuisante ne me lâche plus.

Ma tante à l'humour sarcastique, ne manque pas cette belle remarque en éclatant de rire :

" On dirait la Dame aux Camélias ! "

Qu'elle se rassure ! Je n'ai ni pneumonie, ni tuberculose. Je n'arrive pas à digérer ce que j'ai découvert. La violence de mes symptômes est proportionnelle à celle que j'ai reçue.

Je ne vais pas mourir, je vais vivre parce que j'ai quelque chose d'important à dire.

L'unique façon de parler sans être interrompu, c'est d'écrire.
C'est l'écriture qui va me délivrer de l'asphyxie dans laquelle je suis enfermée.

UNE RENCONTRE INSOLITE

Je suis encore couchée au lendemain de Noël et je revois le film de ma vie. Mon incroyable histoire débute en Sologne, au beau milieu de l'été 2015.

Depuis plusieurs années, je suis invitée à découvrir la brocante de Tours et je n'ai jamais le temps. Je ne le prends pas surtout donc je repousse toujours à plus tard…
Cette fois c'est décidé, j'y vais…Je vais me poser un peu et découvrir une jolie ville de France au bord de la Loire.
Mon oncle adore chiner et sa femme (la sœur de mon beau père)- Babette- le suit dans tous ses achats compulsifs. Leur demeure est un véritable musée, depuis le temps que j'en entends parler, je vais enfin pouvoir le découvrir…
Il paraît qu'à table, il ne faut pas trop bouger car le simple fait de reculer un coude, pourrait casser quelques tasses en porcelaine fine posées sur le buffet Napoléon 3 ! J'ai hâte de découvrir les lieux !
Ah, oui, j'oubliais ! Ils n'ont pas beaucoup de visites car ils ont 2 enfants handicapés, l'aîné a la sclérose en plaques, il est maintenant en fauteuil roulant et le plus jeune est autiste enfin c'est ce que je croyais…
Je revis cet étrange weekend en détails et je me le repasse en boucle comme si un indice m' échappait. Un couple d'amis a été convié , Annie et Jean ainsi que le frère du propriétaire des lieux que j'ai croisé 2 fois je crois ...
Une fois au mariage de ma mère, il y a 10 ans, je m'en souviens bien. Sa compagne était enceinte de 6 mois au moins. Quand il m'avait aperçue au dîner, il m'avait dévisagée comme si j'étais une extra-terrestre, avait appelé la mariée haut et fort en lui disant qu'il ne m'avait jamais vue auparavant ! Qu'elle me cachait ! Qu'il ignorait qu'elle avait une fille ! Il avait également pris son frère à témoin, qui lui disait m'avoir déjà rencontrée quelques fois…Qu'il connaissait mon existence….
J'avais dit à mon mari : " Il n'est pas bien ce gars-là ! " Il m'avait mise mal à l'aise et je me disais : lui est beaucoup plus éloigné que moi des mariés, je n'ai pas été invitée mais lui si ! Il en a de la chance…
Je me souviens qu'ensuite, il n'avait plus prêté attention à moi. L'humour le caractérisait, il avait mis une très bonne ambiance, s'était rapproché de sa compagne russe qui était juste à ma gauche et semblait la couver. Il était très tactile comme pour montrer qu'elle était à lui. Je déteste ce genre d'attitude, ça m'avait fait penser à certains ados, quand

j'avais 16 ans, ils avaient ce comportement, de peur de se faire voler leur copine, ça les rassurait de montrer aux autres qu'elle leur appartenait...

La 2e fois que je l'ai aperçu, c'était à l'enterrement de la mère de mon beau père, il y a 4 ans je crois, déjà. Il était venu en moto et j'avais noté qu'il était très maniaque en le voyant ranger des affaires avec beaucoup de minutie dans les sacoches des côtés de son véhicule à 2 roues, le même que dans la gendarmerie.

Depuis, j'ai des nouvelles de temps à autre à travers ma mère, une ou 2 fois par an. Je sais qu'il a été marié quand il était jeune. Sa femme était partie....Mais dans une lettre, elle lui avait écrit qu'elle souffrait trop loin de lui et qu'elle souhaitait revenir vivre à ses côtés. Malheureusement, cette lettre n'est jamais arrivée à bon port car sa mère et son frère (je vais l'appeler Bozo, car depuis quelque temps, il s'habille vraiment comme un clown), ont intercepté le courrier et l'ont brûlé. Je sais depuis des années - lui non - que son destin a été changé par ses proches soit disant pour son bien. Ils n'avaient pas le droit mais ils l'ont fait quand même. J'ai toujours trouvé ça terrible et injuste...

Ma mère me rappelle cette anecdote, à chaque fois qu'elle évoque le frère de Bozo car aujourd'hui, il a 54 ans, sa compagne russe l'a quitté et il ne semble pas très heureux. Il a été hospitalisé pour dépression...Il a l'air d'aller mieux et il est parmi nous pour ce déjeuner.

J'entre la première, Bozo m'accapare pour me faire visiter chaque pièce. En effet, c'est très impressionnant ! Je peux à peine circuler dans la maison. Mes yeux n'ont pas le temps de se poser. Entre les tableaux, les meubles et les miroirs, il n'y a plus de place sur les murs, tellement de choses au sol aussi, c'est très surprenant. De nombreux luminaires et des tulipes en pâte de verre un peu partout, une dominante Napoléon 3 mais il y a de tout et de toutes les époques, de la marqueterie aussi. Des caisses sont même en attente à la cave...J'ai également dû visiter cet endroit qu'il appelle " son antre " encore plus sombre que le reste...Je n'étais pas très à l'aise, toute seule avec cet oncle que je connais peu finalement.

Je ne sais pas comment il fait pour bricoler à la cave. C'est sombre, il n'y a pas d'air et l'odeur de moisissure me prend à la gorge. J'entends les piétons marcher et les voitures passer. Les gaz d'échappement passent par la trappe d'aération située en hauteur au niveau du trottoir. Il y a des caisses de cartons remplies de trésors, entassées les unes sur les autres. Nous remontons enfin à la surface.
Quelle drôle d'idée tout de même de m'avoir fait visiter la cave !
De plus, il n'y avait rien à voir, tout était emballé...

J'aime beaucoup chiner mais là vraiment, l'ancien est étouffant voire même agressif en raison de l'abondance des acquisitions et de la dominante du noir.

Trop d'anciens tue l'ancien et ici ça ne fait aucun doute !!!
Je le remercie pour la visite et le félicite par politesse. Je suis soulagée d'avoir beaucoup moins d'objets que lui mais je me dis qu'il faut quand même que je fasse attention car je ne jette rien !

Bozo et Babette ont une excuse avec 2 enfants gravement handicapés,
" la Brocante " pour eux c'est vital, c'est un exutoire...

Le repas dure des heures, mais je ne vois pas le temps passer. Il fait très chaud, la climatisation fonctionne et le froid me tombe sur les épaules.

Heureusement, j'avais pensé à prendre une petite veste en laine fine.
Les amis invités sont passionnants. Annie et Jean sont des amoureux de la nature et c'est la première fois que je les rencontre. Je suis ravie de croiser leur chemin. J'ai vraiment plaisir à échanger dans les domaines du jardinage, de la conservation des fruits, des légumes et des champignons tout particulièrement... Ils ont même expérimenté la lyophilisation avec une machine qui permet de dessécher tous les produits de la nature. Annie semble très créative, elle s'intéresse à tout…
Je suis étonnée qu'un couple aussi sincère, aussi humble, puisse être amis avec des citadins qui détestent la nature, s'intéressent au luxe, au paraître à toutes ces choses superficielles...C'est sans doute la loi des contraires qui les a réunis, les opposés s'attirent…
Je n'ai pas le temps de m'ennuyer car, il y a aussi un petit ange à côté de moi qui me fait beaucoup rire. Il plaisante et me provoque souvent, choisit les mêmes viandes que moi, les mêmes légumes et me taquine énormément.
J'apprécie sa présence, c'est une personne posée, cultivée, simple (contrairement à son frère), il a une voix apaisante. Je sais qu'il a travaillé dans la Gendarmerie, la Police, la " Cellule Secret Défense ", il a également été le " Garde du Corps " de célébrités dans le monde entier.
Il est ceinture noire de judo et de karaté, malheureusement il a échoué au test psychologique d'entrée au GIGN car trop sensible. Il est aujourd'hui jeune retraité, assez réservé, il ne se vante pas de ses exploits.
A ses côtés, on se sent en sécurité !
Bozo est encore au centre de la conversation. Il est d'une prétention rare et s'impose, toujours convaincu de détenir la vérité universelle. Il a travaillé dans une banque qui gère les grandes fortunes.
Il lui est arrivé quelque chose d'assez extraordinaire puisqu'il s'est lié d'amitié avec Léone, une riche veuve d'un certain âge, sans enfants.
Elle appréciait tellement Bozo qu'elle voulait l'adopter comme son fils. Elle l'avait choisi comme unique héritier. Cette femme était âgée, elle décède et lui lègue toute sa fortune. L'héritier ne se vante pas mais il est licencié à 2 ans de la retraite. Il s'en sort très bien puisqu'il négocie une indemnité de 45000 euros mais son image en prend un coup, il est tellement orgueilleux. Selon lui, des collègues jaloux, intéressés par son poste sont responsables de son renvoi, mais en réalité, le copinage avec les clients est interdit dans les banques. c'est une faute professionnelle….Personne ne dit mot.
Tout le monde l'écoute faire le récit de son histoire : il est victime de son héritage maintenant. Un des appartements dont il a hérité présente des charges tellement élevées qu'il ne peut pas le louer ni même le vendre pour le moment.
Il a fondé une association pour les victimes d'héritage et il est passé à la télévision, pour dénoncer un scandale qui aurait dérangé à un niveau supérieur. Il serait parvenu à inquiéter la haute société et la classe politique.
Aujourd'hui, il dit ne plus pouvoir agir au grand jour et travailler en catimini.
Quant à Babette, c' est une personne très discrète qui apporte les plats achetés chez le traiteur juste en face car elle ne cuisine pas. Elle n'aime pas le jardinage non plus et encore moins la campagne. C'est une citadine, ce n'est même pas une femme d'intérieur, elle

n'apprécie pas non plus faire le ménage...Ce n'est pas davantage une femme d'internet, elle aime le luxe, tout simplement.

Elle n'est pas jolie, même une robe à 1000 euros la met difficilement en valeur. Pourtant, elle était plutôt mignonne avant son mariage. J'ai vu des photos d'elle, dans la maison familiale : elle était pétillante, elle rayonnait même…
Surprenant….Non?

Elle s'arrange pour ne pas contrarier son mari. C'est une personne très gentille qui a horreur du vide, je m'en doutais un peu en voyant l'intérieur de la maison.

Vers 16h, Bozo nous propose une visite de la ville. Les hommes restent discuter dans le jardin miniature. Nous nous dirigeons à pied dans les quartiers très anciens. L'église est vraiment belle, les couleurs rouge magenta et bleu turquoise des vitraux sont superbes, je fais donc des photos pour me donner de nouvelles idées en peinture. Je pense que le petit ange n'a pas souhaité nous accompagner car il a voulu éviter des souvenirs, il s'est certainement marié dans cette église…

Nous rentrons dans quelques boutiques avant leur fermeture. La rue piétonne est très large ce qui donne une impression d'espace particulièrement agréable.

Bozo retrace l'historique de la ville et évoque même la présence d'un éléphant dans cette même cour, il y a fort longtemps, juste avant la fermeture des portes qui entourent une cour communale. L'employé ignorait tous ces détails historiques, Bozo est très fier d'en savoir plus sur le sujet que la personne responsable des lieux.

De retour à l'appartement, nous nous remettons à nouveau à table.

Et oui, c'est déjà l'heure de l'apéritif ! Les conversations reprennent, il fait toujours horriblement chaud, l'orage est annoncé pour le lendemain. Nous reprenons les mêmes places qu'au déjeuner, j' ai donc le même voisin de table qui m'appelle maintenant " Coco "...

C'est drôle mais la seule personne qui utilise " Coco ", c'est ma copine d'enfance qui vit dans le sud et qui habitait dans le même hameau que moi pendant plus de 20 ans. Je suis surprise qu'il utilise ce surnom.

Les conversations partent un peu dans tous les sens. Tout le monde se plaint de la canicule et des difficultés à trouver le sommeil avec les températures élevées la nuit. Moi, j'ai trouvé une solution et je la partage : j'utilise des draps anciens en métis (coton et lin ou coton et chanvre), je n'ai pas trop chaud la nuit et le matin, je ne sens pas le froid qui retombe. J'ai une température idéale, parfaite tout au long de la nuit ! Le petit ange a aussi des draps anciens alors il va s'empresser d'essayer de retour chez lui…

Mon voisin me reproche de ne pas avoir bu mon verre de vin blanc...Cela me fait sourire car je m'aperçois qu'il a exactement fait la même chose que moi !

Il reprend du pain aux noix, comme moi...Nous avons vraiment les mêmes goûts, c'est drôle non ?

Oh zut ! C'est pas possible, c'est la première fois que ça m'arrive. Il est minuit et j'ai oublié de souhaiter une bonne nuit à ma petite famille, je suis très déçue.
A cette heure tardive, tout le monde va être couché.

Je regarde mon portable... Ils ont envoyé 3 sms... Je réponds mais c'est trop tard, ils l'auront demain au réveil… J'ai vraiment perdu la notion du temps à cette soirée !!! Tout le monde se lève, mais il faut attendre son tour pour s'extraire de là, tellement nous sommes serrés. Le petit ange semble pressé, certainement pour emprunter les toilettes.

Je lui dis qu'il ne peut pas passer derrière moi, il n'y a pas la place….Il n'écoute pas et passe en force entre le meuble et mon dos, tout en me tenant les épaules. Nos corps ont été en contact ce que je voulais éviter…On dirait qu'il l'a fait exprès… Je ne le vois pas revenir. Il a disparu.

Le propriétaire des lieux me fait visiter les étages en compagnie de ma mère, puis ma chambre dans les combles où il y a une coiffeuse ancienne avec une vasque. Je suis surprise de découvrir qu'il y a vraiment de l'eau courante…Ce n'est pas une simple décoration…

Les invités partent, je ne sais pas si le petit ange reste mais je ne pose pas de question. Je fais ma toilette, je suis morte de fatigue et dire qu'hier j'étais encore en Normandie ! Je suis épuisée mais la couette et la canicule m'étouffent.

Le petit ange m'avait bien prévenue : " J'ai déjà dormi dans cette chambre, c'est étouffant. " Je suis sous les toits et je n'arrive pas à dormir…

Le cousin autiste - Tintin - m'a suivie un peu partout aujourd'hui, jusque devant les toilettes dans le couloir, alors qu' à table il sait se tenir même s'il répète souvent : " Elle est pas belle, la vie ? "

Il me dit sans cesse que je suis jolie, que ma plus jeune fille est jolie aussi et qu'il ne lui fait pas de mal…Il dit toujours ces mêmes phrases. Julie l'a déjà rencontré…Il lui fait peur. Ness quant à elle, ne veut pas le voir, elle l'évite.

Quand j'étais enceinte d'elle, j'avais fait la connaissance de ce cousin dans la maison de campagne familiale du centre de la France. Il me demandait toujours si mon bébé n'était pas mort dans mon ventre et il voulait sans cesse me mettre dans le frigo. Ce cinglé m'angoissait au plus haut point quant à son frère aîné, il lui disait :
" Tu es une erreur de la nature, tu n'as rien à faire sur cette terre ! "

J'avais été très choquée par cette remarque…Souvent les frères et sœurs se chamaillent…Mais à ce point, c'était pas croyable d'entendre une chose pareille ! De sentir une telle haine entre 2 enfants d'une même fratrie.

Ce soir, je décide de bloquer la poignée de la porte avec une chaise. On n'est jamais trop prudent. Si jamais l'envie prenait à Tintin d'entrer dans ma chambre en pleine nuit, on ne sait jamais.

Il a plus de 20 ans maintenant, il est très grand avec une force héritée de son grand-père Berrichon.

Je repense à mon ange gardien. J'aime beaucoup cette personne, je suis très attirée par elle, pourtant cet homme n'est pas beau, il a les yeux bleus mais il n'est vraiment pas beau…J'aime les grands, il est petit, j'aime l'allure des joueurs de tennis, il est trapu comme les judokas !!! Tout ce que je n'aime pas et pourtant il m'attire. Quand il me regarde, il me traverse comme s'il cherchait à me mettre à nu. J'aime beaucoup l'arrogance de son humour mais pas trop tout de même, car il finirait vite par me lasser.

J'ai l'impression d'avoir bu un philtre d'amour, comme Tristan et Iseult. J'avais étudié cette histoire au lycée, je ne m'en souviens plus trop mais la fin était très triste, ça je m'en rappelle bien !

Enfin, je nage en plein délire ! Je suis mariée, j'ai 2 enfants et j'aime mon mari alors il faut passer à autre chose... Il y a beaucoup de circulation dehors, je parviens à dormir 2 ou 3 heures, je suis épuisée…L'ange m'avait prévenue que je n'arriverai pas à dormir sous les toits avec cette chaleur dans cette chambre, pour en avoir lui-même fait l'expérience dans cette même pièce. C'est aussi très étrange de penser qu'il a dormi ici dans ce même lit.

La nuit a été difficile et je me lève particulièrement fatiguée. Il y a eu beaucoup d'orages, maintenant il pleut et l'ange a disparu.

Il a dû partir hier soir, je ne lui ai même pas dit au revoir...Il s'est envolé comme ça…

Je suis triste, le ciel aussi et j'ai froid. J'avais prévu des vêtements chauds car je savais que le temps allait brutalement changer, que les températures allaient chuter. Je porte un jean, des chaussures fermées et une veste angora dans les tons verts pastels et crème.

Petit déjeuner pour tout le monde autour de la grande table. J'ai mis mon chapeau et ma veste huilée aussi. Nous quittons la maison vers 11h pour la fameuse brocante mais j'y retrouve les mêmes trouvailles qu'à Emmaüs, 3 fois plus chers. Elle est vraiment petite cette brocante de quartier et les prix sont exagérés.

Bozo passe son temps à parler aux exposants. Il semble très fier de nous présenter ses "amis"....Le terme semble bien excessif…

En effet, il est "ami" avec un peu tout le monde, semble- t- il....C'est assez surprenant…Il a des amis à droite, à gauche, un peu partout.

D'ailleurs, il ne regarde pas grand-chose ! Il ne peut pas tout faire ! Chiner et bavarder !!! Il semblerait même que l'objectif de la sortie était de nous prouver qu'il a énormément d'amis…En une heure, nous avons fait largement le tour de cette misérable brocante mais il faudra plus de 4 heures pour quitter la rue.

Nous déjeunons dehors en terrasse protégée sous une pluie torrentielle. Steak frites pour tout le monde, nous sommes invités par mon oncle. Il fait très froid, nous avons largement dépassé l'heure du " Brunch ", pour moi ce serait plutôt l'heure du goûter !!! Ensuite nous rentrons pour faire nos valises, il est temps de repartir…

C'était un weekend étonnant, le petit ange trotte dans ma tête.
Pourquoi est-il parti sans dire au revoir ?
Je le trouve insolite… Nous reprenons la route...Mon beau père ajoute à son sujet qu'il est hypocondriaque, il redoute au plus haut point d'attraper des maladies...Décidément il n'est vraiment pas comme tout le monde !!! Heureusement que je ne conduis pas ! Je suis épuisée ! Qu'est-ce qu'on dort mal en centre-ville !
De plus, leurs enfants m'angoissent. Ils ont des comportements étranges...

J'ai hâte de retrouver mon chez moi, après près d'un mois d'absence, je vais avoir beaucoup à faire au jardin. J'ai un cassissier qui ferait plaisir à mon ange gardien. Je vais lui mettre de côté, je sais qu'il souhaiterait en avoir un. Le mien est dans un bac et je ne sais pas où le planter alors ça tombe très bien, il sera heureux chez lui en pleine terre... Il m'a bien taquinée à ce sujet parce-que je garde beaucoup d'arbustes en bac et je tarde à les planter... Je les laisse en attente, des mois, des années même parfois avant de prendre une décision.

UN COEUR TRISTE

    Les éclats de rire provoqués par le petit ange se sont envolés…
Je suis affectée et affaiblie par une vague de décès qui frappe ma famille, entre la fin de l'été et le début de l'hiver.
    Nombreux sont les octogénaires dans mon univers alors il fallait s'y attendre.
Nous ne sommes jamais préparés au départ de ceux que nous aimons et quand on ne croit pas à la vie après la vie, la mort est encore plus difficile à accepter.
    Je me revois suivre le convoi en voiture…
Je suis touchée par la solidarité naissante des automobilistes, nous cédant le passage pour ne pas briser la chaîne qui mène ma grand- mère vers sa nouvelle demeure. Pour la première fois, j'ai tenu tête à la mort.
J'ai lu l'hommage que j'avais rédigé spécialement pour les circonstances.
    Je suis incroyablement surprise par la puissance de l'énergie qui m'a habitée pendant toute la lecture. C'était comme une force venue d'ailleurs.
La pluie s'est arrêtée pour épargner ma lettre rédigée à l'encre.
    Je ne crois pas aux énergies subtiles alors je mets ces phénomènes sur le compte du hasard, c'est la seule explication acceptable qui me vient à l'esprit à cet instant.
Pourquoi la pluie s'arrêterait pour m'aider, moi ? Non, franchement, je me prends pour qui ? L'idée est complètement délirante !
    Je reviens sur terre, me concentre et prends la parole devant le cercueil face à tout le monde.
    Pendant cette lecture, j'ai parlé haut et fort et j'entendais ma voix comme si ce n'était pas la mienne. Je me sentais portée par une force intérieure, une énergie dont j'ignorais l'existence. Je vivais les mots de ma lettre qui se fondait dans la sienne. J'étais à la fois dans la Nature, le Combat, et pour finir dans la Paix. Ma voix s'étranglait dans les trois dernières lignes car je savais que l' Adieu s' achevait. Pour la première fois, la mort ne m'a pas effrayée, j'ai dépassé mon angoisse et j'ai même ressenti un profond soulagement, j'étais vraiment fière de moi.
    Ma tante m'embrasse, me remercie et me dit qu'elle n'aurait jamais pu faire ce que j'ai fait. Mes cousins me prennent dans leurs bras et me disent que c'est très beau. Ils me demandent si j'ai écrit cette lettre toute seule. Ils ont l'air d'en douter !

Et oui, c'est moi toute seule qui l'ai écrite, mon mari ne l'a même pas relue, j'aurais bien aimé être rassurée mais il n'a pas eu le temps.

Je trouve leur remarque humiliante, je sais que je suis sans doute trop susceptible, peut-être pensaient- ils que j'avais eu de l'aide pour les détails historiques…

Je quitte le cimetière en marchant accompagnée des rayons du soleil qui m'a encouragée en montrant le bout de son nez et maintenant il brille et me félicite ! Je me sens grandie ! Je suis à pied, je marche dans les allées pour regagner mon véhicule à l'entrée.

Le responsable des pompes funèbres passe à ma hauteur dans sa longue voiture noire, il descend la vitre :

" Très beau texte Mademoiselle…."

" Merci…"

Je n'aime pas les compliments, je les trouve rarement sincères, mais pour une fois je les accepte. Je trouve qu'en effet ma lettre était vraiment belle.

Quant à " Mademoiselle ", j'ai l'habitude. Je fais beaucoup plus jeune que mon âge, j'ai un visage de gamine et je pense que je ne ressemblerai jamais vraiment à une femme, c'est comme ça .

POÉSIE ET DOUCEUR

Je suis toujours étendue dans mon lit, c'est l'hiver dans mon cœur…Je repense à ce mois de janvier 2016 et je pleure…

Comme chaque année, j'envoie encore mes vœux manuscrits. Avec mon mari, nous avons sélectionné la plus belle photo de nos filles pour nos cartes de vœux de saisons destinées aux 4 coins de la France, à nos amis en Ecosse et
cette fois, il y en a 2 de plus pour nos cousins de Sologne. Ce repas estival en juillet dernier nous a rapprochés.

J'ai une sensation étrange, une sorte d'appréhension d'angoisse même avant de poster la carte du " petit ange", le cousin qui m'a tant fait rire lors du repas familial à Tours. J'hésite à la poster ou à la brûler dans le poêle à bois du salon et j'en ignore la raison. Finalement une petite voix me souffle que si je renonce à la poster, je vais passer à côté de ma vie, alors après mûres réflexions, je suis mon instinct, je colle le timbre de ma région et la confie au facteur mais dans la nuit, je fais un terrible cauchemar : je suis dans ma maison d'enfance, un ancien corps de ferme, clos par un grillage américain en mailles carrées. Des petites flammes encerclent les bâtiments, elles glissent entre les mailles du grillage et semblent jouer, elles sont très nombreuses et passent d'une maille à l'autre. Je tente de les éteindre sans y parvenir, elles courent comme les feux follets de *La Petite Fadette*, impossible d'en venir à bout car ces flammes n'ont pas de foyer…elles n'ont pas d'origine. Je ne sais pas d'où elles viennent. Le grillage est en feu…
Je me réveille et me souviens nettement de mon mauvais rêve, comme s'il était réel tellement les détails étaient authentiques…

J'en cherche la signification dans un livre qui s'intitule *L'interprétation des rêves* mais il n'y a rien d'intéressant. Je fouille aussi en librairie mais je ne trouve pas davantage, alors je tente de donner du sens, élément par élément :

La maison de l'enfance, c'est la sécurité et l'équilibre…et le feu, c'est la menace ou l'Amour…Alors, qu'est-ce-que cette nouvelle année me réserve ? Beaucoup d'amour ou un grand danger ?

Le 1er janvier au réveil, mon téléphone m'envoie mon horoscope sans que je demande quoi que ce soit. Surtout, que j'ai horreur de ces sornettes...Je vais mettre en danger mon couple au printemps ou à l'automne, c'est bien ce que je pense, ces astrologues racontent n'importe quoi !

Les jours passent, peu de personnes répondent à mes vœux par courrier. Je reçois des sms, souvent banals et impersonnels.

C'est la fin du mois, je ne veux même plus aller à la boîte aux lettres, janvier s'achève et mon petit ange ne m'a pas répondu. Je suis allée régulièrement voir si le facteur avait déposé une carte pour moi, mais non, rien...Il n'y a jamais rien...

J'ai le cœur serré, en effet je pensais qu'il tenait un peu à moi mais j'ai dû rêver...

Lundi 1er février, mon mari me tend une lettre en rentrant du travail. Je vais déposer mes affaires dans la chambre et j'ouvre délicatement l'enveloppe pour ne pas l'abîmer...

C'est le " petit ange ", il a décidé de m'écrire. Il a posté sa carte le 30 janvier. Elle a voyagé pendant le weekend pour atteindre ma boîte le premier jour du mois suivant.

Ce n'est pas un hasard. En effet, j'ai l'impression qu'il l'a fait exprès pour me faire patienter parce-que j'ai beaucoup réfléchi, beaucoup tardé pour écrire. Il a très certainement attendu longtemps, très très longtemps, avant de recevoir la mienne car j'ai eu bruit dans la famille, qu'il parlait de moi depuis des mois.

Sa carte est belle et drôle, amusante et pleine de couleurs. Je souris, je suis vraiment heureuse de ce cadeau. Maintenant j'ai un secret et je ne veux pas le partager, personne ne saura que j'en ai un, c'est le seul moyen de le préserver et de le protéger. Dès que je peux, chaque fois que je trouve un moment, je déniche une très belle carte et la rédige en secret pour l'envoyer le plus vite possible, la cache et l'emmène dans la boîte la plus proche. Je l'ai postée avec un très beau timbre, une pierre précieuse issue de la série postale : " le monde minéral " et j'ai ajouté un cachet de cire pourpre avec mes initiales pour que personne ne l'ouvre...

Nos échanges évoluent rapidement en amour platonique. Je ne sais comment l'expliquer mais je suis attirée par ce " petit ange " et lui ne pense qu'à moi...nuit et jour. J'avais déjà reçu des lettres d'amoureux lorsque j'étais jeune, mais là, mon troubadour m'écrit des lettres d'amour et c'est bien la première fois que j'en reçois.

Il s'exprime bien mieux que moi pourtant ce n'est pas un littéraire. Il me parle de figures de style que j'avais étudiées il y a 30 ans et complètement oubliées. C'est très surprenant qu'il sache ces termes. Il m'étonne chaque jour un peu plus. Il passe du temps, attend des forums pour trouver " la " carte qui me fera plaisir. Récemment, il en a déniché une carrée au style britannique. Il comprend ce que j'aime, parfois j'ai l'impression qu'il me connaît mieux que moi-même, c'est vrai il sait tellement de choses sur moi. Il a cerné ma personnalité, mes goûts et mes passions en un clin d'œil, Il est impressionnant !

Je n'avais plus de carte à la Saint Valentin depuis plusieurs années et voilà que j'en reçois à nouveau. Cette correspondance nous ravit, mais cet amour platonique peut-il durer ? Avons-nous le droit d'exister ? Pas dans notre société.

Mon Ange a conservé un mi-temps et travaille pour la Communauté de Communes de Romy ce qui lui laisse beaucoup de temps libre pour notre relation.

Bien sûr, il aimerait me revoir et j'en meurs d'envie...
C'est à Fontainebleau, au château qu'auront lieu nos retrouvailles.

LES RETROUVAILLES

Les larmes coulent sur mes joues en me remémorant ces moments de joie immense...
Nos retrouvailles ont lieu au Grand Canal, ou plutôt juste à côté car j'ai dû aller le chercher. Et oui, il s'était perdu, il ne trouve jamais son chemin puisqu'il n'a aucun sens de l'orientation. Moi, j'en ai peu mais lui n'en a pas. Je me demande tout de même comment il a pu être policier... Il est très surprenant et s'intéresse beaucoup aux relations humaines. Il aime s'occuper des gens, rendre service, aider les autres, au point de s'oublier lui-même parfois. Paradoxalement, il prend aussi énormément soin de lui. Il m'a apporté un petit cadeau, une boîte en bois peinte qu'il a chinée avec son frère, rien que pour moi. Je suis ravie. Il pense sans cesse à moi et cherche constamment à me faire plaisir. Et moi, je fais la même chose. J'ai tellement envie qu'il soit heureux. Je lui ai offert une pierre Lapis Lazuli, une semi-précieuse qui correspond à sa personnalité pour atténuer son hypersensibilité et sa grande émotivité.
Nous déjeunons à la crêperie du château. C'est drôle, mais j'ai l'impression que nous nous connaissons depuis toujours. Il m'amuse à dire qu'on a dû se connaître dans une autre vie. Je n'y crois pas vraiment, en même temps je ne m'explique pas tous les points que nous avons en commun, c'est un peu comme si j'avais rencontré mon double au masculin.
Il est très attachant. j'aime être avec lui. Je me sens protégée et aimée à l'infini. Il me confie que jamais il ne me demandera de divorcer, nous nous rencontrerons toujours dans de bonnes conditions.
Je ne peux pas détruire ma première vie. J'ai 2 enfants et un mari que j'aime et voilà que j'ai rencontré un " aimant ". Je n'ai rien cherché, rien voulu et c'est arrivé. C'est le fruit du hasard. Il a été mis sur ma route. Je l'aime mais pour moi qui suis très morale, cette rencontre est une catastrophe. Comment vais-je gérer cette situation sur le long terme ?

Je suis dans ses bras, dans le jardin anglais et je n'y pense pas trop à cet instant. En fin d'après-midi, les adieux sont difficiles...Il part sans se retourner parce-que la situation lui déchire le cœur, ce qui me fait encore plus de peine même si nous savons que nous allons nous retrouver dans un autre château, celui de Vaux, dans moins de 15 jours...Tous les soirs, il m'envoie un poème depuis plusieurs semaines déjà : " Je t'en enverrai un chaque soir, tant que tu m'en donneras l'envie. "

J'avais trouvé cette remarque quelque peu étrange, elle laissait supposer qu'un jour, il n'aurait plus envie de m'en écrire ou que je ne l'inspirerai plus...Quelle drôle d'idée puisque je n'allais jamais cesser de l'aimer...

A mon retour, la vie de famille reprend son cours et vers 23h je reçois un poème, encore plus beau que les précédents.

Mais, le lendemain matin, je ne me sens pas très bien. L'angoisse va m'envahir tout au long de la journée pour atteindre un seuil insoutenable. Ma décision est prise. Oui, je l'aime à la folie mais parfois quand on aime, il faut partir. La voix de la raison s'est fait entendre. Je dois renoncer à cet amour, cette double vie n'est pas honnête, ce n'est pas raisonnable et je dois y mettre un terme.

Au téléphone, dans le fond du jardin, je pleure, je hurle de douleur mais je le quitte. Il me rassure, parvient à me convaincre que nous n'avons rien fait de mal et qu'il faut que je l'appelle lorsque je me sens mal. Il se veut rassurant :

" Tu peux tout me confier ".

Il ne comprend pas mais mon problème, c'est lui. Il me rend malade. Pourquoi a-t-il choisi une femme mariée ? Il y avait des millions de célibataires alors pourquoi moi ? Il m'aime et ne veut pas me perdre.

C'est la première fois que je quitte un homme et qu'il refuse ma décision.

En fait non, pas tout à fait...Il me parle d'une autre femme, une collègue de travail.

Il a tellement de peine, qu'il me fait croire qu'il a un plan B et qu'il pourrait choisir une jeune célibataire...

Finalement, il admet qu'il ne l'aime pas sinon il serait sorti avec elle bien avant notre rencontre, c'est moi qu'il aime et ne veut pas me perdre, il s'en moque de cette jeune de trente ans, en fait il refuse ma décision et parvient à m'apaiser.

Il a raison, nous ne faisons pas de mal mais notre amour grandit si vite, beaucoup trop vite. Je me trouve entre 2 hommes que j'aime. Lorsque je m'éloigne de l'un, je me rapproche de l'autre et l'équilibre est rompu.

Je fais tout pour maintenir une harmonie. Qui a décidé qu'une femme ne pouvait aimer qu'un seul homme ? La religion Judéo- Chrétienne ? Et si moi, j'avais un cœur assez grand pour en aimer 2.

Je me moque de ce que la société peut penser, je fais ce que je veux et j'ai décidé de les aimer tous les 2, j'ai tellement d'amour à donner. Ce ne sera pas facile, mais je vais y parvenir.

C'est très étrange comme sentiment, j'ai l'impression que ce nouvel amour est éternel, je ne peux pas imaginer une fin.

C'est comme si nous allions toujours exister. Il me le dit si souvent qu'il sera toujours là pour moi, même après la mort.

LA FUSION

Je repense au printemps 2016. Il est évident que j'ai le petit ange dans la peau. Je ne pense qu'à lui et cet état me plaît. J'ai tous les symptômes du coup de foudre.

Tiens, j'avais oublié, ce rendez-vous chez le magnétiseur pour un problème cutané. Une amie rencontrée au cours de Yoga qui dispense des séances de Shiatsu m'avait recommandé cette personne.

Quelle surprise lorsque je suis arrivée devant la porte ! C'était pas un magnétiseur, mais un médium !!! Pourquoi mon amie ne m'a rien dit ?
(Plus tard, elle me confiera que si j'avais su à l'avance, je n'y serais pas allée et elle avait raison !!!)

Le radiesthésiste m'a rechargée, il m'a trouvée bien centrée et a utilisé un cristal de roche géant pour mon problème cutané. Je ne croyais pas à toutes ces pratiques mais toutes les tentatives de la médecine traditionnelle avaient échoué alors j'ai voulu essayer le magnétisme puisque j'avais lu que ça pouvait fonctionner.
Durant la séance, je n'étais pas convaincue par toute cette " mise en scène", mais lorsque j'ai quitté les lieux, j'avais la sensation de mesurer 20 centimètres de plus...mon centre de gravité était modifié. Je me sentais grandie et lorsque j'ai voulu chanter au volant de ma voiture, je n'avais plus la même voix...comme si quelque chose s'était décoincé et que j'allais devoir réapprendre à chanter. Il m'avait parlé d'un centre énergétique bloqué au niveau de la gorge depuis l'enfance...En effet, il a fait quelque chose...Je suis perplexe. Ces différents changements me surprenaient, mais le dernier était de taille : Je ne pensais plus au petit ange !!!! Le radiesthésiste me l'avait sorti de la tête !!! Mais pourquoi ? Comment c'était possible ?
J'étais venue le voir pour un problème dermatologique et je suis ressortie sans l'amour de ma vie ...

C'était vraiment n'importe quoi !!! J'ai immédiatement décidé de remettre le petit ange dans mon esprit. De quel droit ce thérapeute avait-il décidé de me priver d'amour ?
A ce moment-là, c'était un grand mystère…

Je pensais avoir trouvé un équilibre. Tous les 15 jours, mon ange venait me retrouver. C'était magique, un peu compliqué de concilier mes 2 vies mais j'y parvenais. Nous étions proches, de plus en plus. Il me disait des choses folles : qu'un jour, il allait débarquer à l'improviste devant la porte de mon établissement pour m'emmener déjeuner sur la pause méridienne. Il en était capable et j'en étais convaincue. C'était une évidence qu' il aurait fait n'importe quoi pour me faire plaisir.

Pendant les vacances d'avril, il prévoyait d'aller chez Emmaüs après son travail en début d'après-midi. J'ai envoyé un SMS pour lui annoncer que j'arrivais, alors que je venais à peine d'atteindre mon lieu de vacances dans ma petite maison de campagne. Moi aussi, je voulais le surprendre et lui faire de très belles surprises.

J'ai tout abandonné, même mes 2 filles âgées de 12 et 14 ans. J'aurais fait n'importe quoi pour le retrouver, le voir, l'entendre, sentir sa main dans la mienne.

Je me souviens qu'il avait encore mis trop de parfum, c'était même très écœurant mais il pensait bien faire. Il m'avait serrée très fort dans ses bras, presque trop même, c'était étrange mais Il avait beaucoup de mal à doser ses étreintes. Nous ne sommes pas restés longtemps chez Emmaüs...Il voulait encore m'offrir une bague là-bas. J'ai refusé, je n'en avais pas besoin, j'avais juste envie d'être avec lui, près de lui. C'était sa présence, mon plus beau cadeau.

Il tenait à me montrer sa maison qui était à deux pas d'ici, à La Balourdise...drôle de nom pour un hameau. Le lieu était étrange, perdu au fond d'une impasse juste après une ancienne maison de garde barrière, louée par son frère.
En entrant, j'avais trouvé l'intérieur sombre et triste. Une odeur de renfermé s'en dégageait, alors que cette demeure était habitée...C'était assez surprenant.

Il m'a fait visiter chaque pièce et s'arrêtait pour m'admirer tellement il me trouvait belle. Je me souviens qu'il regardait mon visage d'une manière étrange comme s'il l'avait divisé en quatre parties égales. Il avait évoqué un terme professionnel en lien avec l'ovale de mon visage et le trouvait parfait. L'allusion au portrait-robot était particulière...Il scrutait chaque morceau en détail puis regardait ma pupille avec insistance. Peut-être était-ce une déformation professionnelle. Quand je lui demandais pourquoi il faisait ça, il me répondait : " Pour ne pas oublier ". Il était comme fasciné par les traits de mon visage. L'idée m'a effleurée qu'il cherchait à m'hypnotiser mais c'était ridicule. Pourquoi est-ce qu'il aurait fait ça ? Il n'aime pas les photos et n'en a aucune de moi pour ne pas faire de peine à son fils et éviter un scandale avec la maman qui fouille encore partout quand elle ramène son petit garçon un weekend sur deux.

Ensuite je me souviens, je m'étais retrouvée seule dans cette chambre, c'était la même que lorsqu'il était enfant puisqu'il avait hérité de la maison familiale à la disparition de sa mère. J'avais la sensation de flotter. Le ciel était gris et tourmenté...Je savais ce qui allait arriver et je ne cherchais même pas à lutter.

Le midi, au restaurant, mon ange était très tactile...sous la table, ses mains se promenaient beaucoup. Il aimait me sentir, me toucher mais ses manières me gênaient beaucoup en public, même si lui me disait que ça ne se voyait pas et que mes petits bisous attireraient davantage l'attention. Je flotte, je regarde les peupliers et je vis leurs mouvements.

Tout à coup, mon ange revient, quitte la croix orthodoxe offerte par son ex belle-mère et parle de cette dernière. Il dit qu'elle l'adorait, pourtant il y a quelques jours, il insistait sur le fait qu'elle ne pouvait pas le sentir… J'ai pas dû comprendre…C'est un peu malvenu cette allusion à l'ex belle-mère mais mon ange, il est comme les enfants, il dit toujours tout haut ce qui lui passe par la tête. Je sais, c'est assez surprenant mais il ne peut pas s'en empêcher.

Je garde mon pendentif avec un petit saphir, pour me sentir moins nue.

Il insiste pour que je le quitte, mais je refuse, alors il réitère sa demande, mais je ne change pas d'avis.

Nous faisons l'amour pendant tout l'après-midi et même le début de soirée. Je ne sais pas où il trouve toute cette énergie. Chez lui, tout est démesuré. L'amour avec lui, c'est très grand, très beau et il ne finit jamais. Il ne cesse de rentrer en moi et s'y complaît, j'aime le garder en moi aussi.

Vers 19h, je dois le quitter et retrouver mes enfants à 2 heures de route de là, et il me refait encore l'amour, sans aucune protection, il fait très attention, Il dit que je n'ai pas besoin de contraception parce-que c'est mauvais pour la santé. Il a raison, c'est mauvais pour la circulation du sang, je m'en étais rendue compte il y a quelques années et l'état de mes jambes en était la preuve. C'est tout naturellement qu'il prend soin de moi tout le temps. Il me masse même avec de l'huile de camomille pour estomper les vergetures que je négligeais. Je me sens incroyablement jolie quand il me regarde et prend mon visage entre ses mains.

C'est tellement beau l'amour...

A partir de ce jour, je vais sentir mon Ange en moi au plus profond de moi, je n'avais jamais eu une présence aussi forte dans mon corps.

Au moment de nous quitter, il a pleuré comme si je n'allais plus jamais revenir. Son frère avait insisté sur le fait qu'il était très sensible mais je ne pensais pas à ce point. Je l'ai rassuré et j'ai séché ses larmes avec des petits baisers d'amour. Ensuite, j'ai dû le quitter. Il m'a encore regardée, observée droit dans les yeux et j'avais l'impression qu'il voyait très loin en moi.

Il m'a donné un fruit pour la route, une pomme…

Quand j'ai retrouvé mes filles, j'étais resplendissante et très heureuse.
En descendant de voiture, toutes les 2 se sont presque exclamées en même temps :
" C'est fou comme t'as rajeuni ! "
" Tu ressembles à une gamine ! "
J'ai fait celle qui était très étonnée mais c'est vrai que j'avais l'impression d'avoir 16 ans.
Je ne pensais pas pour autant que c'était perceptible de l'extérieur.

Ensuite, tout s'est accéléré. J'ai le vertige rien qu'en y repensant.
J'avais beau dire que je ne voulais pas quitter ma famille, il voulait que je vienne vivre chez lui. En moins de 15 jours, il avait trouvé un poste d'enseignant pour la rentrée de septembre dans un collège privé de Blois et avait même rencontré la chef d'établissement. Très vite, il avait pris rendez-vous chez le notaire pour que je sois propriétaire de sa maison : pour que je me sente chez moi chez lui. Il avait ajouté :

" Comme ça tu auras 3 maisons dans 3 régions de France. " C'était absurde, comme si mon but dans la vie, c' était de collectionner des maisons !!!
Je lui avais dit que je ne voulais pas de sa maison parce-que c'était une évidence pour moi qu'elle était pour son fils. Il m'avait répondu : " Bien entendu elle sera pour mon fils. " Cette histoire n'avait ni queue ni tête et je me demandais bien ce qu'il avait pu faire chez son notaire. Quelques semaines plus tard, il m'annonçait que tous les papiers étaient signés et qu'il avait fait le nécessaire. Il avait l'air si heureux alors je ne voulais pas le contrarier et je préférais ne plus en reparler.

    Le soir, nous échangions des sms de plus en plus tard, jusqu'à minuit et plus. Ensuite, je recevais un poème d'Amour dans lequel je sentais sa souffrance grandir de jour en jour et bien sûr, je culpabilisais.

L'ANNIVERSAIRE

En mai, je l'ai retrouvé à Chartres, la veille de mon anniversaire. Nos rencontres avaient toujours lieu dans des châteaux, des sites historiques et j'en ignore la raison.

Il est arrivé en avance devant la cathédrale mais il est introuvable, alors je tournais autour du géant de pierre sans trouver l'ange, j'ai fini par imaginer qu'il tournait autour de l'édifice en même temps que moi !

Aussi, à l'aide du téléphone portable, je lui demandais de s'arrêter devant la porte centrale. Soudain, il est apparu et j'ai eu l'impression qu'il sortait d'un jardinet. Il est arrivé vers moi en courant " au ralenti comme dans les films ". Je me souviens, c'étaient ses paroles juste avant de m'embrasser et de me serrer très fort.

Je ne comprenais pas qu'il puisse comparer nos retrouvailles à celles d'un film parce-qu'au cinéma tout est faux... Les acteurs jouent un rôle alors que nous, tout est vrai et c'est notre vie.

La visite était agréable, même si une partie de l'architecture était en restauration pour rénovation avec un nettoyage minutieux de la pierre, aussi les parties déjà nettoyées renvoyaient une lumière blanche d'une grande pureté. Mon ange avait voulu m'acheter une magnifique poterie dans une boutique d'art juste à côté, j'avais refusé parce-que je ne voulais pas qu'il m'achète tout ce que je trouvais beau… Il était un peu fou, il m'aurait tout acheté !!! Rien n'était trop beau pour moi, il aurait fait n'importe quoi pour me faire plaisir et me voir sourire.

Le repas était très raffiné mais au moment de régler, il avait annoncé à la serveuse que j'avais détesté le plat principal. Il prenait un malin plaisir à me mettre mal à l'aise, déjà à Fontainebleau il avait eu un comportement similaire. En effet, à la crêperie, il avait dit au serveur que je voulais partir sans payer en sautant par la fenêtre. Le jeune homme avait éclaté de rire car sous la fenêtre, il y avait un plan d'eau assez profond, particulièrement envasé…Le serveur m' imaginait forcément couverte de boue ! Un vrai dessin animé !

C'est sûr, il met de l'ambiance avec son petit grain de folie mais moi, il me fait rougir et me met très mal à l'aise. Je crois même que je n'ai pas rougi de la sorte depuis au moins 30 ans, c'est pour dire !

Au moment du départ, il a perdu sa voiture. Il nous faudra une bonne heure pour la retrouver. Il est très heureux que je ne m'énerve pas mais en fait, ça ne sert à rien et se fâcher ne nous aiderait pas à retrouver le véhicule plus rapidement.

Il évoque encore une fois son ex-compagne qui se mettait systématiquement en colère à chaque fois qu'il égarait son automobile. Il faut bien reconnaître qu'il est très surprenant et imprévisible.

Ensuite, il souhaitait que nous ne prenions qu'une seule voiture. Ma famille arrivait le lendemain après-midi, dans la maison de campagne, alors j'allais faire comment pour le ramener à Chartres ?

Il est très étrange parfois. J'ai souvent du mal à suivre son raisonnement mais étant donné que je suis plutôt littéraire et lui scientifique, c'est certainement pour cette raison que nous ne sommes pas toujours sur le même canal !

Depuis plusieurs jours, il me disait qu'il n'était pas sûr de se plaire à la Renardière. Je trouve des solutions à tout : " C'est pas grave, nous irons ailleurs…"

Le soir, il ne tient plus et veut m'offrir mon cadeau d'anniversaire en avance avant le jour de ma naissance. Il est vraiment comme un enfant, un vrai gamin... Il ne supporte pas d'attendre, en effet parfois il serait même presque capricieux.

Devant la chaleur de la cheminée, il m'offre un magnifique service à thé Chinois en porcelaine bordé d'or. Il est si beau, si fin, si fragile qu'on oserait à peine s'en servir.

C'est très gentil mais ce n'est vraiment pas ce que j'aurais aimé. J'aurais préféré un cadeau plus simple comme une lampe en pierre de sel ou un objectif photo, mais ce n'est pas grave, c'est l'intention qui compte.

Finalement, ma maisonnette lui plait beaucoup et j'en suis vraiment soulagée...Soudain, il reçoit un sms urgent : un ancien collègue de la police a besoin de ses services pour aider l'équipe à résoudre une enquête. C'est tout de même incroyable, Il a beau être retraité, il les aide pourtant encore souvent lorsqu'ils sont dans une impasse. C'est fou ! Ce weekend était très compliqué pour moi à organiser et ces gens viennent tout gâcher, alors je suis triste et m'endors déçue tout de même la veille de mon anniversaire.

Finalement le lendemain matin, mon ange décide de rester et ses anciens collègues vont devoir se débrouiller sans lui. Je me suis angoissée pour rien, j'ai mal dormi à cause de cette histoire et maintenant je suis épuisée. Il m'a beaucoup fait l'Amour et trouve que j'ai peu d'endurance. Sûrement ! Puisque ça faisait au moins 5 ans que je n'avais pas fait l'amour, alors Il a forcément raison.

D'ailleurs, il dit souvent pour plaisanter : " Tu devrais m'écouter, j'ai toujours raison. " Il accompagne ses paroles d'un regard taquin alors bien sûr il me fait sourire.

Nous faisons une promenade dans un lieu enchanteur, à deux pas de là qui ressemble beaucoup à la Bretagne. Il y a du genêt jaune bouton d'or et de la bruyère comme en Ecosse, presque la même que dans les Highlands…Ma famille arrive à 16h pour mon anniversaire, mais je suis encore en promenade et je ne suis pas pressée, pourtant Il faut songer à nous séparer…

Mon Ange finit par me quitter mais cette fois, il n'est pas triste et ne pleure pas…Il est vraiment étrange…Je suis sur le parking et le regarde s'éloigner quand soudain, il fait demi-tour dans le premier virage, il a dû oublier quelque chose car il revient, descend de son véhicule et m'embrasse encore. Il a beaucoup de mal à me quitter cette fois, c'est pire que d'habitude.

L'heure tourne et je suis très en retard, en effet en étant partie la veille, je vais arriver la dernière !

Mon ange finit par me quitter mais il est parti du mauvais côté. Il a l'air vraiment déboussolé ! C'est pas possible, il se trompe de route dès le début de son voyage malheureusement je ne peux rien faire pour l'aider, c'est bien trop tard.

Je me rassure en me disant qu'il va bien finir par retrouver la bonne direction avec son GPS. Je reprends mon véhicule pour regagner au plus vite ma maison de campagne, quand tout à coup mon ange réapparaît devant moi !!! Je le suis mais il va devoir aller tout droit... Il ne peut pas retourner chez moi car ma famille est sûrement déjà là maintenant. Non, finalement il part pour rattraper l'autoroute. Je dois reconnaître qu'il m'a vraiment fait peur. Et oui, mon ange est très surprenant et c'est indéniable, il n'est jamais là où on l'attend !

En effet, je suis la dernière. Ma famille a fait un détour pour acheter mon cadeau - une mini-chaîne hifi - et vient juste d'arriver.

Du coup, ils ont emprunté un autre itinéraire...Le même que moi quelques minutes avant, dire que nous avons tous failli arriver en même temps, même mon ange !
Quel stress !

Le soir, je fête mon anniversaire pour la 2e fois de la journée mais je suis ailleurs, bien loin de ma famille dans les bras de mon petit ange. Après le dessert, je vais me réchauffer près de la cheminée et j'en profite pour envoyer des sms. Il me dit de savourer cet instant avec ma famille... d'aller près d'eux. J'en ai pas envie, j'aimerais être auprès de lui...Rien qu'avec lui, mais c'est pas possible...

Alors je suis triste.

EDIMBOURG

Quinze jours plus tard, un repas de famille est prévu à Tours. C'est assez fou, mais le hasard fait bien les choses puisque toutes les 2 semaines, nous avons l'opportunité de nous retrouver très naturellement comme si la chance nous souriait.
Depuis quelques temps, je sens bien que mon ange a honte de moi...honte d'être avec une femme mariée qui porte une alliance alors que lui n'en a pas. Je sais que c'est un problème même si nous n'en parlons jamais et sur ce point je dois bien me rendre à l'évidence qu'il n'y a pas de solution…
Et pourtant, un soir alors que nous échangeons des sms, il a une question importante à me poser mais il a longtemps hésité car il appréhendait ma réponse :
" Veux-tu m'épouser ? "
J'ai mis moins d'une seconde pour réagir :
" Oui, si je peux être mariée 2 fois. "
Il est d'accord et me propose immédiatement Edimbourg pour notre union...J'accepte bien sûr...C'est vraiment là que j'aurais aimé aller mais je n'y songeais même pas, pas même dans mes rêves les plus fous et pourtant j'ai beaucoup d'imagination.
Il insiste pour une église Catholique...Je suis partante pour n'importe quelle église du moment qu'elle lui plaît. Moi, ce choix m'est égal puisque je crois en la vie, en l'humanité. Les hommes ont construit des églises par amour, pour s'approcher du ciel et être au plus près de leur Dieu, elles sont toutes d'une grande beauté architecturale, d'ailleurs il n'y en a pas une plus belle que l'autre, elles sont somptueuses alors forcément celle qu'il choisira sera parfaite.
J'ai peu de temps pour trouver ma robe et les alliances et c'est sur mon temps libre que je cours les magasins. Rien que pour le choix de ma tenue, j'ai fait 10 magasins en 2 jours sans compter les essayages, mais pour les alliances traditionnelles, je ne trouve pas, j'estime que c'est très cher et très laid en plus.
Je suis fatiguée, tellement heureuse aussi qu'il souhaite que je devienne sa femme. Je vais pouvoir me marier 2 fois. Bien sûr, la 2e sera officieuse, légalement 2 fois c'est pas

possible. Notre mariage m'occupe beaucoup l'esprit, c'est vrai que je pense tout le temps. Quand je roule aussi, j'ai le " Bluetooth " que mon ange m'a conseillé d'acheter pour être encore plus près de lui. Oui en effet, je fais mille choses à la fois et c'est épuisant à force.

Mon ange me contrarie encore. Il a décidé de ne pas aller chez son frère à Tours car je lui ai confié que ma mère espérait ne pas le voir là-bas. J'ai beau lui expliquer qu'elle n'a rien contre lui, que c'est juste qu'elle sait qu'il ne parle que de moi et qu'il me trouve très jolie, alors elle le voit comme une menace pour mon couple même si elle ne sait rien nous concernant.

Il ne veut rien entendre et son " non " est catégorique puisque le connaissant il ne reviendra pas sur sa décision. Sa réaction excessive m'attriste beaucoup, elle affecte mon sommeil. J'allais à Tours rien que pour le voir…Le meuble que je devais ramener n'était qu'un prétexte, il le sait.

Les jours passent mais il ne change pas d'avis. Je suis profondément déçue. Comment peut-il être aussi orgueilleux alors qu'on avait une possibilité incroyable de se retrouver ? Comment peut-il laisser passer cette chance unique ? Là, c'est vraiment une fierté mal placée…

La veille du départ, il change d'avis ! Il avait pourtant dit " non ", mais finalement c'est " oui " à ma plus grande joie.

Que d'angoisse jusqu'à la dernière minute ! Qu'est-ce qui a été plus fort que mon Amour pour qu'il revienne sur sa position ? Qui a réussi à le convaincre ? Son frère certainement ? Et bien non, c'est la belle-sœur mais il ne me dit pas de quel argument elle a usé…C'est encore un mystère…

Je n'ai pas réussi à régler le " Bed and Breakfast " en ligne. J'ai préréservé mais il ne reste plus que 2 jours pour valider.
Avec l'ordinateur de son frère à Tours, mon ange m'aide avec ma carte bleue. Il me rembourse en liquide le jour même, il a vu mon numéro de carte avec le pictogramme. De toute façon j'ai totalement confiance en lui. Il a voulu absolument me donner son numéro de carte bleue mais il est fou, je ne veux pas le retenir tout simplement parce-que j'en ai pas besoin.

Ce weekend était assez extraordinaire mais très stressant. Mon ange m'a rejointe dans la nuit au moment même où j'étais sur le point de m'endormir, convaincu que ma mère a des suspicions et il m'a donné quelques preuves. C'est plutôt angoissant pour moi et pas du tout reposant. Ses remarques m'ont vidée par conséquent je n'avais plus du tout d'énergie. J'ai dû ouvrir la fenêtre en roulant, pour ne pas m'endormir au volant sur le retour…C'est la première fois que ça m'arrive ! J'ai dû dormir beaucoup moins que je croyais… Peut-être que 3h… C'est sûrement pour cette raison que j'ai sommeil à ce point …

Mon grand-père était souffrant depuis plusieurs semaines. Au début, je m'attendais au pire et puis mon ange m'a redonné de l'espoir, du coup, je croyais vraiment qu'il allait s'en sortir et finalement le souffle l'a quitté brutalement. C'est un choc pour moi car j'avais vraiment l'impression qu'il était éternel. Je suis triste et j'ai mal. L'enterrement a lieu le matin de notre départ pour l'Ecosse et la veille de notre mariage, mais mon ange ne semble pas comprendre que mon grand-père est décédé alors il ne me console pas.

Personne ne m'épaule. Quand soudain il réalise, c'est dramatique puisqu' il souhaite annuler notre voyage alors je refuse. Non, je veux partir loin, très loin.

 Après les funérailles, j'échange deux mots avec le frère de l'ange qui est venu avec sa femme le jour de leur anniversaire de mariage à l'enterrement de mon grand-père. Quel drôle de cadeau il a fait à sa femme ! Surtout qu'ils sont vraiment très éloignés dans la famille, par conséquent ils n'étaient vraiment pas obligés de faire tout ce voyage, forcément ma mère en est d'autant plus touchée.

 A 15 h, j'annonce à Bozo que je pars retrouver son frère pour m'envoler pour Edimbourg. Et là, il est très surpris car il ne se rappelait plus ! Comment c'est possible ? Comment a-t-il pu oublier ? Il appelle son frère tous les jours ou presque et il était présent dans le bureau quand on a fait tous les deux la réservation ! C'est juste invraisemblable ! Je ne comprends pas ! Je me souviens que dans le hall de son entrée, il m'avait attrapée par les avant-bras assez fermement en les secouant et avait répété: " Profitez de ce voyage ! Profitez !! " Sa femme l'avait arrêté en lui demandant de me laisser tranquille. C'est vrai que son comportement était quelque peu étrange…

 Comment a-t-il pu oublier que son frère allait se marier en Ecosse ? Comme si c'était un détail !

 Je quitte ma famille pour retrouver mon ange dans une autre église. Décidément depuis ce matin je vais d'église en église…

Il est déjà dans l'édifice quand j'entre et me prend immédiatement dans ses bras.

 Il m'embrasse et me serre très fort. Nous restons un long moment sur un banc sur la gauche derrière une colonne. Je suis lovée dans ses bras…J'ai tellement de chagrin et je suis si heureuse de le retrouver. C'est très étrange ce mélange de mort et d'amour.

 Nous quittons les lieux pour acheter notre pique-nique avant d'embarquer : du saumon, des crudités, de l'ananas et des macarons, tout ce qu'on aime. Comme c'est agréable de faire nos courses ensemble aussi, c'est la première fois.

 Nous laissons un véhicule et nous partons avec sa voiture qu'il va déposer à 20 km de l'aéroport et ensuite une navette nous conduit à Roissy Charles De Gaulle. Je pense qu'il a trouvé l'adresse de gardiennage sur internet pour payer moins cher. Le chauffeur fait peur, en effet on dirait un drogué, il a les yeux cerclés de noir et roule beaucoup trop vite. Quelle drôle d'idée d'avoir fait ce choix.

 Nous arrivons sains et saufs mais il y a des grèves. Mon ange a choisi la mauvaise date, nous avons donc 2 heures d'attente avant l'embarquement et je m'endors presque dans ses bras d'épuisement dans l'aérogare. Ensuite j'ai été agréablement surprise car il a porté mes bagages tout le temps. Le fait que quelqu'un porte mes valises, c'est quelque chose qui ne m'était jamais arrivé !

Par contre dans l'avion nous avons été séparés pourtant il avait payé un supplément pour que nous soyons l'un à côté de l'autre. C'est fou !

De plus, ma voisine était tombée dans le parfum ce qui m'a provoqué une nausée terrible. J'avais demandé la fenêtre avec vue infinie sur le ciel mais j'ai eu le siège côté allée.

 Mon ange s'inquiète en s'apercevant que je suis malade et s'endort dans la minute qui suit, pourtant il disait détester l'avion ! Surprenant, non ?

 Il est 2h du matin lorsque nous atterrissons et le taxi nous emmène directement chez Julian qui nous attend encore malgré notre arrivée particulièrement tardive. Dire que le matin, je lisais une lettre à mon grand-père devant toute une assemblée dans l'église. J'ai l'impression d'avoir vécu 3 journées dans une et je m'endors très fatiguée après une série de gros câlins. Je suis très pâle et l'indisposition n'arrange rien.

Le lendemain matin, mon ange tient absolument à ce que je dise au propriétaire que je suis déjà mariée mais que nous allons nous marier ce matin. Julian nous félicite ! Je ne suis pas sûre qu'il ait tout compris !

J'ai mis ma robe de mariée écrue en dentelle et je vais certainement avoir froid sous la pluie mais il tenait tellement à ce que je porte une robe officielle. Comme je n'étais pas sûre que celle-ci lui plaise, j'en ai même acheté une 2e qui est dans ma valise, par contre lui s'habille de manière ordinaire, à ma plus grande surprise mais je ne dis rien.

L'intérieur de l'église présente une décoration orthodoxe alors qu'elle est catholique. C'est pas croyable, la Russie nous aura poursuivis jusqu'ici ! Et bien sûr, il fait encore une remarque au sujet de son ex-compagne russe, un peu comme si elle faisait partie de nos invités. J'ai toujours l'impression qu'elle est avec nous !

Nous échangeons les alliances qu'il a finalement achetées sur une brocante. Je ne voulais pas la choisir d'après photo même si je la trouvais jolie, parce que je voulais en essayer une autre dans ma région mais il ne m'a pas écoutée. C'est un petit ange très têtu, aussi il m'a choisi une améthyste facettée sertie sur argent. Elle est belle mais j'avais une préférence pour une pierre transparente comme le cristal de roche.

Nous allons rester une heure au fond de l'église à attendre je ne sais pas quoi...Nous n'avons pas de cérémonie, ni d'invités mais un magnifique spectacle architectural s'offre à nos yeux. Sur le côté droit, deux bigotes bavardent tout bas en anglais bien sûr et je surprends des bribes de leur conversation :

Elles parlent du diable, comme s'il existait sur terre !

C'est tout de même incroyable que ces personnes puissent croire en l'existence d'une telle créature au 3e millénaire, je n'en reviens pas. Je suis perplexe !

Depuis que nous avons mis un pied en Grande Bretagne, il tombe une pluie diluvienne. Le ciel est triste... En effet, les nuages avaient fait leur apparition juste après la sortie du cimetière et j'ai même l'impression qu'il ne s'arrêtera jamais de pleuvoir. Nous visitons la fabrique tissage en contrebas du château d'Edimbourg et mon ange met plus d'une heure à choisir 4 écharpes et règle avec l'argent liquide que j'ai retiré de mon compte à la poste puisque c'est le seul endroit qui donnait encore des devises étrangères. Lui n'avait pas réussi à en obtenir à sa banque alors il me remboursera plus tard.

Ce sont des cadeaux pour des amis apparemment, aussi je n'ai pas l'impression qu'il y en ait un pour moi...J'adore la laine, je me suis offert des chaussettes magnifiques, assez hautes avec un petit nœud sur le côté. Nous retournons à l'appartement avec un repas à emporter vraiment très gras, en effet,
le " Fish and chips " n'avait pas l'air de qualité.

Julian nous avait conseillé un restaurant très chic près d'un golf à l'extérieur de la ville avec des tableaux magnifiques aux murs pour notre dîner de mariage mais mon ange était trop fatigué pour sortir.

Juste avant de rentrer à l'appartement, il m'invite à prendre un thé au coin de la rue. C'est génial comme idée, je suis ravie qu'il ait cette initiative et suis très heureuse d'être avec lui, même si notre séjour est trop court. Nous n'avons rien eu le temps de visiter, le musée près du parc a même fermé ses portes sous notre nez ! C'était assez frustrant. Et oui, ici tout ferme très tôt en fin d'après-midi pour laisser place aux pubs !

Je bois tout doucement mon thé brûlant. Nous sommes ici comme dans un petit nid et je savoure cet instant de bonheur, quand tout à coup mon ange se met à fixer la fenêtre comme la dernière fois dans la voiture de son frère, les larmes remplissent ses yeux bleus...

Dire qu'il ne voulait plus venir en Ecosse parce que j'allais faire que sangloter, selon lui. C'est moi qui ai perdu mon grand-père et c'est lui qui pleure !

Il souffre parce qu'il sait que demain nous allons devoir partir pourtant nous sommes ensemble et allons très vite nous retrouver à Orléans alors je ne comprends pas pourquoi il pleure. Ses larmes viennent gâcher cette belle journée pluvieuse.

J'ai échoué à le rendre heureux le jour de notre union et forcément c'est angoissant et culpabilisant pour moi.

A notre retour à l'appartement, Julian nous autorise à dîner dans le salon sur une table demi-lune avec une vue imprenable sur la ville, l'église et la colline qui surplombe le port d'Edimbourg. Mon ange et moi sommes installés dans ce magnifique salon avec des tableaux aux murs tous aussi étranges les uns que les autres. Il y a également une statue d'homme nu très bien réalisée au-dessus de la bibliothèque.

Un repas en amoureux c'est intime mais aussi surprenant que cela puisse paraître Julian nous a rejoint pour s'installer dans son canapé Chesterfield. Il est étendu, les doigts de pieds en éventail et il lit. Lui aussi, je le trouve étrange. Mon ange me dit souvent que je trouve tout étrange… Tout de même, quelle drôle d'idée d'avoir choisi d'être dans la même pièce que nous ce soir. Très vite, il nous pose des questions et la conversation n'est pas de tout repos parce que mon ange ne comprend pas grand-chose de ce qu'il dit et je dois tout traduire. Soudain, Julian s'intéresse à la littérature anglaise que j'étudie avec mes élèves. Nous travaillons sur des extraits de textes le plus souvent mais depuis 3 ans j'ai choisi l'intégralité de l'œuvre de Stevenson : *Docteur Jekyll et Mr Hyde*, attirée par ce texte intemporel sans savoir pourquoi.

Le propriétaire des lieux est très surpris de ce choix car il a lui-même écrit un livre en lien avec ce roman. Il me raconte pourquoi en prenant une chaise qu'il place tout près de moi. En effet, il pense avoir découvert qui a inspiré Robert Louis Stevenson pour son personnage Jekyll / Hyde mais n'arrive pas à le prouver. Il s'explique : au coin de sa rue vivait un photographe au 19e siècle qui a empoisonné 3 fois de suite, les 3 femmes qu'il avait épousées après leur avoir fait signer une assurance vie ! Il n'a jamais été inquiété. Personne n'a jamais rien soupçonné, ni suspecté car en public c'était un ange, une personne droite très morale qui siégeait au conseil municipal d'Edimbourg. Il était le photographe respecté et respectable de La Capitale d'Ecosse...Sans aucun doute, cette histoire est fascinante.

J'ai adoré discuter avec Julian. Pour lui, " le temps " est d'une importance capitale, il est extrêmement précieux et voulait pleinement l'exploiter. C'est pour cette raison qu'il a négocié une retraite anticipée, pour profiter de la vie. Je suis d'accord avec lui mais je place l'Amour avant le Temps…Je dois hélas prendre congé.

Mon ange avait quitté la table depuis un moment déjà mais j'étais absorbée par le récit de Julian et lorsque j'arrive dans la chambre, il est déjà couché ! Il a agrippé les draps de ses petites mains et sort sa tête des couvertures comme un bébé à l'arrivée de sa maman. Cette image me surprend quelques secondes. Ce petit ange est tellement insolite, je dois bien reconnaître que je n'ai jamais rencontré un être aussi étrange. C'est la 2e fois que je constate qu'il a un visage d'enfant et c'est très troublant.

Le lendemain matin, c'est déjà le départ mais avant, il fait des photos de la chambre en souvenir. Il a retiré mon oreiller pour faire croire à ses amis et son ex-compagne qu'il était tout seul avec d'autres amis. Il met toutes mes affaires à l'écart près de l'entrée. Il ne veut pas montrer à son fils qu'il était avec moi alors il efface mes traces.

Toutes ces précautions m'avaient fait penser à une scène de crime...sauf qu'aucun meurtre n'avait été commis et pourtant je perdais du sang mais n'en avais pas conscience. L'hémorragie était très lente, elle passait inaperçue.

Le retour a pris plus d'une journée avec les grèves et le chauffeur drogué qui est arrivé au bout d'une heure. Je suis rentrée exténuée et heureuse d'être enfin mariée car enfin il n'allait plus avoir honte d'être à mes côtés.

Dans l'avion, nous étions encore séparés...Oui, décidément, le sort s'acharnait sur nous. Heureusement qu'il avait payé un supplément pour être tous les 2... Dans l'aérogare, il m'a confié qu'il allait retourner à Edimbourg avec son fils. Pourquoi avec son fils ? Pas avec moi ? C'était surprenant comme remarque, même si je sais qu'il lui manque énormément mais il a souvent un raisonnement étrange.

A l'aéroport en France, il a appelé la mère de son petit garçon pendant 1h. Il a eu du mal à la joindre et voulait même que ce soit son frère qui l'appelle.
 Ce dernier a refusé et il faut reconnaître que c'était une drôle d'idée, surtout qu'ils ne peuvent pas se sentir !

Quand il a enfin pu la joindre, il s'est éloigné pour éviter que j'entende la conversation. Franchement, ça ne se fait pas. Moi si j'avais appelé ma famille, il n'aurait pas supporté et il aurait fait une crise.

Mais lui c'est normal, lui il a tous les droits…

ORLEANS

Les jours suivants, j'ai du mal à me remettre du voyage, du départ de mon grand-père aussi...Je ressens le contrecoup de son absence définitive. C'est aussi une partie de mon enfance, de ma vie qui s'envole.

Et puis, il y a cette incroyable crue qui stresse tout le monde. L'eau a envahi le centre-ville de Melun, les péniches ne peuvent plus passer sous les ponts, par conséquent le trafic fluvial est interrompu puisque le niveau de l'eau a augmenté d'une dizaine de mètres. Les bancs sur les rives ainsi que les peupliers géants ont presque disparu sous les eaux de La Seine. En campagne les fossés débordent, les routes sont devenues des rivières, il faut donc emprunter les grands axes pour aller travailler mais bien sûr, ils sont complètement saturés.

Mes lettres n'arrivent plus à destination car le courrier est bloqué, c'est une catastrophe, alors j'imagine mes lettres d'amour flotter sur l'eau. Je vois les affluents de la Seine et de la Loire se mélanger pour ne former plus qu'un, finalement mes enveloppes atteignent leur destinataire grâce au courant et cette vision est d'une grande beauté. C'est impossible mais ça m'amuse de croire que l'eau pourrait conduire mes messages à mon être aimé.

Bien sûr j'attends la décrue avec impatience puisque nous devons nous retrouver bientôt à Orléans.

Le point de rendez-vous est encore bien compliqué. Par sms, mon ange me fait savoir qu'il vient juste de me croiser en sens inverse, avant l'entrée d' Orléans ! Je ne trouve pas l'endroit où il veut que j'aille, même le GPS ne connait pas, c'est pour dire ! Je n'ai jamais entendu parler de cette ville non plus...Je finis par me garer sur le parking d'un " Fast Food ". C'est très angoissant, encore beaucoup de temps perdu, je dois admettre qu'à chaque fois avec lui tout est compliqué. C'est comme ça mais j'ai du mal à m'habituer.

Ensuite, nous passons une journée caniculaire exceptionnelle, à nous promener sur les berges de la Loire.
Pour le retour, nous avons mis 30 mn à sortir de la ville car il tournait en rond avec son GPS...C'était assez incroyable, j'ai même cru que j'allais devoir prendre une carte !

Nous avions laissé ma voiture sur le parking où je m'étais arrêtée mais lorsque nous passons à hauteur de mon véhicule, il ne reconnaît pas les lieux et passe sa route. J'ai aperçu ma voiture devant le fast-food et lui ai fait la remarque. Pas facile de faire demi-tour et nous perdons encore du temps pour retrouver l'endroit.
Que de stress, encore et toujours !

En fait, je ne suis pas pressée de rentrer avec la canicule, il fait encore 38° à 19h. Je suis trempée de sueur, toute ruisselante même car la climatisation selon mon ange, c'est mauvais pour la santé et il n'a pas voulu la faire fonctionner... Je préviens ma famille que je dîne sur place et reprendrai la route ensuite puisqu'il fera quand même un peu moins chaud. La chaleur excessive était un excellent prétexte !

Je suis heureuse de pouvoir passer encore un peu de temps à ses côtés.

Je respire le bonheur à cet instant mais pas pour très longtemps. Son téléphone se manifeste...C'est un appel de son frère pour savoir comment la journée s'est passée avec moi. En effet, nous venons tout juste de passer l'heure présumée de notre séparation et il appelle déjà !

Je le trouve de plus en plus intrusif ce frère et il m'inquiète. J'ai l'impression qu'il veut des détails sur notre relation et qu'il est jaloux. Il s'est même offert une bague, le même jour où mon ange achetait nos alliances, chez le même antiquaire en même temps que lui. Bozo a choisi la bague que j'avais déconseillée à son frère ! Et mon ange souhaitait une alliance ajourée en or identique à celle de son frère !
C'est juste dingue ! A quoi jouent-ils ?

La première femme de mon ange trouvait les 2 frères trop fusionnels, moi je trouve cette relation fraternelle malsaine. Bozo met immédiatement un terme à son appel car il ne s'attendait pas à ce que je sois encore présente. En effet, j'aurais déjà dû avoir repris la route depuis 5 bonnes minutes au moins !!! Il est gêné et raccroche au bout de quelques secondes seulement.

Je savoure ma glace à la vanille pendant que mon ange consulte ses messages...Une photo de cible vient d'arriver, c'est Lisa qui est au centre de tir de Blois.

Il me montre son carton pas exceptionnel du tout mais le trouve extraordinaire. Soudain, il me dit qu'il a oublié un rendez-vous et qu'il doit partir, parle à nouveau de cette jeune collègue de 34 ans en estimant que je devrais être fière qu'il attire une fille de cet âge-là. La conversation dégénère. Il est fou ! Il pourrait être son père ! Ses remarques sont provocantes et malsaines. Je n'ai plus faim et ne peux plus finir ma glace...
J'ai la gorge serrée et je suis malheureuse.

Comment une si belle journée peut-elle s'achever ainsi ? Il est sur le point de partir à son rendez-vous et ne dit pas avec qui ! Je ne bouge plus. J'attends qu'il s'éloigne pour jeter ma glace à la poubelle. j'ai mal au cœur. J'ai très mal...Je vais attendre un peu pour reprendre la route. Je souffre tellement que je ne peux pas pleurer.

J'ai envie d'hurler mais je ne peux pas non plus car il y a beaucoup de monde encore sur la terrasse ensoleillée. Il ajoute : " De toute façon t'avais envie de terminer ta glace, avec ou sans moi. "

Je ne parle plus...J'ai trop mal et je ne comprends rien. Qu'est-ce-que j'ai fait ? Nous sommes pourtant bien tous les 2. Pourquoi faut-il toujours qu'il me parle de son ancienne compagne ou de Lisa sa collègue ? Il est très mal élevé en plus ! Est-ce-que je regarde mes sms lorsque je suis avec lui ?!!!

Je suis malheureuse et ce que je ressens est très douloureux. Je n'ai plus de force, je suis vidée. Quand mon chagrin est trop grand, j'ai l'impression d'être anesthésiée. Comme si trop de douleur tuait la douleur...J'étais tellement heureuse il y a quelques minutes ! Comment c'est possible ! Maintenant, je suis abattue. Finalement il est encore là et oui il change d'avis, le rendez-vous attendra.

Il reste ! Pour quelle raison ? Je l'ignore. C'est encore un grand mystère.

Je retrouve un peu d'appétit et termine ma glace. Mon sourire radieux s'est envolé. Lui, au contraire, il se sent bien. Il est ravi de sa journée...Moi, je suis triste. L'orage est passé mais il a laissé des traces, comme des ombres sur mon visage.

SANCTIONS

    Le soir de cette escapade, je n'aurai pas de poème pour la première fois depuis 3 mois. Il m'avait bien prévenue : " Je t'en écrirai tant que tu m'en donneras l'envie. "
    Déjà 2 heures se sont écoulées depuis que j'ai donné le bisou du soir à mes filles...J'attends encore un peu...Il est plus de minuit...Les larmes coulent sur mes joues... Je les essuie et je vais me coucher.
    Il m'avait pourtant dit : " Quand quelque chose ne va pas, il faut le dire."
    Eh bien voilà, je lui ai dit ce que j'avais sur le cœur au sujet de sa collègue et le résultat est là, la prochaine fois je m'abstiendrai.
    Je dors très mal et je me lève épuisée pour aller travailler. Je reçois à nouveau des poèmes. Les jours passent comme s'il ne s'était rien passé. Mon ange fait comme si de rien n'était.
    Je ne me repose jamais, même le matin en partant travailler, je conduis et je lui parle en roulant. C'est juste épuisant. De plus, il a décidé qu'il me ferait contrôler par des collègues policiers pour la vitesse alors j'y pense aussi. S'il faisait ça, je le quitterais, il le sait. Apparemment cette plaisanterie l'amuse, moi pas !
    Certains jours, j'ai l'impression que ma tête va exploser et puis, je pense trop tout le temps depuis que je l'ai rencontré.. Je pense encore plus qu'avant. Plus je tente de comprendre mon ange et moins je le comprends.
    Tout était redevenu normal ou presque dans notre relation. Nous nous sommes retrouvés au Château de Vaux Le Vicomte. J'étais très heureuse. Je me sentais libre et j'avais l'impression de revivre. Nous avons même fait l'amour dans la nature dans le parc du château, derrière les haies de buis. J'en avais très envie et le désirais tout le temps. Chaque jour, chaque minute, chaque seconde de mon existence, j'avais envie d'être dans ses bras et de ne plus le quitter. Je sentais notre amour grandir et sa souffrance commençait à prendre des proportions inquiétantes.
    Ce matin-là, je suis encore au téléphone au volant de ma voiture et je suis presque arrivée à mon travail, quand il me confie ceci : " Je comprends depuis que je suis avec toi qu'on puisse tomber fou par amour ! J'ai l'impression de devenir complètement dingue !
    Tu me rends vraiment cinglé ! Je me lève à 5 h du mat pour écrire ton poème et toi, qu'est-ce-que tu fais ? En quelques secondes, tu m'effaces. Tu ne le lis même pas ! "

" C'est faux ! Je le lis, le relis. Je te fais toujours un commentaire sur le vers que j'ai le plus aimé ! " Il n'entend pas ce que je dis et continue à déverser ses reproches :
" Je me crève le cul à t'écrire des poèmes, et toi, tu t'en fous, tu les lis à peine. Tu n'en as vraiment rien à foutre ! Tu m'effaces. Je ne vais plus t'en écrire ! Je me sens laissé pour compte. Tu me prends pour un jambon ! "
Je ne réplique plus, ce n'est pas la peine. J'ai la gorge serrée et je sens un début de crise de spasmophilie m'envahir...J'ai des picotements dans les doigts et je ne peux plus parler. Je raccroche et je ferme mon téléphone. Je dois gérer la crise.

Trop de stress, de fatigue, d'angoisse et voilà le résultat !
Je roule à 110 km heure alors je décélère au plus vite et j'oblige mon mental à penser à autre chose. Quelque chose de beau. Je m'envoie des images de bord de mer, un ciel bleu...Je suis à Quiberon face à la côte sauvage. Je sors de l'autoroute. Je fais cours dans 5 minutes et retiens mes larmes. Je n'en peux plus ! Qu'est-ce qui lui prend ? Oui, en effet !
Il est en train de devenir fou !

Je dois me concentrer sur mon travail. J'ai 3 heures de cours à donner ! J'ai été obligé de raccrocher sur la route, il ne m'a pas laissé le choix. J'ai un travail que j'aime ! Je ne veux pas le perdre ! Je l'aime mon métier ! Même s'il me dit souvent que j'aurais pu faire autre chose dans la vie comme si j'avais manqué d'ambition. J'avais 14 ans lorsque j'ai choisi d'enseigner l'anglais, de transmettre mes connaissances sur la langue, sur la vie aussi et je n'ai jamais regretté.
J'ai le cœur gros, toute la matinée. Je me concentre sur mes leçons et tout se déroule normalement, apparemment personne ne remarque quoi que ce soit.

Ensuite sur la pause méridienne, je vais pique-niquer au parc tout près de mon établissement. Je déjeune avant d'ouvrir à nouveau mon portable car je crains qu'il ne me coupe définitivement l'appétit.

Il a essayé de me joindre une dizaine de fois sans laisser de message. Il ne laisse jamais de message en absence.
Je l'appelle, il est calmé :
" J'ai cru que tu avais eu un accident ! Tu ne te rends pas compte ! Je me suis vraiment inquiété. "
Quel menteur ! Je lui coupe la parole :
" Tu savais très bien que je n'avais pas eu d'accident ! Tu sais parfaitement pourquoi j'ai raccroché ! "
" Je n'aime pas ça du tout ! Ne recommence jamais, plus jamais, tu as bien compris."
" Tu ne m'as pas laissé le choix ! Qu'est-ce-que tu croyais, que j'allais arriver devant mes élèves, le visage ravagé par les larmes ! C'était quelques minutes avant que je prenne ma classe ! Tu ne te rends pas compte !!! "
" Je n'aime pas ce comportement. Ne recommence jamais ça. "
" Ne m'agresse plus comme ça non plus ! J'ai eu un début de crise de spasmophilie sur la Francilienne ! "
" Et toi, tu m'as tellement angoissé que j'ai dû prendre un antidépresseur. Je n'en avais pas repris depuis ma sortie de l'hôpital."
Je comprends qu'à cause de moi, il reprend des médicaments...

Notre relation devient toxique. On en discute, je pense qu'il faut y mettre un terme. Il n'est pas d'accord, convaincu que toutes nos incompréhensions viennent du fait que nous sommes trop loin et que nous ne pouvons pas échanger de vive voix.
Il est vrai que la distance n'arrange rien mais je ne me vois pas vivre à ses côtés au quotidien. Il est caractériel, très autoritaire et maniaque aussi, il est évident que je serais très malheureuse si je faisais ce choix.
D'un autre côté, il est tellement gentil et attentionné que j'ai besoin de l'entendre, le voir, le toucher…Il faudrait mettre un terme à notre relation mais ni lui ni moi ne le souhaitons vraiment.
    Alors, la vie continue. Il veut encore venir au château de Vaux…
Il dit que c'est le sien…Il plaisante encore.
    Son frère est très spécial mais il m'apprécie beaucoup. Il m'a même offert des petits grains de bigaradier pour mon bien être, c'est son naturopathe qui lui en a donné. Il est ravi que je fasse partie de sa famille parce qu'il souhaite tellement le bonheur de son frère.
    Mon ange me donne moins de nouvelles. Il dit que tout me fait de la peine alors il ne me confie plus rien. J'ai même l'impression qu'il m'efface certains jours, comme si je n'existais plus.
    Chaque mois, il y a des femmes nouvelles dans sa vie. Il a des tonnes de copines maintenant. Il parle de plus en plus de la veuve, celle qui a perdu son mari policier d'un cancer. Elle a l'air plutôt joyeuse et prend soin d'elle : elle s'est récemment fait botoxer les lèvres ! Il évoque aussi de temps à autre cette femme battue mariée à un mauritanien, qu'il avait hébergée juste quelques mois avant notre rencontre. Il a de nombreux amis aussi. D'ailleurs, il a un problème dans la dénomination : il ne fait pas la différence entre copain, ami, collègue, connaissance, relation…Toutes ces notions sont confuses dans sa tête. Je me souviens qu'un jour, il m'avait parlé d'un copain qui était en fait un ami mais en réalité, un collègue de travail et c'était dans la même conversation ! Pourtant il y a une différence entre tous ces termes. Les liens affectifs ne sont pas du tout les mêmes ! C'est tout de même étrange ces confusions, surtout pour quelqu'un comme lui qui s'exprime si bien et qui a beaucoup de vocabulaire.
    Pour lui comme pour son frère, ne pas avoir d'amis c'est l'insulte suprême, à tel point que j'ai l'impression qu'ils s'en inventent ! Ils sont bizarres tout de même les 2 frères.
    Nous nous retrouvons encore à Vaux, dans ce lieu toujours aussi magique.
Il parle de plus en plus de lui. Je n'ai jamais rencontré une personne qui prenait autant soin d'elle. Il se rend toutes les semaines chez le coiffeur, je crois…chez la coiffeuse de la salle de sport, plus exactement !
Il se plaint de cette jeune femme car elle est partie en vacances sans même annuler le rendez-vous qu'il avait pris alors j'ai donné mon avis :
" Si personne ne lui dit rien, c'est normal qu'elle fasse le coup régulièrement ! "
Et là, je n'ai rien compris, Il est parti dans une colère :
" C'est pas la première fois que tu as ce genre de réaction. Je ne manquerai pas de te faire la remarque à l'avenir. " Cette conversation avait jeté un froid. Il se plaignait de cette fille et maintenant il la défendait ! Je n'ai pas cherché à comprendre davantage. Je ne voyais pas où était le problème surtout qu'à Blois, les coiffeurs ce n'est pas ce qui manque.

Il évoque encore d'éventuelles vacances avec la veuve de son collègue décédé.
Il en parle de plus en plus de cette femme et de sa fille Amélie qu'il a pris sous son aile en l'inscrivant au même centre sportif que lui à La Source tout près de La Balourdise. Bien entendu, ça me fait de la peine ce projet de voyage avec une autre femme alors je lui pose cette question :

" Pourquoi n'es-tu pas sorti avec cette femme avant moi ? "
Sa réponse a été très surprenante :
" Parce- qu'elle fait des histoires de tout, elle est trop dépensière...Et puis c'est la femme de mon copain décédé. "

Je pensais qu'il allait me dire tout simplement " parce-que je ne l'aime pas ! " et l'argument du copain décédé n'avait aucun sens...C'était absurde puisqu'il était mort depuis plusieurs années…Il déteste les femmes dépensières...Moi, c'est sûr, je ne lui coûte pas grand-chose. Je vis de rien, d'ailleurs il est tellement économe que maintenant c'est moi qui vais le voir.

Si je ne vais pas vers lui, nous allons être un mois sans nous retrouver. Un mois c'est beaucoup trop long alors je profite d'une brocante exceptionnelle pour annoncer mon départ à ma famille, le lendemain de mon arrivée en Normandie !

CHAMBORD

A peine arrivée le vendredi que je repars pour la Sologne le samedi matin, pour rentrer le dimanche soir.

Je retrouve l'entrée de sa propriété, un petit chemin bordé de pommiers. J'ai hâte de le retrouver. Il est très étonné que je ne me sois pas trompée sur la fin du voyage : " D'habitude, les personnes se trompent toujours et m'appellent par téléphone. "

" Non, j'ai trouvé facilement. " Il trouve que je me suis bien débrouillée et je suis flattée par sa remarque.

Quand j'entre chez lui, il veut tout de suite que je monte mon sac de voyage à l'étage mais à peine je franchis le seuil du salon que je lâche mon bagage en apercevant un nouveau tableau, juste au-dessus du canapé en cuir. C'est sûr, c'est Aléna qui l'a peint…

Cette intrusion dans le salon me fait l'effet d'un coup de poignard en plein cœur.
En effet, je voulais tellement lui faire un très beau tableau pour son anniversaire. Elle m'a devancée et ma déception est grande.

Il fait un commentaire à ce sujet :
" C'est la mère de mon fils qui me l'a offert car elle me devait bien ça, pour toutes les fois où je la dépanne quand elle ne peut pas garder Romain. "
Je donne sincèrement mon avis : " Il est très beau ce tableau. "
" Ah, ça oui et elle a eu du mal à me le laisser et voulait que j'en prenne un autre, mais moi c'est celui-là que je voulais. Elle y a passé des heures…D'ailleurs la semaine dernière elle en a vendu un, 600 euros. "
Quel hasard, pile le montant de mon découvert…Elle n'est pas connue, comment fait-elle pour vendre à un prix pareil !
" Elle vend comment ? Sur Internet ? "
" Oui, je crois."
Je suis très surprise mais c'est possible, pourquoi pas.
Mon ange tient absolument à savoir ce que je vois dans ce tableau.
" C'est très abstrait mais je vois un village à l'horizon. "

" C'est fou mais c'est exactement ce que je vois aussi et tu es bien la seule à l'avoir vu. Je l'ai montré à un ami qui ne voyait rien mais toi, tu vois comme moi et ça ne m'étonne pas . "
 C'est quand même maladroit d'avoir mis un tableau de son ex-compagne pour m'accueillir. Il est souvent gauche. Parfois, j'ai l'impression qu'il ne réfléchit pas et se comporte de plus en plus comme un enfant. Il a la même sincérité, la même innocence. Son attitude me fait souvent beaucoup de peine mais il ne le fait pas exprès alors c'est pas grave.
 A peine arrivée, il m'emmène à Chambord. 30 ans déjà que je n'avais pas emprunté cette interminable allée de chênes. Quand le château apparaît enfin dans la trouée, quel spectacle !
 Il est tout simplement somptueux. Une élégance naturelle et apaisante. A mon goût, il est l'un des plus beaux châteaux de France, et dire qu'à la base c'était un pavillon de chasse. C'est incroyable de constater qu'il a vraiment su attirer les différents rois de France pour évoluer. Moi aussi, je suis séduite par les lieux car le canal est superbe et les miradors parfaitement placés pour observer la faune et la flore en toute sécurité. C'est un lieu paradisiaque. Je comprends que le chef de l'État soit venu fêter ses quarante ans ici et que des invités aient fait le voyage du monde entier.
 La glace artisanale italienne maison citron / cassis a un goût exceptionnel et les biscuits Solognots sont divins.
 Le soir, nous dînons chez lui, à l'intérieur, alors qu'il faisait très beau. C'était assez étonnant qu'il n'ait pas encore déballé son salon de jardin sur la terrasse avec un temps pareil. Il n'allait sans doute pas tarder à le faire.
 Cette première nuit avec lui, dans sa chambre de petit garçon, ne se passe pas très bien pour moi. Je n'arrive pas à dormir. D'abord au moment de me coucher, j'ai vu des poignets de femme dans des menottes accrochées aux barreaux du lit.
 Je sais, c'est mon imagination. Je ne sais pas pourquoi j'ai eu cette vision. Il n'y avait rien. Cette image m'a tout de même angoissée. Il a été policier alors ça pouvait expliquer les menottes mais pourquoi des poignets fins de femmes ?
 Il y avait aussi ce radio réveil qui clignotait en permanence...Au loin, j'entendais des bruits de moteur...Et mon ange semblait faire des cauchemars terribles...Je devinais qu'il esquivait des coups au visages à voir les mouvements de tête. Je ne pensais pas qu'il était possible d'avoir des nuits aussi perturbées...Certainement parce qu'il a eu un métier très stressant...
 Je me pose mille questions...À Chambord, alors que nous marchions main dans la main dans une allée fleurie, il m'avait confié :
 " Plus je te découvre et plus j'ai envie de te connaître."
Je n'avais rien répondu, parce-que moi c'était tout le contraire à ce moment-là ! Plus je le découvrais et moins je voulais en savoir car en effet, il m'inquiétait de plus en plus. Je me demandais même ce que je faisais là alors que ma famille m'attendait en Normandie ! Oui, qu'est-ce-que je faisais là ? Pourquoi j'étais attirée comme ça, par lui ?
 A Chambord toujours, je revois cette adolescente qui avait croisé son regard alors qu'il avait sa main dans la mienne. Elle avait immédiatement regardé ses pieds et semblait très gênée comme si elle avait croisé le diable. Il attire les jeunes femmes, c'est fou...Je ne sais

pas d'où il tient ce magnétisme. Je n'ai pas vu si lui l'avait regardée puisque c'est elle que je croisais et regardais à ce moment-là...

Je deviendrais presque jalouse...c'est tout de même incroyable pourtant je ne l'ai jamais été auparavant, alors pourquoi ce sentiment fait-il soudainement irruption dans ma vie ?

Je me suis assoupie quelques heures seulement sur le matin. Au réveil, il me fait de nombreux gros câlins et j'adore être avec lui. Il est fou amoureux de moi.

J'avais mis une grosse serviette pour ne pas tacher le lit mais il l'a déplacée. J'ai presque eu l'impression qu'il l'avait fait exprès mais l'idée était ridicule. Pourquoi est-ce qu'il aurait fait ça ? En effet, un tel comportement n'avait aucun sens !

Je n'ai pas fait attention mais quand il a pris tous les draps pour les mettre au lavage, il a embarqué ma chemise de nuit par inadvertance...Je me suis retrouvée toute seule, toute nue avec cette tâche que je n'arrivais pas à faire disparaître avec de l'eau et du savon...J'avais honte pourtant j'avais pris des précautions...

Beaucoup de route pour rejoindre sa famille, pour ensuite nous rendre dans une incroyable brocante.
Elle est intéressante mais toute petite et nous y passons plus de 3h !!!
Les seules belles choses, c'est mon ange qui les a découvertes : des draps en métis (coton et lin ou coton et chanvre) teints en kaki ou violet. C'est très original et c'est lui qui les a vus pour moi. Oui, c'est vrai, il repère des choses que je ne vois pas. Il est très surprenant. Je suis très légèrement vêtue, il fait très chaud. Nous déjeunons à 16h après avoir pris l'apéritif à 15h chez des amis antiquaires. Je me suis gavée de gougères, j'avais trop faim et je ne supportais plus les crampes d'estomac ni la chaleur. C'est difficile pour moi, je n'ai pas l'habitude de déjeuner à n'importe quelle heure.

Pendant ce repas, je découvre que Bozo ne connaît pas les goûts de son frère. Ils déjeunent dans ce restaurant depuis des années, prennent à chaque fois la même chose : un " steak frites " et le serveur demande toujours la cuisson !
Bozo l'ignore ! Comment c'est possible ? Son frère est parti aux sanitaires se laver les mains et il est incapable de donner la cuisson en son absence !
Surprenant, non ? C'est la belle sœur qui a la réponse ! Incroyable !

Au cours de l'apéritif, j'ai pu constater que Bozo et Babette mentaient en disant qu'ils ne laissaient jamais leur fils aîné seul. Max avait téléphoné car ils l'avaient abandonné (comme à chaque fois qu'ils allaient sur des brocantes) et il avait rencontré un souci pour se rendre aux toilettes avec son fauteuil roulant.
Bozo se lamentait d'avoir une telle vie qu'il n'avait pas choisie. Il a mis tout le monde mal à l'aise quand il a tapé du poing sur la table et j'ai vu que mon ange avait peur de lui. C'est fou de craindre son frère à ce point ! Je n'en revenais pas...Enfin, mon ange vient de nous rejoindre à table. Je n'écoutais plus trop Bozo qui reparlait encore de son héritage...
Apparemment mon ange venait de consulter sa messagerie et son ex-compagne changeait ses plans pour le weekend. Romain allait passer le dimanche chez un copain, du coup son papa n'aurait pas son fils. Donc, je pouvais rester dormir à La Balourdise, sauf que j'avais promis à ma famille que je rentrerais le soir. Je ne pouvais pas changer ma vie au rythme des caprices de la mère de son enfant.

De retour à La Balourdise, je reprends mon véhicule mais au moment du départ, il refuse de m'embrasser.
" Pourquoi ? "
" Parce-que j'ai pas envie. "
Son attitude m'a fait l'effet d'un coup de poignard en plein cœur et cette fois j'avais beaucoup de difficulté à retenir mes larmes mais j'y parvenais. J'avais les larmes aux yeux et la gorge serrée.
Il m'aurait giflée je pense que j'aurais eu moins mal. Ensuite, il a voulu me montrer un meuble Louis Philippe dans son cabanon. Je suis descendue de voiture et il tenait à s'en débarrasser alors nous l'avons chargé. De nouveau au volant de mon auto sur le point de partir, cette fois il glisse sa tête par la vitre descendue et m'embrasse avec passion.
C'est terrible mais je ne le comprends pas. Pourquoi m'avoir fait autant de peine quelques minutes auparavant ?
Je l'aime tellement ! Quand on est amoureux de quelqu'un, on a la personne dans la peau et cette sensation, je l'ai déjà vécue. Aujourd'hui c'est différent, c'est beaucoup plus profond. Mon ange est en moi en permanence. A chacun de mes pas, je sens son sexe dans mon vagin comme s'il habitait mon corps comme s'il était moi. C'est comme si nos corps ne formaient plus qu'un. La fusion est totale. Il lit dans mes pensées : nous avons envie de la même chose en même temps et la distance ne change rien. Il est présent à chaque instant dans ma tête, dans mon corps. Je ne ressens même pas le manque puisqu'il me fait l'Amour en permanence, même à distance. Il est au plus profond de ma chair. Il vit en moi. Je sens que lui non plus ne peut pas vivre sans moi. Il n'a pas choisi de tomber amoureux d'une femme mariée, qui ferait ce choix ? !! Personne ! Une chose m'étonne tout de même : je pense à lui tout le temps mais je ne rêve pas de lui, jamais ! D'ailleurs, depuis plusieurs mois maintenant, je ne me souviens plus de mes rêves. C'est très étonnant…
De retour en Normandie, je vais tous les matins lui téléphoner depuis la clairière en allant promener ma chienne mais ce jour-là, il m'annonce une terrible nouvelle : Il a des informateurs en Seine et Marne, d'anciens collègues qui viennent de lui révéler que mon frère est retombé dans la drogue…Il est vraiment désolé de me l'apprendre. Cette annonce m'a fait l'effet d'une bombe dans la tête. J'ai beaucoup de chagrin et je pleure…Je pense que je me doutais un peu qu'il prenait quelque chose mais je pensais plutôt à des antidépresseurs…Je suis inconsolable.
Il se demande aussi si j'ai bien vu le radar un peu avant Blois lors de mon retour : " Non, je n'ai rien vu…" J'ai encore dû me faire prendre, je roule toujours trop vite…
Que d'angoisse !
Je suis en vacances et pourtant je ne me suis jamais autant sentie stressée.
Certes, j'ai une double vie mais j'ai l'impression que c'est pas l'unique raison…
D'autres personnes ont eu 2 amours avant moi mais ils n'étaient pas dans cet état.
Chaque jour, je vais à la clairière pour téléphoner à mon ange. Je suis consciente que cette promenade qui me détendait autrefois, est une source d'angoisse aujourd'hui. Où est passé le bien être qui m'enveloppait lorsque je passais la passerelle juste au-dessus du ruisseau ? A la place, j'ai droit à un bain d'angoisse.

A chaque respiration, je me sens oppressée et j'en ai même mal au cœur et suis très rapidement essoufflée aussi.
Alors, je cesse de l'appeler une journée et je me sens mieux.
C'est terrible mais je ne sais plus ce que je veux, moi qui ai toujours su où j'allais.
Je n'ai plus de projet non plus. Il m'a récemment posé la question.
C'est vrai, je n'ai plus de but et je n'arrive pas à envisager l'avenir. Je ne l'avais pas prévu dans mon univers, j'avais une vie tranquille avant de le rencontrer.
Pourquoi c'est arrivé ? Et surtout, pourquoi est-ce qu'il est si compliqué ?
Il se veut rassurant : " Tu vas reprendre le yoga en septembre et tu te sentiras bien, tu verras. " Mais non, ça ne changera rien et je le sais très bien. Je ne supporte plus cette angoisse qui m'habite.
J'ai commencé un livre : *LE STRESS C'EST LA VIE mais* je ne prends pas trop le temps de le lire…
Un matin, mon ange me raconte son rêve : Il flottait dans du coton, il volait, il y avait une femme avec lui, elle avait les cheveux longs, il était heureux et ne souffrait plus. Il décrit davantage la forme féminine qui l'accompagne dans l'au-delà et je réalise que c'est moi la morte !
En fait, il a rêvé de nous et nous ne pouvons être heureux qu'au ciel, c'est-à-dire dans la mort. Nous n'avons pu trouver le bonheur sur cette terre et c'est dans l'au-delà, dans l'autre monde que nous goûtons la paix. Cette image me glace.
En même temps, son rêve est étrange, j'ai l'impression qu'il l'invente mais pourquoi est-ce qu'il inventerait un rêve pareil ? Dans quel but ? C'est absurde !
Cette image de bonheur, de bien être trotte dans ma tête.
Qu'est-ce-que je souffre sur cette terre !
Je dois mettre fin à cette relation, c'est elle mon problème. Elle nous dévore. Je ne sais pas pourquoi mais elle est toxique.
Ma famille est repartie en Seine et Marne et moi, je devais aller passer une semaine chez lui dans 3 jours. Il m'avait contrariée avec son projet de Voyage en Russie et finalement il a changé d'avis. En plus, il déteste la Russie et ne comprend pas un mot de russe ! Il me reparle à nouveau de la femme battue qui voulait encore qu'il l'héberge. Il joue sur tous les tableaux. A force de courir plusieurs lièvres il va tout perdre, parce que moi je n'en peux plus de ses histoires.
J'appelle son frère, Bozo parce-que je ne me sens pas bien et qu'il est le seul à connaître notre histoire. Quand je lui dis que son frère est méchant, il me dit que c'est normal, que Paris ne s'est pas fait en un jour et qu'en attendant je vais avoir le mal de mer. Par moment je serai au sommet de la vague, je nagerai dans le bonheur et à d'autres, je tomberai dans le creux de cette vague.
Je pleure, mais mes sanglots ne semblent pas l'affecter. Il souhaite que je parle à sa femme. Non, merci ! Je me doutais qu'il l'avait mise au courant ! Elle n'arrête pas d'appeler ma mère depuis que je sors avec son beau-frère. A quoi elle joue ?
Plus jamais j'appellerai Bozo au secours, je le remercie par politesse et raccroche.
Je ne veux plus partir en vacances chez mon ange. Je sature. J'ai les nerfs usés. Je lui écris un sms pendant des heures, jusqu'à 3h du matin et fais partir le message. C'est une lettre de rupture définitive. J'ai dû dormir 2h. Je suis très angoissée et soulagée aussi.

J'attends sa réaction, son appel...D'habitude, il m'envoie un petit mot doux à 9h…
Rien, j'attends encore... 9h30, ça sonne ! C'est lui…
Mon cœur bat la chamade.
 Il est désolé de m'avoir fait passer une si mauvaise nuit. Il vient de terminer la chambre au rez-de-chaussée, comme je n'arrivais pas à dormir à l'étage il m'en a fait une rien que pour moi.
Il comprend ma décision.
" Je vais te renvoyer ta chemise de nuit par la poste, tu l'avais oubliée."
" Non, pas par la poste. " Qu'est-ce qu'il raconte ? Quelle chemise de nuit ? Je ne l'ai pas oubliée. C'est à ce moment-là que je comprends qu'elle était partie au lavage avec les draps. Il a dû s'en apercevoir avant mais il ne m'a rien dit.
 " Tu vas faire quoi alors cet après-midi ? "
" Je ne sais pas, je ne sais plus…" Je voulais aller à la mer...mais j'en ai plus envie. " J'ai plus envie d'aller à la mer sans lui. J'ai envie d'être avec lui...Des semaines que j'attendais de passer des vacances avec mon ange, de me poser vraiment, d'être tous les 2, rien que nous deux.
" Viens mon Amour, prends ta voiture et viens me rejoindre maintenant. "
" Oui, j'arrive. "
 Je me remémore les doux instants passés à Chambord dans ses bras, à observer les cerfs depuis les miradors de bois avec pour seule musique, le chant des oiseaux et des grenouilles.
 Sans lui, je n'ai plus goût à rien. En moins de 20 minutes mon coffre est chargé, ma chienne est installée dans la voiture et deux heures plus tard, je suis à la Balourdise.

UN ETÉ D'ENFER

    Je revis ces vacances tant attendues, tant espérées. A chaque fois que je suis couchée, je me repasse le film de ma vie. Je veux comprendre ce qui m'est arrivé et pour y parvenir, je visionne dans les moindre détails ces 7 jours consécutifs passés en Sologne :
    Je descends de voiture. Le ciel est magnifique, le soleil brille et ses rayons sont encore brûlants à 16h. Je me sens très jolie dans une petite robe bleue très légère en coton. J'aperçois la même piscine que moi devant son garage ! C'est pas possible ! C'est exactement la même que celle que j'ai achetée il y a 1 mois...
    On dirait qu'il n'y a personne. Je regarde les hortensias roses le long de la maison, ils sont splendides. Un petit panneau sur la baie vitrée attire mon attention où il y est indiqué en anglais que c'est ma chambre, avec une faute de grammaire mais c'est trop mignon, c'est l'intention qui compte et je souris. Il y a même une petite plante dans un pot au pied de la fenêtre que je n'arrivais pas à trouver : un géranium citronné pour éloigner les moustiques...Il pense à tout, il est incroyable.
    Il ouvre la porte d'entrée, me regarde émerveillé et vient vers moi pour me serrer très fort dans ses bras.
" A t'entendre dans ton sms je suis un tyran, un Pinochet en puissance. Tu avais presque réussi à me détester, non ? " Il sourit.
Il semble fier de ses actes mais j'ai plus envie d'en parler, c'est le passé, c'est derrière, moi j'ai envie de vivre le présent maintenant.
    Il prend ma main et la pose dans la sienne, comme font les enfants...et m'emmène dans le verger. Les pommiers et les poiriers nous encerclent. Il y en a partout, jusqu'à la route...Cet endroit est magnifique et je suis heureuse d'être avec lui. Il me propose une promenade à cheval mais ça fait très longtemps que je n'en ai pas fait, par contre lui se dit très à l'aise avec les chevaux car à l'armée il a appris à monter. Il a prévu plein d'autres sorties : se promener à Chambord, visiter Blois, se baigner dans un lac, aller au sport, faire du tir...Enfin des vraies vacances !
" Allez viens ! Je vais te faire visiter ta chambre ! "
" Moi , j'ai un bonsaï à t'offrir pour notre nouvelle pièce ! "

" Je t'avais parlé du matelas acheté chez Emmaüs, il était quasi neuf, alors j'ai regardé sur internet, les techniques de désinfection bio que j'ai suivi scrupuleusement avec du gros sel de Guérande. "
" Ah, oui ? " Personnellement, j'ai jamais entendu parler de cette technique de désinfection… (qui est en réalité une méthode de purification que j'ai pu découvrir beaucoup plus tard) C'est peut être bien. Il est très économe ce petit Ange et il vit très simplement, pourtant il a les moyens de s'offrir un matelas neuf, je pense…
    C'est vrai qu'il m'a fait une vraie chambre de princesse. Il y a de l'ancien maintenant…J'ai apporté un miroir Louis Philippe à restaurer et je compte lui offrir, lorsqu'il sera redoré. Il ne le sait pas, c'est une surprise ! J'adore le surprendre !
    J'aime lui faire plaisir ! Comme si c'était ma raison de vivre. Une fois bien installée dans notre nouvelle chambre, il me fait essayer le lit. Bien sûr, il me rejoint et s'occupe de moi pendant des heures.
    " Tu te souviens au début, tu ne voulais rien et maintenant tu veux tout ! C'est surprenant non ? "
    C'est vrai, je n'en reviens pas moi-même, je n'arrive pas à me l'expliquer. La semaine dernière, je lui ai écrit un magnifique poème sur la Voie Royale. Je m'en étonne encore. Ce poème était d'une grande beauté. Quand j'étais plus jeune, je devais avoir une vingtaine d'années, ma mère me disait :
    " Quand on aime, tout est beau en amour ! " Je pense qu'elle avait raison.
Je partage complètement son avis. Mon ange prend énormément soin de lui aussi : Il se douche plusieurs fois par jour, il va presque toutes les semaines chez le médecin (mon beau-père m'avait prévenue, il est " hypocondriaque " !), régulièrement chez son masseur et 2 fois par semaine à la salle de sport et au karaté. Il utilise exactement la même crème de jour que moi qu'il a trouvée aussi dans un magasin " bio ", c'est fou quand même, exactement la même ! Un truc de dingue ! Comment c'est possible ! J'adore son odeur car elle me rassure. Il ne met plus de parfum. Comme moi, ça l'écœure, il ne supporte plus les odeurs fortes. Il trouve qu'il ne s'occupe pas assez de lui, pourtant il se chouchoute vraiment et très franchement je n'ai jamais vu quelqu'un prendre aussi soin de sa petite personne. D'ailleurs son frère est jaloux et vient de temps en temps dans la région, pour avoir le même masseur que lui.
Surprenant non ? Sa femme l'accompagne mais pas de massage pour elle.
" Ah, ça non, elle ne supporte pas qu'on la touche ! "
" Ah, bon ! Pourtant ça lui ferait du bien, elle n'a pas l'air en forme. "
" Ah, non, elle ne veut pas, en plus Freddy est noir !!" Il grimace en disant ça…
" Ah bon ! " Cela n'a pas dû être facile pour Bozo de lui faire 2 enfants !
Je me demande comment il s'y est pris sans la toucher !!! Peut être la même technique que pour la vierge Marie !! Il a fait appel au Saint Esprit , tout simplement !
    Nous dînons à l'intérieur dans la cuisine, le salon de jardin n'est toujours pas déballé, ça ne saurait tarder. Nous sommes déjà fin juillet tout de même ! Mais quand j'aborde ce sujet, il s' énerve, c'est très surprenant… Après le dîner et une série de gros câlins, mon Ange prépare une lessive en différé.

" Ne t'inquiète pas, tu n'entendras rien. Tu vas bien dormir ici, je te le garantis, pour que tu te reposes vraiment je vais même dormir à l'étage. On dort très mal à deux, alors ça ne sert à rien d'être dans le même lit pour moins bien dormir ! "
    C'est surprenant, mais il a raison. La nuit sera plus reposante pour nous deux.
" Bonne nuit mon Ange ! "
" Bonne nuit ma Bubule ! "
    Après une dernière douche, il m'embrasse et regagne l'étage assez tard après les gros câlins.
J'ai du mal à m'endormir, il y a un drôle de bruit dehors, une sorte de bruit de moteur.
    Je finis par m'assoupir, mais tout à coup, vers 5h du matin, je suis réveillée en sursaut par l'essorage de la machine à laver !
    Heureusement que je ne devais rien entendre ! C'est horrible ! C'est infernal ! J'ai l'impression que c'est juste derrière le mur, alors qu'il y a la salle de bain entre les deux. Je n'arrive pas à dormir, alors je me repose en fermant les yeux mais je ne me rendors pas et me lève vers 9h30 très fatiguée.
    Il est debout depuis au moins 6h, a déjà étendu le linge et préparé mon petit déjeuner que je prends seule. Il passe me voir, m'embrasse et me caresse le sein droit.
" Quand tu rentreras ça tu n'en auras plus. "
    Ses paroles me font du mal même si c'est très vrai ! Ce n'est vraiment pas gentil de me faire cette remarque. Je n'ai déjà pas beaucoup de force avec la sale nuit que je viens de passer !
" Tu as bien dormi j'espère, j'ai pris exprès ma douche dans la salle d'eau près de l' entrée pour ne pas te réveiller. "
" Merci, c'est gentil mais tu sais, j'ai entendu l'essorage cette nuit et c'était très violent ! Je suis épuisée comme si j'étais passée sous un train. " Il prête beaucoup d'attention à mes paroles avec un drôle d'air :
" Non, c'est pas possible ! Impossible avec la salle de bain entre la buanderie et la chambre ! "
" Mais si, je t'assure que si ! "
" Non, je ne te crois pas ! "Il aime bien dire ça. Il ne me croit jamais. Il se met à passer l'aspirateur et s'arrête soudain :
" Dis-moi, ça ne te dérange pas mon goût exacerbé pour le ménage et la propreté ? "
" Non, non, je m'en doutais un peu ! "
Mais il faut reconnaître que je n'avais jamais vu ça avant !
Il passe bien trois fois l'aspirateur par jour !!! Encore une fois, il fait tout ou presque en triple XL, même le ménage !!! Personne ne fait ça, en tout cas pas un homme !
    Il est encore hors normes et finit enfin par éteindre ce maudit aspirateur ! Un peu de calme, ça fait du bien !
" On est dimanche, on va pouvoir aller au tir ? "
" Ah, non. Tu t'es levée beaucoup trop tard ! Et puis c'est plus tranquille en semaine, j'ai prévu d'y aller bientôt, je vais te faire essayer ton revolver…"
"J'ai pas l'habitude des revolvers…je préfère les carabines à air comprimé. "
" Tu verras je vais tout t'expliquer, tu as intérêt à bien m'écouter, surtout au niveau de la sécurité, c'est très important ! "

Je m'inquiète quand même, c'est très dangereux le revolver, en même temps j'aimerais bien essayer aussi...Le ton autoritaire qu'il utilise ne me rassure pas du tout.

" Aujourd'hui, j'ai prévu autre chose : cet après-midi nous allons aller nous baigner dans un lac. Tu vas voir, c'est magnifique et tu vas pouvoir te baigner toute nue, c'est très tranquille. J'ai téléphoné à mon ami le propriétaire du terrain, il m'a donné l'autorisation. Il est d'accord, pour qu'on s'y baigne. "
" Il est alimenté par une source, ce lac ? "
" Oui, bien sûr, il me l'a confirmé la semaine dernière, l'eau y est très pure, d'ailleurs il y était, je me suis arrêté pour lui demander si on pouvait y aller. Il va souvent nager là-bas. "

En fin de matinée, nous allons promener nos chiens jusqu'au bois. Nos 2 animaux s'adorent et s'entendent à merveille, j'appréhendais un peu, avec les chiens on ne sait jamais ! Au contraire, ma chienne redonne de l'énergie à son vieux chien de 14 ans qui déprimait un peu depuis que les chasseurs lui avaient tué son meilleur ami Garfield, son copain le chat rouquin.
" Au fait ! Tu as porté plainte au sujet de ton chat ? "
" Non qu'est-ce-que tu veux, il n'y a rien à faire ! "
" Mais si, enfin ! Le président de chasse sait très bien qui a tué ton chat ! Tout se sait dans ce milieu ! Je suis issue d'une famille de chasseurs alors je peux t'assurer que le responsable de cette chasse sait qui a commis ce crime !
Il y a des bons et des mauvais chasseurs. Le mauvais chasseur est sans foi ni loi, il fait ce qu'il lui plait. Et comme il a une arme, il se sent très fort. Il tue même les animaux protégés et prend un malin plaisir à tuer les chats domestiques alors qu'il sait très bien qu'il ne s'agit pas d'un chat sauvage. Si tu portais plainte, le tueur serait obligé de payer pour son crime et pour ne plus payer, il ne le refera plus ! "
" Cela fait plusieurs fois, que je t'ai dit que je voulais un nouveau petit rouquin, tu pourrais au moins faire ça pour moi. "
Le " au moins " me dérange... J'ai regardé dans les petites annonces sur le net, mais si le mauvais chasseur ne paye pas une amende, il tuera le chat suivant sans aucun scrupule et il brandira le petit rouquin mort comme un trophée avec la plus grande fierté ! C'est insupportable !
Ces gens-là font du tort au monde de la chasse qui vit en harmonie avec la nature et respecte la faune et la flore. Les êtres abjectes n'ont pas leur place dans ce monde, ils ne devraient même pas être autorisés à passer leur permis et à se servir d'un fusil ou d'une carabine, d'ailleurs à l'époque où ils ont obtenu leur permis, il n'y avait pas d'examen, on leur a donné d'office !!! C'est lamentable !
" Tu ne pourras pas avoir de Petit Rouquin avec un tueur dans les parages ! "
En plus, ils chassent trop près des habitations car il y a une distance à respecter, c'est illégal ! C'est étrange, mais je n'ai pas l'impression que mon Ange soit très affecté. J'ai le sentiment d'avoir plus mal que lui !

Pourtant, il se dit " très sensible " et le répète souvent : " Je suis un homme sensible..." Là, il n'a pas montré sa sensibilité, mais souvent les hommes ne veulent pas montrer qu'ils sont touchés, c'est comme ça !

Vers 14h, à peine le repas terminé, nous partons pour le lac. J'ai mis mon maillot de bain sur moi ce sera plus pratique. J'en rêve de ce lac, depuis le premier jour où il m'en a

parlé." Tu pourras te baigner toute nue, si tu le souhaites. Tu verras c'est splendide, au cœur de la forêt…"
Toute nue, peut-être pas…Il est fou...
   Ah ! Nous y sommes, ça y est ! Il se gare sur le côté…
" Mais c'est de l'eau noire ! C'est un grand étang noir dans la forêt ! (Quelle déception !) On ne peut pas se baigner là-dedans ! "
" Mon copain s'y baigne régulièrement, lui ! "
" Pas moi, je ne me baignerai pas ici ! C'est sûr que non ! "
" C'est pas grave, je viendrai me baigner ici tout seul, sans toi …
Tiens ! J'aperçois mon ami au loin ! Tu le vois ? "
" Non , je ne vois personne…"
" Reste là, je vais aller le saluer. "
Il part en direction de la mare et disparaît au premier virage.
   Son téléphone annonce l'arrivée d'un message, il est posé entre les deux sièges. Je vois que c'est encore Lisa qui vient de l'envoyer. Je ressens une profonde angoisse, j'ai les poignets vides et je me sens très mal…
Il remonte dans la voiture.
" Tu viens de recevoir un message ! C'est encore ta collègue de la communauté de commune ! Elle travaille même le dimanche ! Tu m'avais dit en juin avant de partir en Écosse que tu avais réglé le problème, mais apparemment tu n'as pas été très persuasif ! "
" Mais que veux-tu, je travaille avec ! "
" Et alors ! C'est comme si je laissais un collègue de mon collège m'appeler tous les jours et que je lui répondais. En plus tu m'as dit qu'elle te faisait des déclarations. Alors, ça te ferait plaisir que j'accepte ça d'un collègue ! "
" Non... "
" De plus, tu l'as inscrite au Centre de tir de Blois ! "
" Elle a choisi celui- là parce qu'elle en avait essayé d'autres et que c'était là qu'il y avait la meilleure ambiance. "
" C'est FAUX ! C'est toi qui lui a conseillé celui- là ! Tu me l'as dit ! En plus, il est à 1 heure de chez elle et elle en avait un dans sa ville qui était bien côté ! (j'ai vérifié sur internet.) C'est comme si je conseillais au CPE de s'inscrire avec moi au Centre de renforcement musculaire, ce serait bien pour son " bien-être "' '! Alors ça te ferait plaisir ? Non ? Tu serais malheureux ? "
" Oui, mais tu serais capable de faire ça ! "
" Non, jamais de la vie je ferai une chose pareille ! "
" Bien sûr que si, tu le ferais ! "
" Certainement pas ! Comment peux-tu répondre à ma place ! "
Il se met à pleurer... L'explication s'arrête là et le problème n'est pas réglé !
   Nous rentrons. Dès mon arrivée, je vais promener ma chienne au bord de la forêt tout au fond de la propriété puisque je ne peux pas aller ailleurs car personne ne doit me voir, ça pourrait être répété à son fils à son retour de Russie.
Il est parti là- bas pour 15 jours avec sa mère(et sa demie sœur), au moins je ne risque pas de la croiser.

Mon ange s'approche de moi et écoute le message de Lisa juste à côté, il éloigne un peu l'appareil de l'oreille car elle parle trop fort, mais je n'arrive pas à entendre distinctement. Venir écouter le message ici à côté de moi, c'est du haut de gamme en maladresse. C'est humiliant et méchant. Je ne dis rien. Il fait comme si de rien n'était.

Je suis angoissée et révoltée, j'ai l'impression qu'il me provoque. En tout cas, il m'use les nerfs, ça c'est sûr !!! Je ne sais pas comment j'arrive à garder mon sang froid ! Une autre l'aurait giflé ou frappé. Je comprends qu' Aléna ait fini par en venir aux mains, il faut bien admettre qu'il pousse à bout. C'est ce qu'il cherche, c'est évident ! Non ?

Le dîner se déroule sans problème.

" Alors, tu as terminé les petits fromages de chèvre de la dernière fois ? Tu as vu qu'il y avait une pyramide? Elle m'a été offerte pour toi."

" Non, il n'y avait pas de pyramide. "

" Ah, si. J'en suis sûre ! Je l'ai vu la mettre dans le petit sac recyclable."

"Je les ai tous entamés, il n'y avait pas de pyramide ! "

" Comment ça " tous " entamés ?

" Oui, va voir ! "

Effectivement, les 10 fromages de chèvres secs sont entamés, il n'en a fini aucun, il a " tapé " dans tous ! C'est incroyable !

" Pourquoi t'as fait ça ! " Personne ne fait ça…

" Parce-que j'avais envie ! " Cette drôle de réponse revient de plus en plus fréquemment…

" Tu sais c'est très riche un petit chèvre, il faut 1 litre de lait pour faire un fromage. "

" Alors, tu as vu la pyramide ? "

" Non, mais tu as tout entamé alors je n'arrive à rien reconnaître ! "

Il ne fait rien comme tout le monde, il ne faut même pas chercher à comprendre ! Là encore, il n'y a pas d'explication logique ! C'est sans importance, mais surprenant quand même et ça le fait rire, il est fier de ses bêtises comme un gamin …

Nous prenons nos douches dans la même salle de bain. Il est très à l'aise avec la nudité et se promène souvent tout nu ou juste avec un tee-shirt, comme un enfant, c'est tout naturel pour lui…Je finis par m'habituer.

La soirée se termine dans notre nouvelle chambre avec un câlin tout particulier. J'en rêve depuis longtemps de la voie royale et pense que je suis prête. Ce soir c'est un grand soir, une grande première…

L'huile n'était peut-être pas nécessaire. Il va beaucoup trop fort, c'est très douloureux. Il insiste longtemps, pourtant il voit bien que ça me fait mal mais il continue. J'ai l'impression que tout mon intérieur va se déchirer. Quand je crie de douleur, il arrête ! Je ne m'étais pas rendu compte que mes jambes tremblaient comme ça, je suis dans un triste état d'épuisement.

" Je ne pensais pas que ça ferait aussi mal, mais tu entres trop vite…"

" De toute façon tu n'en avais pas envie. "

" Mais si j'en avais vraiment envie !

Je ne pensais pas que ce serait aussi douloureux ! "

" C'est normal, tu n'as pas l'habitude. "

Je suis déçue, frustrée et morte de fatigue.

Je suis vraiment épuisée, j'espère que cette nuit sera reposante. Il me laisse dormir seule pour que je puisse faire une bonne nuit réparatrice et part dormir à l'étage dans sa chambre de petit garçon.
Cette journée m'a complètement vidée, il est très tard et je m'endors d'épuisement.
A 5h du matin, je suis à nouveau réveillée par cette satanée machine à laver ! Je lui ai pourtant dit hier ! C'est pas possible ! Il ne veut pas me croire que ça fait un boucan d'enfer. Quelles vacances ! Je ne peux pas me reposer, j'accumule de la fatigue, c'est incroyable. A peine 2 jours que je suis arrivée et je suis exténuée.
Je reste encore quelques heures au lit mais je ne peux pas dormir. Il a déjà pris sa douche de l'autre côté de la maison pour ne pas me réveiller et il bricole dehors depuis un bon moment déjà.
Il est 9 heures, je vais me lever, de toute façon je n'arriverai pas à me rendormir. A peine j'arrive dans le salon pour aller dans la cuisine que le téléphone sonne. Je ne réponds pas. J'entends le message se déposer en direct :
" Bonjour…Je viens de me lever, tu as essayé de me joindre, j'ai vu que j'avais un appel en absence alors tu peux me rappeler quand tu veux. Bisou, bisou, bisou, ciao, ciao ." Je n'ai plus de sang dans les veines. Il a profité que je dormais pour la rappeler ! Je n'y crois pas ! Je vais m'installer à table, je n'ai pas faim.
Il a préparé mon bol et ma cuillère, je bois un verre d'eau avec un peu de citron pressé, ça va m'aider à digérer les évènements…
" Alors, bien dormi ? " Il vient de franchir la porte d'entrée.
" Non, pas vraiment. La machine à laver a encore essoré à 5h ce matin. "
" Ah, non ! 5h17 très exactement mais tu ne peux pas l'entendre, tu es trop loin. "
Il se moque de moi en plus ! " Bien sûr que si je l'entends. Au fait, il y a Lisa qui a rappelé, apparemment tu l'as appelée pendant que je dormais ! "
" Pas du tout ! "
" Si, tu attends que je dorme pour la rappeler ! C'est très agréable pour moi et surprenant pour quelqu'un qui n'a rien à cacher ! "
" Tu n'as pas décroché ? " Il est inquiet.
" Non, pourquoi ? J'aurais dû ? "
Bonne ambiance pour démarrer la semaine.
Pour la machine à laver, j'ai envie de lui donner 5 euros. Il fait ça vers 5h du matin pour bénéficier du tarif de nuit, il est tellement pingre c'est dingue !
Si je lui propose le manque à gagner avec un tarif de jour, je crains qu'il ne pique une crise...Alors, je vais peut-être éviter.
" Tu es vraiment jalouse ma parole ! "
" Je n'ai jamais été jalouse de ma vie, c'est toi qui génères ça ! "
" C'est possible ! "
" Comme tu n'as rien à cacher, tu pourrais la rappeler devant moi ! "
Il hausse les épaules." Certainement pas, j'ai du travail et autre chose à faire de plus intéressant ! " Il tourne les talons et retourne bricoler dehors.
L'après-midi, il ne sait pas où m'emmener alors pourquoi pas Chambord ?
(Pourtant il y a d'autres merveilles à voir dans cette région.) C'est vrai, ça faisait longtemps …

De toute façon je rêve de prendre des cerfs en photo alors pourquoi pas ?
A chaque visite j'ai une petite chance de plus, de faire des photos animalières magnifiques, avec un ciel azur comme aujourd'hui, les cervidés seront peut être au rendez-vous .
Qui sait ?
Depuis le premier mirador, nous apercevons des sangliers. J'ai l'impression d'en reconnaître un qui était là, la dernière fois.

    Ils sont très différents de chez nous, beaucoup plus foncés...Nous faisons le grand tour du canal à nouveau, il y a encore des libellules géantes bleues et vertes. Elles sont toujours aussi belles. D'autres miradors, d'autres sangliers...Ah ! Enfin ! Des biches et des faons aussi ! C'est super !
Mais elles sont loin, alors je zoome un peu, beaucoup même. Je suis au maximum, mais elles sont encore trop éloignées. Sur l'écran je peux les reconnaître mais la distance est trop importante, ce sera un peu petit au développement...Il faut chuchoter pour ne pas les effrayer. Je montre les meilleurs clichés à mon ange qui trouve que le rendu est mauvais :
" Où sont les biches sur l'écran ? C'est le petit point qui est là ? "
Il exagère un peu. Mais oui, c'est sûr, au développement ça ne rendra pas grand-chose.
" Je ferai mieux la prochaine fois, si j'ai de la chance ! "
" Ah, ça c'est pas gagné ! "
Et dire qu'il dit que c'est moi qui suis pessimiste et négative ! Sa remarque n'est vraiment pas encourageante !

    Sur le retour, nous nous arrêtons aux glaces mais cette fois il la prend en triple. Personnellement, je les trouve moins bonnes que la première fois et pourtant c'est la même marque Italienne et ce sont les mêmes bacs, on dirait bien pourtant !
Il fait une remarque à ce sujet :
" Je trouve cette glace beaucoup moins bonne que la dernière fois ! "
C'est dingue qu'il ressente toujours la même chose que moi et qu'il ait très souvent le même avis...Comme si on ne formait qu'une seule et même personne...C'est tout de même assez fou …

    Ensuite nous allons déguster les délicieux biscuits et palets Solognots.
Je goûte de nombreux parfums, j'adore les tuiles au caramel...un vrai délice mais mon plaisir est gâché par une sale remarque :
    " On dirait une vraie pique- assiette… "
    " Je suis gourmande, c'est tout ! "
    " C'est ça ! Pique-assiette…"
Il a le don de gâcher le goût de mes plaisirs.

    Je sais qu'il déteste les pique-assiettes au plus haut point. En juin dernier, il avait été convié à un buffet, une inauguration de je ne sais plus quoi je ne sais où, dans l'ancienne usine Matra avec son fils. Il m'avait raconté qu'il n'avait rien mangé, rien touché et il dénigrait tous ces " pique- assiettes qui étaient venus uniquement pour s'empiffrer ! Alors quand il dit " pique-assiette ", c'est vraiment une insulte !
Je continue à goûter quand même mais plus du tout avec la même joie.
Je vais en commander sur internet alors je vais choisir en connaissant le catalogue.
Ce sera bien mieux que de choisir au hasard.

Ah , ça y est ! Il discute avec la responsable. Il parle du parking payant parce qu'il avait une carte spéciale, il se demandait si elle était encore valable, cette dernière l'informe que non.
Il y a une jeune étudiante qui vient juste d'obtenir son BAC et travaille ici pour le mois de Juillet. Il est émerveillé parce qu'elle a obtenu une mention.
La patronne aurait aimé que la jeune fille fête ce résultat avec l'équipe mais la lauréate n'en a que faire ! Mon ange insiste auprès de la jeune fille pour qu'elle offre prochainement le champagne. Bien sûr, il la met assez mal à l'aise.
Nous ressortons. J'ai acheté une carte de cerf superbe et quelques biscuits à la framboise et des palets aux pistaches

" Tu as vu cette jeune fille ? Elle n'est pas prête de m'oublier ! "
C'est sûr, des " disjonctés " comme lui, elle ne doit pas en voir tous les jours !
Il faut toujours qu'il se fasse remarquer ! Il veut peut-être marquer son temps à sa façon. Moi, je fais bien des tableaux pour le plaisir et peut-être aussi pour laisser une trace, une empreinte de mon passage sur terre.
" Tu as vu, elle a quand même eu " Mention Bien "
" Non, " Assez Bien ".."
" Ah, non, elle a dit " Bien " je regrette, tu n'as pas bien entendu ! "
Je sais, j'entends pas bien, je ne comprends pas grand-chose...Comme si j'étais bête. On ne la connait même pas cette fille ! Qu'est-ce que ça peut nous faire ce qu'elle a obtenu ! Je m'en moque royalement.
" Assez Bien, ou Bien, peu importe ! Aujourd'hui tout le monde a des mentions ! Chez nous tous nos élèves ont le brevet, ils sont tous bons ! On obtient chaque année un 100% avec 80% de mentions ! Une sorte d'abonnement, c'est pour dire ! Certains obtiennent même le BAC avec des moyennes supérieures à 20 ! C'est ridicule mais tout le monde trouve ça très bien ! Ils ont trouvé ce moyen pour tuer le Baccalauréat mais c'est une mort lente, ça va prendre des années ! "
" Elle a quand même eu mention Bien et je pense qu'elle n'est pas prête de m'oublier."
" Elle n'est pas fière de son diplôme et encore moins de sa mention. Elle n'est pas bête, elle sait ce que ça vaut ! Elle n'a pas l'air très motivée et ne sait même pas ce qu'elle va faire à la rentrée, c'est pour dire ! "
" Mention Bien " tout de même ! "
Je lâche l'affaire, il est épuisant et agaçant. De plus, il ne connaît rien au système scolaire d'aujourd'hui…
Sur le retour, nous nous arrêtons pour visiter le petit village de La Source. Il me fait entrer dans l'église où il s'est marié la première fois, il y a longtemps.
Encore une très bonne idée…Il me parle pendant une heure à l'intérieur de toutes les personnes dont les noms sont inscrits sur les prie-Dieu. Des gens que je ne connais pas et qui sont décédés bien sûr. C'est très gai…Depuis que je le connais, je n'ai jamais autant visité d'églises…
L'historique des morts du village est un peu lugubre…Mais ça semblait tellement lui faire plaisir cette petite halte. Il a aussi fait son catéchisme ici, alors je comprends qu'il y ait des souvenirs.
" Tu sais, mon frère a beaucoup apprécié la lettre que tu as lu pour ton grand-père.

Tu m'en écriras une lorsque je partirai ? "
Cette remarque ravive des souvenirs et m'attriste.
" Dis pas n'importe quoi ! C'est peut-être moi qui partirai la première. "
" Ah ça non, c'est sûr que ce sera moi , en plus je suis plus âgé que toi de 8 ans, alors tu me le promets ?
" Oui, je te le promets. Je suis plus jeune, certes mais je peux très bien décéder dans un accident de la route ! Et toi tu parleras pour moi si je pars la première ? "
" Je ne sais pas si je pourrais. Je ne pense pas, je suis trop sensible. En tout cas, je serai toujours là pour toi même après la vie ! Et toi, tu es sûr que tu seras toujours là pour moi ? "
" Oui, je serai toujours là pour toi…"

    J'ai l'impression que rien ne peut nous séparer comme si nous nous étions toujours connus, c'est un drôle de sentiment…

    De retour à la Balourdise, il faut nourrir nos animaux chéris. Son chien est déjà très attaché à moi et il a besoin de sentir mon contact tout le temps alors il pose une patte contre ma chaussure ou il se tient contre ma jambe, il a besoin de câlins. C'est fou qu'il m'ait adoptée aussi vite…

    Nous dînons encore à l'intérieur. Ensuite, il veut absolument regarder un film :
" About time ". Il me dit qu'il a pleuré la dernière fois qu'il l'a vu…
C'est l'histoire d'un jeune Anglais qui a le même pouvoir que son père décédé : il remonte le temps pour le retrouver. Ils jouent au tennis de table et discutent tous les deux, mais si jamais il avait un troisième enfant, il ne pourrait plus remonter le temps et perdrait son père à jamais. Bien sûr sa femme lui demande un " troisième ' enfant et il ne peut lui refuser, il perd son père à jamais…

    Je n'ai pas trouvé le film si triste que ça et mon Ange n'était pas ému le moins du monde. Je sais qu'il a perdu son père très jeune, alors je comprends que ce film puisse le toucher profondément. Je m'attendais à ce qu'il pleure, mais non ! Pas du tout ! Il est très surprenant...comme toujours.

    Je trouve la chanson " Mon vieux " de Daniel Guichard bien plus touchante alors mon Ange approuve comme toujours.

    Je suis très fatiguée et les gros câlins clôturent encore la soirée. Je m'endors encore dans un état de fatigue très avancé quand il quitte la chambre.

    Tout à coup, au beau milieu de la nuit j'entends un grondement terrible ! C'est pas vrai ! Encore cette fichue machine ! Il fait une tournée par jour alors qu'il est tout seul ! C'est pas croyable !
Je me lève quelques heures plus tard…
" Bien dormi Mon Amour ! "
" Non je n'en peux plus de ta machine à laver, je vais aller dormir dans le salon demain ! "
" Ne t'inquiète pas je n'ai plus de linge à laver ! Vraiment, ça m'ennuie que tu dormes mal mais finalement tu dors bien nulle part. "
" Si à la Louvière. " Même pas… Il a raison, depuis quelque temps je ne dors plus bien non plus là-bas et je ne sais pas pourquoi…
" Aujourd'hui, je t'emmène voir un ami qui tient une boutique de Nature à Blois. Tu vas voir, c'est quelqu'un de très sympa et de très compétent. Tu vas pouvoir y trouver l'huile essentielle de citron que tu recherches, je peux te l'assurer et la qualité sera excellente ! "

" Génial ! Tu m'as dit qu'il avait aussi des pierres, pas vrai ? C'est bien lui ? "
" Tout à fait , ça va te plaire c'est sûr ! "
    En effet, cette virée à Blois me plait beaucoup, il y a vraiment tout ce que j'adore dans cette petite boutique. Je trouve un bracelet d'ambre pour la fête de ma cadette, la fameuse huile essentielle de citron et du miel de lavande de Provence, les pierres de sel électrifiées sont superbes aussi...
Avec mes emplettes, j'ai fait une carte bleue et réglé l'achat personnel de mon petit ange, rien n'est trop beau pour lui, j'adore lui faire plaisir.
J'ai plus de plaisir à donner qu'à recevoir. C'est comme ça.
    Le gérant a l'air très sympathique, en effet. Je vois quelqu'un qui a souffert... Il souhaite nous annoncer quelque chose :
" Vous êtes née en quelle année jeune femme ? "
" En 69 ."
" Dans l'horoscope chinois c'est le coq...et toi, c'est le bœuf...
    C'est bien ce que je pensais. C'est justement le coq qu'il faut au bœuf, vous êtes faits pour vous entendre, ça ne fait aucun doute...Vous êtes faits l'un pour l'autre."
    C'est vrai qu'on est très attiré l'un par l'autre. Ni lui, ni moi n'avons pu résister, nous avons été attirés comme des aimants ...
Mon ange réagit : " Avec ce qui m'est arrivé, maintenant je me méfie ! "
" C'est sûr, je te comprends avec ce qui t'est arrivé, il y a de quoi être méfiant ! "
    Apparemment ils parlent de la mauvaise rencontre qui a envoyé mon petit ange à l'hôpital. Mais, je ne sais toujours pas ce qui s'est passé ! C'est un grand mystère cette " mauvaise rencontre ", quelque chose de terrible apparemment ! Pire que d'épouser une femme mariée semble-t-il !!! La personne n'était peut-être pas patiente...Elle lui a dit ses 4 vérités...Et il n'a pas supporté !!! Ils parlent " politique ". Des confidences sont faites sur les élus de la ville...Moi, je ne connais personne ici. Je contemple les minéraux, ils sont magnifiques...Je vais à nouveau voir les pierres de sel aux dégradés rose-orangés. Elles sont vraiment très belles, un jour je m'en offrirai une. Le spécialiste revient vers moi :
" Elles sont jolies mais il faut se méfier car il y a beaucoup de fausses sur le marché. Moi, je suis sûr de ma provenance, j'ai un certificat d'authenticité et puis j'ai l'habitude, je vois tout de suite la différence. "
" Merci beaucoup pour tous ces précieux renseignements. "
    C'est quelqu'un de bien, il est très commerçant. Il ne pousse pas à la consommation. Quand j'avais demandé à voir le bracelet d'ambre, il l'avait sorti du présentoir mais ensuite il était reparti pour le ranger !
" Non, non, ne le remettez-pas, je le prends, ça me convient parfaitement ! "
    Nous prenons congé. Dans la rue, j'observe une dernière fois la série de pierres de sel dans la vitrine et nous poursuivons notre promenade dans la ville.
    Nous sommes affamés, nous recherchons un petit restaurant. C'est au cœur de la cité, sur une charmante place que nous nous installons à l'ombre des parasols, pour déguster des moules frites. Il a aperçu une connaissance, un élu je crois et l'aborde. Ils discutent politique et se mettent à s'acharner sur un homme qui trompe sa femme. Sans aucune gêne, mon ange condamne l'adultère. J'ai l'impression qu'il ne se rend pas compte que c'est vraiment très gênant pour moi, ça me rend malheureuse.

Il poursuit en disant que cet homme n'a pas de cerveau, qu'il a " une queue " à la place. Ils parlent comme s'il n'y avait pas de femme à côté d'eux, comme si je n'existais pas. L'homme confirme, vraiment il n'a pas grand-chose dans la tête pour tromper sa femme. Il est peut-être malheureux cet homme ! De quel droit se permettent-ils de le juger…Qu'est-ce-que ça peut leur faire à eux !
Ils sont jaloux, c'est tout !...

    Nos plats arrivent mais je n'ai plus d'appétit. La situation est difficile et douloureuse pour moi…J'aurais préféré ne pas entendre cette conversation. C'était vraiment très maladroit d'aborder ce thème devant moi, je trouve…Je mange à contre cœur et n'apprécie pas ce repas pourtant d'habitude, je me régale avec ce genre de plat…Il va régler la note, j'en profite pour aller aux sanitaires et me rafraîchir…J'ai mal au ventre…Sans doute à cause des écarts de température.

    Nous quittons la ville pour retourner dans sa campagne. Nous longeons La Loire et juste avant de traverser, il me dit :
" C'est là que j'allais chez le psy. J'ai fait 2 séances seulement à 50 euros chacune ! Elles ne m'ont servi à rien. "
Je ne savais pas qu'il allait chez un psy. Il ne m'en avait jamais parlé. Il est tellement pingre qu'il n'a pas poursuivi sa thérapie, surtout qu'il prend les psys pour des débiles, des personnes inutiles qui ne savent pas faire grand-chose à part écouter. Il passe son temps chez le médecin, il a toujours quelque chose qui ne va pas…Il prend un rdv presque toutes les semaines…Dès qu'il a le nez qui coule, il n'y va pas, il y court… Tient, il se met à penser à haute voix :
" De toute façon, il a raison mon frère, Lisa, elle doit avoir un sérieux problème psychologique ! "
Comme ça faisait longtemps qu'il ne m'avait pas parlé de celle-là !
 A l'entendre, tout le monde a un problème psychologique !
" Bah oui ! Toi aussi tu en as un qui doit remonter à l'enfance. "
Je réfléchis…Je ne vois pas. Si, peut-être la maladie de mon père que je n'ai jamais comprise, ni acceptée…

    En tout cas lui, il en a un sacré problème et il est de taille.
Je ne suis pas une spécialiste mais je pense que ça relève peut être du psychiatre même. A cause de son accident de moto, de son coma, je me dis que le cerveau a dû être touché, peut-être mal irrigué, je ne sais pas…Il a un comportement étrange parfois…Et puis il y a aussi cette fusion avec son frère qui ne semble pas très saine non plus…

    De retour à la Balourdise, une petite promenade pour nos chiens s'impose."
"Je connais un lieu de promenade magnifique. Nous allons y aller juste avant de nous baigner dans la piscine d'un camping. "
Il dit une bêtise alors j'éclate de rire, mais pas lui ! Il se met à imiter mon rire, il le caricature et cette imitation me glace parce qu'à ce moment-là, j'ai l'impression qu'il me déteste. Il gare la voiture au bord du chemin et des millions de taons s'abattent sur le véhicule.
" Ce sont des essaims de taons. "
" C'est horrible, ça pique très fort et la douleur persiste pendant des mois. On ne va pas pouvoir se promener. En Normandie, il y en a un peu mais je ne les avais jamais vus se regrouper comme ça ! Je ne savais pas qu'ils vivaient en essaims ! "

" Ah, si. En Sologne, c'est fréquent. "
" Tiens, en parlant de Sologne. Ma mère m'a dit hier au téléphone que mon beau père avait reçu un coup de fil d'une châtelaine en Sologne, elle se plaignait que les sangliers avaient franchi les douves et qu'ils effrayaient ses invités. Apparemment, elle n'était pas capable d'éloigner les phacochères. Le mari de ma mère a donc pris la route ce matin, pour venir en aide à cette pauvre Châtelaine. Tu trouves pas ça bizarre ? "
" Mais tu trouves tout bizarre ! Tu crois qu'il n'y a que toi qui as le droit de mentir ! t'es qu'une menteuse ! Tu mens tout le temps ! Tu sais faire que ça ! "
    J'en ai le souffle coupé. Ma gorge s'est serrée. Je ne m'attendais pas à de tels reproches car il est bien le dernier à pouvoir me reprocher ça, vraiment ! C'est méchant, c'est très méchant.
" Je ne mens pas, je dis où je suis, ce que je fais mais je ne peux pas dire avec qui. "
" Tu mens par omission et c'est pire ! " Il me hurle dessus.
    Cette crise est particulièrement violente. Je suis très malheureuse. Bloquée dans le véhicule, je ne peux même pas me sauver à cause de l'essaim de taons qui est partout...Il y en a plein les vitres ! Il m'a attaquée et je n'avais rien pour me défendre, même pas la fuite !
    J'ai subi cette violence de pleine face, elle m'a profondément abîmée et affectée. Je suis sous le choc. Pourquoi est-ce qu'il attend toujours que je sois en voiture pour me faire des reproches ? Pourquoi ?
    Nous reprenons la route pour aller à la piscine. Il y en a une à deux pas de chez lui, mais nous n'irons pas à celle-là car il ne faut surtout pas qu'on me voit, ça pourrait être répété à Aléna, ou à d'autres ! Il a honte de moi ! Il me cache ! Notre mariage n'a rien changé, il ne porte même pas son alliance...
    C'est sûr, la piscine d'un camping, il n'y a pas de risque de rencontrer des gens connus ! Ils sont de passage...
    L'eau ne m'apaise pas. Il fait comme si de rien n'était, comme s'il ne s'était rien passé. Il ne me laisse même pas nager en paix, il joue les maîtres-nageurs :
    " Tu n'es pas assez allongée sur l'eau ! Tes mouvements sont trop rapides ! "
    Le pire, c'est que c'est vrai...
Je ne dis rien, les larmes coulent sur mes joues mais avec l'eau, ça ne se voit pas. D'habitude, c'est pourtant si agréable de nager mais à ses côtés, c'est un cauchemar. Je n'apprécie vraiment pas cette baignade. C'est un supplice.
    De retour en cabine, je prends mon téléphone pour envoyer un petit mot à mon mari. Je tape trois mots...J'ai envie de lui dire :
    " Viens me chercher. J'en peux plus ", mais non, je ne peux pas écrire ça ! La sonnerie est coupée mais je vois que quelqu'un essaie de me joindre : c'est mon homme. Il a dû sentir que j'avais très mal. J'essuie mes larmes. Je décroche et tente de relâcher ma gorge.
" Alors, ça se passe bien cette rando avec tes copines ? "
" Oui, oui très bien. On a marché ce matin. Là, nous sommes à la piscine pour nous détendre ."
" Tu as beau temps ? "
" Oui, super ! "

" Très bien. "
" Je te laisse, je suis en cabine en train de me rhabiller, elles vont m'attendre, je vais être la dernière. "
" Bisou. "
" Bisou, profite bien ."
" Merci. Bonne journée aussi. "
 J'ai très peur que l'ange ait entendu ma conversation même si j'ai parlé doucement. Et non, impossible... Il est déjà parti, il a été plus rapide que moi et m'attend dehors dans la voiture.
 Sur la route du retour, je me pose mille questions. Je réfléchis... Pour être aussi méchant, il a certainement dû énormément souffrir avant, mais moi, je ne peux pas aimer quelqu'un comme ça, je ne dois pas...Les trois femmes précédentes se sont sauvées. Elles ont échoué à le rendre heureux. Je ne suis ni mieux qu' elles, ni plus intelligentes. Je n'y arriverai pas non plus...Je lui fais une confidence :
" Tu sais, je ne suis pas sûre de t'aimer assez... "
Il est furieux : " Tu te rends compte ? Est-ce-que tu te rends compte de ce que tu me dis ? De la peine que tu me fais ! Tu te rends compte au moins ? "
" Oui...Pardon. "
Je veux lui faire un bisou qu'il refuse : " Non Coco, ça ressemble à quoi ? "
" Je vais partir demain matin, comme ça tu ne perdras plus ton temps avec moi ! "
" Très bonne idée ! "
" Tu pourras peut-être même refaire ta vie avec quelqu'un d'ici à la fin de la semaine..."
" Exactement..."
Moi, ça m'arrache les tripes mais lui ne semble pas souffrir, rien ne transparaît.
 Le silence est pesant. Je regarde mes mains et je me sens misérable. Je retiens mes larmes en repoussant les peaux au niveau des cuticules avec mes ongles. " Je vais partir ce soir. "
" Parfait ! "
 Je suis très fatiguée mais je préfère partir aujourd'hui. Je ne veux pas faire un repas de plus à ses côtés. Je trouverai l'énergie de conduire mais je n'aurai pas la force de dîner avec lui une dernière fois.
 A peine arrivés, je vais sur le champ faire mes valises. Il s'empresse de m'aider à charger mes affaires dans le coffre...Pendant qu'il est affairé dehors, je retire l'alliance qu'il m'a offerte pour la déposer dans la petite boîte sur le chiffonnier, à gauche du lit. Je me hâte de prendre la dernière valise mais quand il entre à nouveau par la porte fenêtre, il se retourne immédiatement à gauche et regarde le meuble :
" Tu as pris quelque chose ! " Il me regarde méchamment, il me dévisage...
Insinuerait-il que je lui ai volé un objet ? Il est horrible ! Complètement parano !
Il y a plutôt un bijou en plus !
Il ajoute en fixant le chiffonnier : " Il manque quelque chose sur ce meuble...La lampe à pétrole ? "
" C'est toi qui l'as déplacée, tu l'as mise sur la met juste en face ! "
 Soudain, il se retourne, se jette sur la petite boîte, saisit la bague, me la tend et m'ordonne de la reprendre du regard :

" Tu m'as trahi ! "
Il continue de charger ma voiture et prend le miroir à restaurer.
" Non, pas le miroir, il reste ici... C'était pour toi...La dorure que j'ai achetée hier, c'était pour le restaurer. Je te laisse le pot pour que tu le fasses…"
Il ramène une valise du coffre.
" Qu'est-ce-que tu fais ? "
Il ne répond pas. Il prend celle que j'ai dans la main mais je reste agrippée à elle, il la rentre de force dans la chambre.
   J'ai lâché ma valise, il me tient par les avant-bras, il me regarde droit dans les yeux, son regard bleu hypnotique me traverse .
" Je ne veux pas que tu partes. J'ai besoin de toi, je ne peux pas vivre sans toi. Je veux que tu restes. "
Il me sert très fort dans ses bras…et j'éclate en sanglots.
" Je suis pas une menteuse. Mes paroles m' étranglent, les larmes coulent...Les fois où je mens, c'est pour toi ! Pour t'écrire ! Pour t'entendre ! Pour te rejoindre ! Tu es le dernier à pouvoir me reprocher ça !!! "
" Je sais. Toi t'es une belle personne ! Moi, je suis un pourri ."
" Dis pas ça ! T'es pas un pourri ! "
" Si, je suis un pourri. "
" Pourquoi tu dis ça ? "
Il ne répond pas et ça m'angoisse qu'il dise ça ! Pourquoi il dit ça ? Qu'est-ce qu'il cache…
" C'est toi qui as raison à ton travail, quand ils ne sont pas d'accord avec toi, laisse-les dire . Tu dois te battre parce qu'ils ont tous tort. Toi, t'es une belle personne. "
Pourquoi il me parle de mon travail ? Il remet toutes mes affaires dans la chambre.
" Tu sais, parfois les mots dépassent la pensée. On s'emporte et on dit des choses terribles, il ne faut plus y penser…(Il me prend encore dans ses bras et me réconforte.) Allez, viens on va manger, la piscine ça creuse ! "
   Le soir, il me fait des gros câlins, il me donne beaucoup de tendresse mais je ne peux pas oublier ce qui s'est passé l'après-midi.
   Au moment d'avoir son grand plaisir, j'ai la tête qui tape dans le mur à grands coups. Je dois mettre ma main pour repousser la paroi et ne plus la heurter. Et il ne voyait rien !
" Tu fais fort ! Tu avais dit que ce serait toujours tout doux avec moi ! "
" Au moment du grand plaisir, c'est obligé ! Je vais te laisser te reposer. On ne fera plus de gros câlins les trois derniers jours. Je vais te laisser tranquille parce que tu es fatiguée et tu as besoin de te reposer. Bonne nuit ma princesse. Fais de beaux rêves ! A demain. "
" Bonne nuit mon Ange. A demain… "
   Je dors très mal. Je suis réveillée par une alarme qui est dans le couloir ou dans la pièce d'à côté...Je ne sais pas exactement, j'ai du mal à localiser la sonnerie. Je finis par me rendormir...Je suis à nouveau réveillée par la même sonnerie ! Je me repose en fermant les yeux. Vers 9h, je me lève pour aller prendre mon petit déjeuner toute seule car il est levé depuis longtemps. Il passe encore l'aspirateur ! C'est sûr que pendant la nuit ça a dû beaucoup se salir...On dirait une névrose, une sorte de trouble obsessionnel...vraiment, ça a l'air maladif, compulsif même.

A table, il se lève pour essuyer la paillasse plusieurs fois. Il ne supporte pas une goutte d'eau sur l'inox ou sur l'émail de la baignoire. Il dit que ça laisse des traces de calcaire, que ça fait sale après.

Le paradoxe, c'est qu'il change son sac poubelle dans la cuisine seulement quand il est plein et comme il est d'au moins 80 litres, alors ça doit bien faire un changement de sac tous les 15 jours ! Ce qui explique l'odeur avec le melon !

Je lui ai fait la remarque il y a quelque temps mais c'était comme s'il n'avait rien entendu …

J'étais encore plus surprise en découvrant l'intérieur des poubelles extérieures cachées derrière le garage : elles sont d'une saleté repoussante. Il semblerait qu'il ne les lave jamais. Surprenant pour un maniaque de la propreté,
non ? Les poubelles extérieures, personne ne les voit, sauf moi par hasard.

C'est comme le hamster russe, son affreux petit rat qui se promène partout dans une boule en plastique ajourée. Il va même dans la salle de bain pendant que je me lave !

Mon ange croit que j'en ai peur alors ça l'amuse de le lâcher lorsque je fais ma toilette.(C'est ridicule, je sais mais j'ai même l'impression que c'est lui qui oriente sa trajectoire en direction de la salle de bain...Je sais c'est absurde et pourtant j'ai un doute.)
J'ai eu des cobayes pendant des années, je faisais même de l'élevage mais ils étaient dans une grange. Un rat dans une salle de bain qui va partout dans la maison, c'est vraiment un manque d'hygiène ! Mais ça ne semble pas l'être pour lui . A force de rouler, la boule est devenue toute opaque alors la sale bestiole russe ne voit plus où elle se dirige mais ça ne la dérange pas plus que ça. C'est mon ange que ça gêne car la boule n'est plus parfaite ! Il faut impérativement lui en acheter une nouvelle !

Ce matin, elle se promène encore partout et reste bloquée dans un angle !
L'ange a fait des recherches sur le net à propos des hamsters :
" Tu sais, j'ai lu qu'il ne fallait pas les laisser trop longtemps dans la boule car à force de tourner ça les rend fous ! Nous allons lui acheter une nouvelle bouboule ce matin. "
" Il ne faut donc pas qu'il y reste trop longtemps dans sa boule. " Alors pourquoi il le laisse aussi longtemps dedans !
" Tu es prête ? "
" Oui, c'est bon. Prête pour les courses ! "
Il a mis des bandes adhésives sur la boule apparemment pour qu'elle se raye moins vite et par économie!
" Après les courses, nous reviendrons ici pour prendre les armes et aller faire du tir. "
" Ah super ! J'ai très envie d'y aller. " Il prend de quoi tenir deux jours en nourriture, alors il faut souvent y retourner.
Je suis présentée au boucher de la grande distribution comme sa " compagne ".
Je lui ai déjà dit que je détestais ce terme mais il continue à l'utiliser. Parfois il me présente comme sa cousine ou sa femme, ça dépend à qui nous avons à faire ! Ensuite pour la boule de Tigrou, c'est plus compliqué. Il faudra faire 4 boutiques dans des lieux différents pour enfin trouver l'accessoire recherché.
" Tu devrais en prendre deux. Tu as eu tellement de difficultés à trouver ! "
" Non, une ça suffira. "
Il a toujours raison de toute façon alors ça ne sert à rien d'insister.

La prochaine fois, on cherchera encore !

De retour vers 13h, nous déjeunons tard, parfois même à 14h ! J'ai encore mal à l'estomac… Après avoir récupéré les armes au coffre, il les vérifie et prend des munitions. Elles sont dans une valise noir et il a lui-même découpé la mousse à l'intérieur avec les différents emplacements parce-que ça coûtait trop cher de l'acheter tout fait.

Il a dû y passer un certain temps pour faire quelques économies ! J'ai un parrain aussi pingre que lui, il est prêt à tout pour faire des économies de bouts de chandelles. Au centre de tir, il n'y a qu'une personne. Mon ange n'a qu'un casque pour protéger les oreilles alors le vieux monsieur m'en prête un. Moi je n'ai pas l'habitude, c'est la première fois que je vais dans un centre. Quand le monsieur annonce qu'il va tirer, je ne sais pas qu'à quelques mètres de lui, je dois aussi me protéger.

La douleur que je ressens au niveau du tympan est terrible.
" Ah, zut ! Tu n'avais pas mis le casque ! Désolé, je n'ai pas fait attention " s'excuse mon ange. Je n'entends plus rien, un vide écrasant au niveau du tympan, puis un sifflement strident et ça ne s'arrête pas de siffler…Un son très aigu, horrible. Maintenant je mets le casque, tout à l'heure je ne l'avais pas car j'écoutais les consignes de sécurité et d'utilisation que je devais suivre à la lettre.
C'est la première fois que je tire au revolver ! C'est dangereux ! Je dois être très vigilante ! D'instinct, je tire les deux yeux ouverts. Le petit grand-père m'en félicite et m'annonce que je suis trop basse. Je rectifie donc et je tire dans le cercle central de la cible qui doit faire dix centimètres de diamètre, à 20 mètres de distance je crois. Je suis contente, pour un premier tir je me débrouille bien.
" En plus, vous tirez les deux yeux ouverts, c'est bien ! " me complimente le petit vieux. Maintenant, c'est à mon ange de tirer. Il ne fait pas mieux que moi ! Même moins bien. Je suis très surprise. Pas étonnant qu'il n'ait pas été pris au GIGN !
" Je dois tirer au moins une dizaine de balles pour faire un très bon score " avoue-t-il. Ah, oui, je vois ! En effet ! J'évite tout commentaire. Il veut toujours être le meilleur, c'est vital pour lui. Il doit toujours être parfait. Il était dans la police, il ne faut pas l'oublier ! C'est un super héros !

De retour dans notre demeure, nous faisons du bricolage. Un carrelage extérieur a été cassé, il doit impérativement le changer, quant à moi je restaure le miroir Louis Philippe alors je dois préparer mon support, le rendre très propre pour que ma peinture accroche. Il me prête le matériel. Lui, pour son travail il déploie les grands moyens, il utilise même la disqueuse ! Ma chienne est en liberté depuis ce matin, comme tous les jours depuis son arrivée et elle reste près de moi.

Il y a un deuxième salon de jardin sous les arbres. J'aurais bien utilisé la table mais quand je tente de retirer la protection, j'aperçois qu'il a amarré les plastiques, les a comme ligotés à l'aide de ficelles à ballots ! C'est pas croyable ! Bien sûr, ça ne risque pas de s'envoler ! Je n'arriverai jamais à remettre comme c'était alors je préfère abandonner l'idée ! Je vais travailler par terre, c'est pas grave !

Je vais voir où il en est de temps à autre. Il est très minutieux, il travaille bien, vraiment ! C'est un fin bricoleur… Je le complimente, il est très fier. Ma chienne est avec moi , derrière lui dans le petit jardin de la terrasse. Je rentre à nouveau dans la maison

pour aller dans la chambre et envoyer un message à ma petite famille pour donner des nouvelles mais lorsque je ressors par la porte fenêtre, je ne vois plus ma chienne !
" Elle était là, il y a deux minutes ! " Je cherche, je l'appelle…
Rien ! Je vais vers le petit bois, c'est là qu'elle avait l'habitude d'aller tout le temps pour les promenades !
Rien, pas un bruit…Je n'entends même pas le tintement de sa médaille…Je m'affole…Mon ange arrête son travail et commence à chercher avec moi. Je ne dois pas me montrer à la route mais là je n'ai vraiment pas le choix, je dois la retrouver au plus vite ! Déjà une demie heure que je cherche. Elle n'est pas sur la route, pas dans le jardin des voisins non plus ! je vais dans la voiture chercher le sifflet à ultrason… mais il n'y a aucune réaction, aucun bruissement d'herbe, rien !

C'est pas possible, elle ne m'entend pas, quelqu'un a dû la prendre ! Elle ne peut pas revenir… Elle doit entendre l'ultrason !!!
Si elle ne revient pas, c'est qu'elle ne peut pas !!! "
" Je t'avais bien dit qu'il fallait que tu la fasses écouter mieux que ça ! "
Qu'est-ce qu'il raconte ! Il ne m'a jamais dit ça ! Dire que je devais partir hier ! Pourquoi je ne l'ai pas fait ? Pourquoi ?

Aujourd'hui, je suis punie ! C'est bien fait pour moi ! Près d'une heure que je la cherche maintenant ! Elle ne peut pas revenir ! Quelqu'un l'a prise. Je réfléchis en écoutant des gens parler et des enfants rire au loin au bord de la route.
" Elle n'a jamais été promener du côté de la route alors elle n'a pas pu aller par-là ! "
" Ah, mais si ! Elle y est déjà allée ! "
" Mais quand ? "
" Elle m'a suivi ce matin lorsque je suis allé chercher des pierres avec la brouette près de la route. "

C'est pas croyable qu'il l'ait emmenée par-là ! Pendant que je faisais ma toilette ? Ou avant ? Parce qu'elle était couchée devant la porte d'entrée lorsque je suis sortie, elle m'attendait.
Je l'ai perdue une fois, 30 minutes en 7 ans !
Elle était partie derrière un sanglier et j'avais manqué de vigilance car je ramassais des châtaignes…Mais elle n'était pas perdue, elle avait repris " le contre " et m'avait retrouvée.
Là, je n'ai plus d'espoir.
Je suis abattue !! Je vais devoir rentrer en fin de semaine et annoncer à ma famille que j'ai perdu ma chienne ! C'est la première fois que ça m'arrive ! Je n'ai jamais perdu de chienne de ma vie ! Quelle horreur !
Ne plus jamais la revoir ! Ma chienne, c'est ma meilleure amie, elle sait tout, elle ne dit jamais rien, elle ne répète jamais mes secrets, elle ne trahit pas… jamais ! Je suis désemparée…Je ne sais plus quoi faire…
Ah ! C'est pas possible ! J'ai les larmes aux yeux… Je suis allée, je ne sais combien de fois jusqu'à la route….J'ai cherché partout, elle ne connait même pas le coin…
Ah, je n'en reviens pas…
Soudain, mon ange revient en courant avec ma chienne à ses côtés… Comment c'est possible, il l'a retrouvée…C'est vraiment elle, elle est là ! Je la dispute mais c'est très étrange, elle ne semble pas comprendre.

" C'est la " grosse vache " avec ses mômes qui l'avaient prise. Elle lui avait mis une laisse. Tu sais je t'en avais parlé de" la grosse". Elle habite au bout, en face de l'autre côté de la rue. C'est une" grosse vache " si tu la voyais, elle est énorme. C'est comme ça qu' Aléna l'appelle ! Elle l'a fait exprès tu penses ! "
" Pourtant, elle entendait que j'appelais ! "
" Mais oui, bien sûr ! Bien sûr qu'elle entendait ! "
" Mais comment elle la retenait ? "
" Elle lui avait mis une laisse accrochée à son collier ! "
" C'est fou ça ! Elle m'entendait siffler et appeler depuis plus d'une heure ! "
" Bien sûr qu'elle l'a fait exprès. Que veux-tu ! elle est mauvaise, elle est comme ça ! Et maintenant, je vais avoir des ennuis, elle va répéter ça à tout le monde qu'il y avait un autre chien chez moi. Tu parles, son fils va prendre un malin plaisir à le dire à Romain ! "
" Je suis désolée. Je vais l'attacher, ça ne se reproduira plus !
Vilaine ! " Je suis tellement heureuse de l'avoir récupérée mais que de stress, que de peine et d'angoisse !
C'est sûr, je préfèrerais aller finir la semaine à la Renardière, elle a ses repères là- bas et moi je m'y sens bien.
" Viens voir, j'ai fini la pose du fameux carreau ! "
" C'est très bien fait, un professionnel n'aurait pas fait mieux ! "
Il est très fier et il peut l'être car son travail est parfait." On va finir la semaine en Normandie, on en avait parlé…"
" Ah, non, tu sais ça ne va pas être possible. J'ai pas les moyens, j'ai dû donner de l'argent à mon fils pour ses vacances en Russie alors ce mois-ci, je ne pourrai pas, tu comprends ? "
" Oui, je comprends, mais en Normandie on ne dépense presque rien...Et puis tu as un livret de toute façon ? "
" Oui, pourquoi ? "
" Comme ça …" Je suis un peu déçue mais tellement contente d'avoir retrouvé ma chienne. Je n'y croyais plus !
J'aurais besoin d'un bon bain pour me détendre.
" Je peux prendre un bain ? "
" Bien sûr, tu fais comme chez toi ! "
Je choisis un galet effervescent à la fleur d'oranger et je commence à me détendre…
Quelle journée encore !
  Tous les jours, il y a quelque chose ou plusieurs choses même pour m'angoisser ! Je n'ai vraiment pas de chance ! Enfin si quand même, ma chienne est là, bien attachée maintenant jusqu'à mon départ !
 Elle sera sous haute surveillance pendant les promenades…Mais maintenant, j'ai peur de la perdre.
  C'est déjà l'heure de préparer le repas ! J'enfile ma chemise de nuit dans la salle de bain. C'est pas possible ! La petite bête est encore là, à rouler sur le sol ! C'est pas croyable, elle me poursuit !
" Allez ! Bouge ! Sors de là ! C'est pas propre un hamster dans une salle de bain ! "

Il ne répond rien, il n'a pas dû entendre… Lui qui est si à cheval sur les règles d'hygiène, c'est fou quand même !
Il finit par répondre : " Je suis dans mon bureau, je consulte mes comptes ."
" Je vais préparer le repas ! Moi, je n'ai pas le temps de regarder mon compte et puis internet ça me saoule, moins je l'utilise et mieux je me porte ! "
Je prépare une salade fraîche avec des tomates, des carottes, des poivrons rouges, de la mâche, des oignons rouges de mon magasin bio…Dans ma région, je vais une fois par semaine dans une petite boutique bio où la vie est claire ! Je ne suis pas noyée comme dans les grands centres de distribution où à chaque fois, ils mettent leur propres marques en avant. Parfois même, pour un produit, il n'y a que leur marque comme ça c'est pratique ! On n'a pas le choix !
  Bref, je prépare une salade comme j'aime, ou presque.
Il vient me voir :
" Qu'est-ce-que tu prépares de bon ? "
" Une salade. "
" Parfait avec cette chaleur ! A propos, je t'avais dit, que je voulais écrire sur toi parce que je trouve que tu es une personne exceptionnelle. Eh bien, ça y est ! J'ai commencé ! Tu ne sais pas qui tu es . "
" Bien sûr que si, je sais qui je suis ! "
" C'est très prétentieux de dire ça ! "
Il me parle de " développement personnel "…J'ai une vague idée de ce que c'est : Apprendre à se connaître ? Quelque chose comme ça !
" J'ai déjà fait un bilan, moi ! Et toi ? "
" Non, jamais. "
" C'est bien ce que je dis, tu ne sais pas qui tu es. Je trouve que tu es plus intelligente que moi. "
" C'est ridicule ! Pourquoi tu dis ça ? "
" Parce-que tu es plus intelligente, c'est tout. Je me méfie de toi ! "
" C'est vraiment très agréable, ça me fait plaisir ce que tu me dis. Tu sais qu'un couple est basé sur la confiance ! "
" C'est vrai, toi tu es bien placée pour parler de confiance . "
C'est méchant ! C'est pas maladroit, c'est odieux !
Il est reparti dans son bureau. Il revient :
" Tu as laissé tes empreintes sur la vitre ! "
  En effet, en mettant les oignons et les pommes de terre pourries trouvés au sol près du frigo dehors, j'ai fait des traces : trois doigts sur la vitre.
En entrant dans la cuisine, il ne voit que ça :
" Je vais prendre tes empreintes ! "
  C'est très étrange comme sensation pourtant j'ai bien l'impression qu'il les a déjà prises…Sûrement dans la chambre, ou dans la salle de bain. J'ai comme une sorte de pressentiment. A peine reparti dans son bureau, j'efface mes empreintes digitales sur la vitre, à l'aide d'un essuie-tout.
Il revient : " Ah ! Tu les a effacées ! " Et oui, il voit tout, rien ne lui échappe ! C'est pas croyable ! Le moindre détail lui saute aux yeux !

" J'ai fini d'écrire pour aujourd'hui, ça y est j'ai terminé. Quand j'aurai vraiment achevé d'écrire ta vie, tu pourras la lire à tes petits enfants plus tard quand tu seras vieille.
"Quelle drôle d'idée ! Il écrit sur moi, comme si j'étais un personnage célèbre, unique en son genre. C'est fou, parce qu'il n'a plus le temps de m'écrire des poèmes depuis juin, mais le temps, il le trouve pour écrire sur moi. Bien sûr, il ne me montre jamais rien. C'est toujours très mystérieux ce qu'il fait. Je me demande bien ce qu'il peut écrire à mon sujet !
Nous nous installons pour le repas, il met la télé. Sympa !
Comme si je n'étais pas là ! Je me demande vraiment s'il est fait pour vivre à deux !
Il n'arrête pas de se lever.
" Tu disais que je ne tenais pas en place mais tu es pire que moi, tu fais que de te lever ! "
" Oui, et alors ! "
" Il faut te poser un peu ! "
" J'ai pas envie ! "
" C'est surtout que tu ne peux pas ! C'est pas que tu ne veux pas ! "
C'est dingue ! Il est encore en train de nettoyer la paillasse, il lave la casserole….
" Je vais te montrer l'appréciation de mon supérieur pour mon départ en retraite de la police ! Je suis pugnace, c'est ce qu'il y a d'écrit ! "
Cela fait bien 10 fois depuis qu'on se connait, qu'il me dit qu'il est écrit " pugnace " dans ce rapport. Il m'apporte le papier, en effet, c'est un éloge, la description du parfait policier, un vrai super héros !
" Oui, en effet, tu as une excellente appréciation. "
Pas un seul point négatif, c'est un homme parfait.
" C'est grâce à mon frère que je suis entré dans La Gendarmerie Nationale, sinon j'aurais mal tourné.
Mon frère t'a dit ce que j'avais fait ? "
" Non, il ne m'a rien dit. " Il ne m'en dit pas plus. Il a dû faire quelque chose de terrible, mais quoi ? Son frère est capable de l'avoir couvert !
Quel crime a-t-il commis ? C'est encore un mystère.
" En 20 ans de carrière au collège et au lycée, j'ai vu beaucoup d'élèves.
Tous les cas difficiles s'engagent dans l'armée ou se dirigent dans la gendarmerie, presque à chaque fois car ils ont besoin d'un cadre, de règles strictes.
Mon frère était sorti avec une fille de gendarme, le père de la jeune fille disait toujours que s'il n'était pas devenu gendarme, il serait devenu un voyou, c'était disait-il : Flic ou Voyou ! "
" C'est très vrai, si je n'avais pas passé le concours d'entrée dans la gendarmerie, j'aurais très mal tourné...C'est certain ! Regarde comment tu te tiens ! Tu ne te tiens pas droite.
(Il avance ma chaise) Tu es beaucoup trop loin de la table, c'est pour ça ! Tu dois faire l'effort d'y penser ! Suis mes conseils, j'ai toujours raison ! Moi, je me tiens très droit car ma mère me faisait marcher avec un bâton dans le dos. "
" Elle était très sévère, ta mère ? "
" Oui, elle était sévère. "
" Très très sévère ? "
" Oui, pourquoi ? "
" Non, comme ça…"
J'ai l'impression qu'il reproduit ce qu'il a vécu… "

Nous mettons tout dans le lave-vaisselle, c'est bien pratique !
Il me parle encore de Tania, la femme de son ami décédé du cancer.
" La pauvre, elle a encore des problèmes de voiture ! C'est triste à dire mais le sort s'acharne toujours sur les pauvres gens ! Il lui arrive toujours des malheurs ! "
" Tu ne penses pas que si elle travaillait elle aurait moins de problèmes ? "
" Ah, ça c'est certain ! "
" Elle t'a ramené 2 tee-shirts de Russie, elle arrive à voyager, c'est que ça ne va pas si mal financièrement ! Tu n'as pas l'impression qu'elle cherche à t'acheter avec ses cadeaux ?
" Comme toi avec tes fromages de chèvre. "
C'est vraiment méchant, mais je reconnais que ma question n'était pas très gentille non plus, il faut que je fasse attention, en effet je deviens sarcastique à mon tour...
Les tee-shirts russes qu'elle a ramenés sont sincèrement très laids mais tous les cadeaux qu'il a, il est très fier de les recevoir, comme une offrande à Dieu. Quand les gens partent en vacances, il a toujours besoin qu'ils lui rapportent quelque chose :

Il y a une fille au sport qui est dépressive, encore une ! Elle va bientôt lui ramener de l'huile d'olive de son pays natal, l'Italie. La meilleure huile qui puisse exister et bien sûr il attend ça avec impatience depuis plusieurs mois ! Un vrai gosse, il attend toujours des cadeaux.

Le rat russe court encore partout dans sa boule ! Je croyais qu'il ne fallait pas le laisser faire ça trop longtemps !

Avant d'aller me coucher, je regarde encore le tableau d'Aléna dans le salon...Ce n'est pas de la jalousie mais quand je l'ai vu la première fois, je l'ai trouvé très beau sincèrement, plus je le vois et plus je trouve qu'il n'a pas d'âme. Je m'approche de plus près et je m'aperçois que les couleurs sont salies comme chez les débutantes. C'est assez paradoxal parce qu'il y a une grande maîtrise dans la découpe du paysage. Je sais, je trouve tout bizarre ! Il me le reproche assez ! Cette toile est un paradoxe, un de plus...

Quand il était au jardin, j'ai pris en photo tous ses tableaux avec mon téléphone. Je fais beaucoup de photos, après je m'en inspire et ça me donne des idées de thèmes, de couleurs, de techniques etc... Je suis convaincue que je peux faire mieux qu'elle !

Je suis fatiguée, j'ai besoin d'une bonne nuit de sommeil...Pas de gros câlin ce soir. Mon Ange me l'avait dit qu'il me laisserait me reposer les 3 derniers jours ! C'est quand même étrange, cette décision...Il me serre très fort dans ses bras et la porte se referme !

Il me manque déjà... Je ne trouve pas le sommeil tout de suite, j'entends des moteurs qui déclenchent, une sorte de grondement...assez étrange... Et ça ressemble à des moteurs de camions. Ils finissent par s'arrêter et je parviens à m'endormir.

Je dors mais j'entends sonner, j'entends des alarmes...Je suis comme Jeanne d'Arc, j'entends des voix !
Je viens de me réveiller, il n'y a pas d'alarme... Juste le bruit de la douche qui coule juste à côté. Je reste encore un peu au lit.
Je me sens très lourde ! Je finis par me lever. Je me regarde dans le miroir de la salle de bain...J'ai du noir qui s'installe dans le creux des yeux depuis quelques jours...J'ai vraiment l'air fatigué, pourtant je suis en vacances ! Surprenant, non ?

Ce matin, nous allons à la salle de sport. Avant de partir, il me donne quelques consignes :

" Il va falloir m'écouter là-bas ! Sinon, ça ne va pas bien se passer ! "
Il m'a pointée du doigt en même temps comme pour me menacer ! On dirait qu'il ne plaisante pas cette fois. Il va pas bien, il me donne des ordres comme un père à sa fille ! Mais je ne suis pas sa fille et lui n'est pas mon père non plus et puis, on est pas à l'armée ! C'est de la déformation professionnelle sûrement...Il a eu l'habitude de donner des ordres.
Il est très organisé aussi : " Je t'ai préparé un programme personnalisé, tu vas voir ! "
Je n'ai pas mes chaussures de sport alors il me prête celles que son fils utilise encore mais qui étaient bonnes à jeter.

    Arrivés devant le centre sportif, je reconnais l'enseigne (un nom anglais qui signifie bouger). C'est drôle mais il ne l'appelle jamais par son nom. Moi, j'ai déjà été inscrite dans le même centre dans ma région, il y a très longtemps et tout le monde l'appelait par son nom.

    Par contre celui-là est tout petit, il n'y a pas de lumière naturelle, aucune ouverture sur l'extérieur. C'est très sombre et délabré, il y a même des trous dans les murs. Je suis présentée à des amis et à l' Italienne. En effet, elle a vraiment l'air d'une pauvre fille, elle a un œil à moitié fermé et ne fait vraiment pas en bonne santé. Elle déprime en France et ses yeux brillent lorsqu'elle parle de ses prochaines vacances.
" Je ne t'oublie pas ! Je vais te ramener de l'huile d'olive... Je pars dans quelques jours pendant un mois ! "
" Très bien, profite bien ! "
Je lui souhaite de bonnes vacances aussi, elle est ravie.
La pauvre fille, elle me fait pitié...Elle est très maigre aussi et semble dépressive.
    Elle s'éloigne pour poursuivre sa séance avec un nouvel appareil.
" Il est temps qu'elle parte en vacances, elle en a vraiment besoin. Tu comprends pourquoi je m'inquiétais pour elle. "
" Oui en effet, il y a urgence ! "
    Je ne me sens pas à l'aise du tout avec les chaussures de sport élimées de son fils et je suis vraiment bien mal dans ces baskets ! Surtout qu'à l'entrée le directeur m'a dit :
" Il prévient toujours quand il amène une copine ! " Je n'ai pas apprécié cette remarque. Oui...ça voulait dire quoi ? " Vous êtes quel numéro, vous ? " J'ai été humiliée par cette remarque...J'en ai parlé à mon ange mais il m'a trouvée bien susceptible...
    Il est parti au vestiaire, moi je suis déjà en tenue alors j'attends...Je ne connais personne...Il revient enfin et le programme commence...Je fais les exercices qu'il m'impose.
" Les poids sont trop lourds, c'est trop dur pour moi ! "
" Mais non, c'est ce qu'il faut pour progresser ! "
    Le directeur intervient " C'est trop pour une femme après elle va faire du muscle et ce ne sera pas beau. "
" Tu vois ! Je te l'avais dit, je ne veux pas ressembler au petit bonhomme Michelin ! "
    Il est très vexé d'avoir tort, il ne supporte pas de ne pas avoir raison, ça l'insupporte au plus haut point.
Entre chaque exercice, il se met sur moi, il m'appuie pour que je m'étire jusqu'à ce que je dise stop. Il est lourd, je ne suis pas certaine que ces étirements soient très bons pour moi. Au bout de 2 heures, je lui dis que j'ai envie d'aller faire du rameur, il est d'accord.

Il est doublement vexé car le directeur vient juste de lui dire qu'il ne faisait pas correctement l'exercice de renforcement musculaire." L'autre prof m'a dit que c'était comme je faisais, tu vois j'ai encore raison ! "

C'est pas croyable, il a toujours raison ! Il n'a pas l'air de plaisanter… Hélas, il le pense vraiment…Je suis sur le rameur et je fais l'exercice le plus lentement possible, pour ressentir toutes les étapes et me renforcer le dos en douceur. Depuis 10 ans que je fais du yoga, je ne pratique plus le sport de la même façon ! Je fais tous mes mouvements en conscience et je fais très attention à mon dos.

Tout à coup il arrive et se place très près devant moi, il s'est baissé pour être à ma hauteur, il est pile dans l'axe. La musique est très forte et les gens ne l'entendent pas me hurler dessus. Il me traverse du regard comme s'il voulait me tuer, ses yeux sont devenus des aiguilles. Il me déteste, je le vois dans son regard et ça me glace. Il crie :
" Tu trouves que tu travailles bien. Bravo Madame ! Si moi, je m'étais entraîné comme tu fais, je n'aurais jamais fini premier aux championnats ! C'est nul ce que tu fais, ça ne sert à rien ! "

Il est penché au-dessus de moi et continue à hurler. Je mets quelques secondes à réagir, j'ai été assommée par ses hurlements. L'agression a été soudaine, je ne m'y attendais pas du tout !
" Je travaille à mon rythme, je ne cherche pas à faire les championnats de France ! "
" Ah, ça c'est sûr ! T'es vexée."
" Vexée ", n'est pas le terme, je suis triste et angoissée.

Autour de moi, personne n'a rien entendu, personne n'a rien vu, tout le monde poursuit son programme tout naturellement comme si rien ne s'était produit, avec une musique très forte.

Je ressors de cette salle de sport complètement anéantie. Trois heures, c'était beaucoup trop pour moi et très dur physiquement et puis l'agression de fin de séance m'a bouleversée. Je me sens mal, c'est la première fois que je fais du sport et que je ressors d'une salle dans un état de stress. Je me sens mal, vraiment très mal.

Lui, au contraire, il a l'air en pleine forme…Nous passons chez lui pour prendre une douche puis il m'emmène visiter Romy à une trentaine de minutes d'ici.

Une jolie ville où il travaille, au bord de la Loire. Nous arrivons tôt et je n'ai pas faim du tout !

Il veut déjeuner dans un petit restaurant près du parc. C'est là qu'il va la semaine car le lieu habituel de restauration de La Communauté de Commune est fermé pour cause de rénovation en lien avec les inondations. Ce restaurant fait un tarif spécial pour les employés communaux, la patronne a l'air sympathique mais elle n'a pas terminé de déjeuner car il n'est qu' 11h30.

Parfois nous mangeons très tôt ou alors vraiment très tard…Du coup avec ce qui s'est passé, je n'ai pas faim. Ce repas est écœurant, particulièrement gras, il y a trop de viandes : deux cuisses de poulet avec de la charcuterie et du rosbif ! Pas très équilibré tout ça et surtout très indigeste, je n'arrive pas à finir.

Au moment de régler, la propriétaire lui fait le tarif préférentiel ce qui doit bien lui faire gagner 2 euros. Je lui ai donné un billet pour participer mais il refuse !
" Tu paieras les glaces à Chambord. "

" Ok, comme tu veux. "

En ramassant sa monnaie, il dit à la patronne:
" Si on te demande, tu ne m'as pas vu ! "
" Pas de soucis, bon après-midi. "
" Bon après-midi. "

J'ai trouvé sa dernière remarque humiliante pour moi. Je me doute que si nous déjeunons si tôt et qu'il veut me montrer son bureau, c'est qu'il n'y aura plus personne ! Pas de risque qu'on me voit !
Son lieu de travail se situe tout près de la mairie, à côté du commissariat. La fenêtre est restée ouverte. Nous avons traversé le parc main dans la main, un politique nous a vus, ça a l'air de l'avoir dérangé. Maintenant, nous sommes juste devant la fenêtre du bâtiment, il est à peine 13h, les bureaux sont vides, il pousse la fenêtre du sien, restée entrouverte. Le premier bureau où rien ne dépasse, c'est celui de Chris.

Qu'est-ce qu'il peut m'en parler de celui-là ! C'est son collègue ! Un vrai phénomène ! Le Député Maire a demandé à mon ange de le surveiller, c'est pour dire !
" Tu sais, il est allé au tribunal il n'y a pas si longtemps, je t'en ai déjà parlé…"
" Oui, mais tu ne m'as pas dit pourquoi. Pour aller au tribunal, il a dû faire quelque chose de grave ? "
" Oui, il a essayé d'étrangler la fille avec qui il sortait. "
" Ah, oui, quand même ! Mais pourquoi ? "
" Parce qu'elle en avait après son portefeuille. "
" Et il s'en est sorti ? "
" Oui, ses parents ont de l'argent, ils ont pris l'un des meilleurs avocats alors ça s'est arrangé mais tu te rends compte, sa compagne était présente au tribunal ! "
" La pauvre, ça a dû être horrible pour elle. "
" Oui, tu imagines ? "
" Non, je ne préfère pas imaginer. Je la plains ! "
" En attendant, moi maintenant le Sénateur Maire m'a demandé de le surveiller et ce n'est pas une mince affaire ! "
" Je me doute ! "
" La semaine dernière, je conduisais, il me demande de faire un détour pendant le travail, tu te rends compte ! Il voulait que je le dépose chez les putes ! Il est juste répugnant et puis il saute sur tout ce qui bouge. Il est impossible ! "
" Tu parles d'un collègue ! En plus, il est dans le même bureau que toi ! "
" Ne m'en parle pas !! "

Je me penche pour voir le bureau de mon ange au fond. Il est bien encombré. Il y a mille choses. Je suis surprise, je pensais que ce serait bien rangé, le connaissant ! On dit que son bureau est le reflet de l'âme et bien c'est un joyeux bazar apparemment !

Au beau milieu du mur du fond, il y a encore un tableau d'Aléna, un peu dans le même style que celui qui se trouve dans le salon. Des couleurs sombres, du bleu marine et des empâtements…Il n'a pas pensé à prendre les clefs mais il est ravi de m'avoir montré son lieu de travail.

Le Parc, au bord de l'eau est joli, il y a même une passerelle au-dessus de la Loire qui me rappelle un tableau de Monet avec des nénuphars " Les Nymphéas " à Giverny, je crois.

    Juste avant de regagner le véhicule, la patronne du restaurant où nous avions déjeuné a jeté un coup d'œil intrigué tout en travaillant lorsque nous sommes repassés et elle a bien noté que mon ange me donnait la main. Tant mieux que ça se sache… Oui, j'existe….Nous existons…Et alors !

    Nous rentrons tranquillement à La Balourdise. Je remets une dernière couche de doré sur la moulure du miroir, il est presque restauré.

    Mon ange n'a toujours pas de nouvelles de son fils ! Ils sont partis en Russie vendredi dernier ! Presqu'une semaine et pas un SMS, pas un mail… Il ne sait même pas s'ils sont bien arrivés.

" Aléna, elle est comme ça quand elle est loin, elle ne connaît plus personne. Elle ne donne pas de nouvelles, c'est le dernier de ses soucis. Par contre quand elle rentre de Russie, à chaque fois c'est pareil ! Elle me prend la tête : " Tu te souviens quand tu m'as fait si et quand tu m'as fait ça ! " Et ça m'agace ! Elle m'énerve avec tous ses reproches."

    C'est sûr, en 6 ans, il a dû lui en faire voir ! Je n'ose même pas imaginer ! Je me demande comment elle a fait pour tenir autant d'années !!!

    Elle aime l'argent soit disant ! Il me dit qu'elle cherche un homme riche qui lui ferait beaucoup de cadeaux ! Elle est peut-être restée pour la maison et l'argent…ou peut-être parce qu'elle l'aimait qui sait ?

" Au fait, tu devais lui demander si elle voulait revenir vivre ici ? "

" Oh, tu sais ! Un jour elle a envie et le lendemain elle a changé d'avis ? Je déteste les gens versatiles comme ça ! "

Oui, je connais ça… Apparemment, elle se souvient encore pourquoi elle est partie et à mon avis, elle n'est pas prête de revenir ici…

    Cet après-midi, mon ange n'a pas fait de sieste dans son canapé après le repas alors il va s'allonger sur son transat en plastique blanc, derrière la maison mais il n'y en a qu'un ! Alors, je m'étends sur lui. Je n'ai rien pour me détendre moi et je n'ai pas l'impression qu'il souhaite m'en offrir un ! Je suis tellement mal installée que je décide d'aller chercher une couverture fine à moi, un tissage Indien. Je l'installe à ses pieds, je m'allonge. Le chien vient me rejoindre, il se couche le long de moi et me colle. Il a besoin de sentir ma présence, comme si c'était mon chien et qu'il manquait de câlin…Le sol est très dur en raison de la sécheresse.

Qu'est-ce-que je suis mal installée. Je me fais pitié. Je suis là, à ses pieds avec le chien ! Dire qu'à La Renardière j'étais confortablement installée sur un édredon de plumes avec des coussins en velours turquoise. Ici, je suis vraiment une miséreuse. Cette image restera gravée dans ma mémoire….

    La soirée se termine devant la télé après le dîner, toujours à l'intérieur dans la cuisine ! Le salon de jardin étant toujours sous plastique…

    J'entends à peine le film tellement le Hamster russe fait du raffut dans sa boule… Si j'étais chez moi, il y a longtemps que je l'aurais remis dans sa cage…Ah si c'est vrai, je suis chez moi, il m'a donné les clefs de la maison hier, j'avais presque oublié !

Moi, je lui avais donné les clefs de La Renardière en mai ! Lui, il a bien tardé pour me remettre les siennes !

Comme par hasard depuis que j'ai les clefs, il me parle de voleurs et insiste sur le fait qu'il y a eu des cambriolages récents dans le coin alors il va remettre l'alarme ! C'était bien la peine de me donner les clefs si je n'ai pas le code ! Encore un paradoxe, un de plus, je commence à avoir l'habitude. Je vais me coucher vers minuit. Pas de gros câlins.

" Tu sais, ce n'est pas très bon pour la santé de faire trop souvent l'amour ! "

" Ah, bon ! Mais nous, on ne se voit pas souvent alors quand on se retrouve, on rattrape le temps perdu... " Il m'embrasse et monte se coucher.

J'ai du mal à m'endormir. Je suis trop fatiguée et j'ai mal partout avec le sport.

Je n'ai plus envie d'en faire avec lui. Je lui ai expliqué que moi, je fais du sport pour le plaisir, ni pour maigrir, ni pour avoir la ligne. J'ai toujours adoré le sport. J'en fais parce-que j'adore, j'en ai besoin pour vivre. Cette année, j'ai fait un an de tennis en sport collectif. J'ai pas l'habitude mais l'esprit d'équipe, ça m'a plu. Je m'entraine aussi toute seule dans une salle de musculation pour faire du renforcement musculaire, pour muscler mon dos et me tenir plus droite, me sentir bien et évacuer le stress.

D'ailleurs, j'en fait une overdose de stress. J'ai beaucoup de mal à le gérer. C'est même la première fois de ma vie que ça se produit...Les cours de yoga s'arrêtent toujours pendant l'été. C'est la première fois que ça me manque autant...

Moi j'aime le sport, tout simplement. Je tiens ça de mes parents, de mes ancêtres, alors que lui, il aime le sport pour montrer qu'il est le meilleur, le plus fort et qu'il a de beaux muscles !!!!

Décidément, nous ne cherchons vraiment pas la même chose. Nous sommes deux opposés...Il faudrait que j'arrête de penser et que je dorme un peu...

Demain matin, il doit aller en ville en fin de matinée pour aller chercher ses vêtements de policier. Il veut faire des extras pour eux, des missions de temps en temps mais il dit qu'il sera très libre d'accepter ou de refuser. Par les temps qui courent, c'est dangereux de rejoindre la Police car les attentats sont de plus en plus nombreux et les policiers sont devenus des cibles pour les terroristes. Tout ça m'inquiète. Il passait ses soirées à faire de l'origami en juin, d'ailleurs il ne m'a toujours pas montré le poisson qu'il avait fait rien que pour moi.

Il dit qu'à cause de moi il a besoin de travailler plus, de se changer les idées, parce que sinon il tomberait fou.

Je n'avais pas compris qu'il devait réintégrer la Police pour faire des extras...Il avait l'impression d'être inutile, de ne servir à rien alors je lui ai dit que je comprenais. Il était ravi, il m'a dit qu'il se doutait que j'approuverais sa décision.

De toute façon il l'avait déjà prise, il avait déjà signé...

Il faudrait que je dorme un peu maintenant....

Je me réveille très tôt...J'ai l'impression d'avoir encore entendu une alarme mais il n'y a rien ! Je deviens dingue, je crois ! Je manque de sommeil...C'est sûrement ça !

Mais il n'y a pas que ça ! Ce serait trop simple sinon !

Aujourd'hui, c'est notre dernier jour de vacances. Je suis déçue parce qu'il ne sera pas là de la matinée. Ensuite, nous irons une dernière fois à Chambord mais il faudra rentrer très vite car il a pris un rendez-vous avec un grand chef d'entreprise du coin, un copain, un ami

! Cet homme recherche son fils qui a disparu depuis plusieurs semaines en Espagne ! Mon ange l'aide à le retrouver ! Il passe son temps à faire du social ! Je pense que ce rendez-vous pouvait attendre le lendemain matin, tout comme la récupération de son uniforme et de ses rangers au commissariat. Apparemment, non ! Je prends encore mon petit déjeuner toute seule, qu'est-ce- que ma famille me manque ! Par moment, je me demande ce que je fais là.

Oui, qu'est-ce-que je fais ici ?

Il s'apprête à partir en ville pour récupérer ses affaires. Un supérieur, un ami qui a le cancer (encore un) l'a appelé hier, pour lui dire que la commande était arrivée. Mon ange lui a proposé d'aller se promener autour du grand canal de Chambord pour qu'il s'oxygène, pour lutter contre la maladie et lui apporter du réconfort. Il dit qu'il a le temps de rien mais il ne peut pas s'empêcher de faire du social. C'est plus fort que lui. Il est excité à l'idée de retravailler dans la Police, en effet, ça lui manquait et ça se voit.

Pendant son absence, je vais promener ma chienne, je prépare à manger. Je m'ennuie très rarement. En fait, je trouve toujours des choses à faire où que je sois.

Je vais dans son bureau et je vois qu'il a noté l'anniversaire de Lisa sur son tableau blanc. Elle est du 13 juillet, tiens ! C'était le jour où il est allé avec des amis au feu d'artifice de Blois, un hasard sans doute ! Peut-être faisait-elle partie des ami(e)s ce jour-là…Il n'a donné aucun nom !

J'ai une idée : Je vais changer la date. Je transforme le 3 en 5 comme ça il sera ridicule en lui souhaitant 2 jours plus tard l'an prochain…Il y a aussi ma date d'anniversaire…Comme s'il ne pouvait pas s'en souvenir avec la mémoire qu'il a ! A côté de ma date de naissance, il a écrit " Patchwork ", c'est un de mes surnoms car certains jours du mois, je ne peux pas me doucher et je me lave morceaux par morceaux, d'où ce surnom ! Il est ravi car nous sommes les seuls à le comprendre.

Je sais qu' Aléna fouine partout quand elle ramène son fils. Il déteste qu'elle fasse ça mais il la laisse faire comme s'il n'était pas chez lui. J'ai du mal à comprendre. C'est fou pour quelqu'un d'autoritaire comme lui.

Mais pourquoi avoir laissé le prénom de Lisa et avoir masqué le mien. C'est plutôt étrange...Je trouve.

J'ai pris un chiffon pour prendre le feutre effaçable et faire une légère modification du chiffre… J'ai à faire à un policier, je ne dois pas oublier. Il serait capable de relever les empreintes ! Le tour est joué… J'espère qu'il sera ridicule l'été prochain ! Ce sera bien fait pour lui !

A midi trente il est de retour, le repas est prêt, il me rejoint pour me montrer sa panoplie de Zorro, il est aux anges ! Enfin, il va pouvoir jouer les justiciers !

Il déballe ses vêtements avec beaucoup de précaution. On dirait un enfant qui vient d'avoir un nouveau déguisement.

Je le félicite pour ce nouvel emploi occasionnel, il est ravi. Il ne pouvait pas attendre un jour de plus pour récupérer ses vêtements de Policier. Il devait aller les chercher tout de suite ! Un caprice ! C'était primordial ! Vital !

Après le repas, nous partons pour Chambord. Sur la route, il prend un appel avec le Bluetooth. C'est Georges, le mari de Natasha, la meilleure amie d'Aléna. Il est en instance de divorce et ne se sent pas bien du tout :

" On peut se voir, j'ai besoin de parler ? "
" Ah, non ! Je te l'avais dit que je recevais de la famille cette semaine, alors ça ne va pas être possible, vraiment pas. "
" Bon, je te rappellerai alors. Tu pourrais témoigner pour dire qu'elle laisse ma fille de 12 ans toute seule avec ton fils de 9 ans ? "
" Ah, non ! Écoute, moi je ne veux pas avoir d'histoires après avec Alena. Demande à ta fille, elle va te confirmer tout ça. Ok ! Tu vois avec elle ! "
" D'accord, je vais faire comme ça."
" Parfait on fait comme ça. Allez, à bientôt."
" A plus tard. "

    Je trouve qu'il est dur avec. Il ne semble pas avoir d'amis et à sa voix, je sens qu'il va très mal ce pauvre homme.
" C'est Georges. Il n'est pas bien du tout. "
" On aurait pu passer le voir ? "
" Non, je lui avais dit que je n'étais pas disponible cette semaine. Il le savait, mais tu vois là, il n'a pas de réponse de son copain corse pour partir là-bas. Ici, il demande le divorce, il est acculé, il n'a plus d'argent et n'a plus rien à perdre. Alors, tu sais ce qu'il va faire ? "
" Non. "
" Il va buter Natasha et il se fera la peau après, ou alors comme il a travaillé dans les paras, il fera appel à une raclure, il la payera pour la tuer. "
" Et tu ne la préviens pas ? " Lui aussi a travaillé dans les paras...
" Ah, non, je ne veux pas me mêler de leurs histoires, ça ne me regarde pas."
C'est assez effrayant cette histoire. Il dit ça avec un tel détachement. Il attend que Georges tue Natasha…
" Mais, il y aura une enquête ! "
" Tu parles. Ils ne pourront pas établir de lien entre Georges et le tueur et l'affaire sera classée. "
Je reste bouche bée. Cette histoire me refroidit…

    Cette fois encore, nous trouvons une place gratuite ! Un coup de chance…Non, pas vraiment. C'est tout simplement parce qu'il est encore tôt dans l'après-midi.

    Nous suivons toujours le même circuit. Nous n'avons pas vu de sanglier ni de biche pour le moment. Nous terminons notre balade sur la terrasse du glacier. Elles sont bonnes ces crèmes glacées Italiennes mais de plus en plus écœurantes.

    Il prend encore trois boules. J'achète des confitures de cassis artisanales, juste à côté. Il adore et moi aussi. Cette fois-ci, je ne teste pas de biscuits Solognots, Je n'ai pas oublié l'insulte de la dernière fois, " la pique-assiette " n'a pas envie de découvrir de nouvelles saveurs !

    Il est pressé de rentrer à cause de son rdv avec J.C. En effet, ça fait plaisir, c'est notre dernier jour de vacances ! Décidément !
" Allez, on a encore le temps pour aller au dernier mirador, s'il te plaît ! On ne sera pas en retard ! On reste juste 5 minutes ! "
" Bon d'accord . "

Arrivés sur la plate-forme, il y a 2 magnifiques biches. Je fais des photos avec mon bel appareil et avec mon téléphone. Il faut faire des gestes lents, marcher avec beaucoup de souplesse pour éviter toute résonance et chuchoter bien sûr…

Nous avons un angle de 180 degrés et un beau découvert planté de quelques chênes et sapins, un beau panorama. Quand j'ai terminé avec les photos, je m'installe à côté de lui pour savourer pleinement cet instant.

Ah, non, ce n'est pas vrai… Il fixe le lointain, il a les larmes aux yeux…Il ne va pas encore pleurer ! Nous levons l'ancre. Nous marchons main dans la main et il me dit :
" Au début aussi, Georges et Natasha, ils s' adoraient. Ils faisaient l'amour tout le temps, n'importe où même sur la machine à laver et puis regarde maintenant…"
Qu'est-ce qu'il raconte ! Sur la machine à laver ! En mode essorage !
" Mais nous on n'est pas comme eux ! On est pas ensemble pour l'argent ! On ne se séparera jamais ! " C'est vrai que j'ai l'impression qu'il fait partie de moi, qu'on ne forme qu'un, que notre histoire sera sans fin, éternelle…
" Bon, il faut y aller, on va être en retard. "
En marchant, il tente de me pousser dans l'eau...pour plaisanter, bien sûr !

Je m'éloigne quand même du lac. Par moment, j'ai l'impression qu'il a le diable au corps.

Maintenant, il se met à entonner une vieille chansonnette d'après-guerre en utilisant mon nom de jeune fille.
" Comment tu connais ce nom-là ? "
" Je me rappelle que ta mère l'avait prononcé une fois...Elle parle beaucoup ta mère."
" Tu comprends pourquoi je ne peux pas lui parler de mon secret. "
" Oh, oui ! Je comprends ! "
Il reprend sa petite chanson, en se moquant de mon nom de jeune fille et plus je lui demande d'arrêter, plus il chante fort, alors je ne dis plus rien mais ça va tout de même durer une quinzaine de minutes ! On dirait un écolier de 6 ans environ ! C'est même pas drôle ! Il a vraiment un problème !
Il jubile :
" Alors, ça t'énerve ? Pas Vrai ? "
Il a l'air enchanté. Il a vraiment "un pète au casque ", dire qu'il dit que c'est moi qui devrais voir un psy ! C'est le monde à l'envers !
Nous rentrons, il est 17h30 et le rdv est à 18h, alors on est pile dans les temps. Je réfléchis et finis par lui poser la question :
" Tu crois que c'est le hasard qui nous a réunis ? "
" Oui, je crois effectivement que le hasard a joué un rôle important dans notre rencontre. "
Je suis pensive...
" Tu as sûrement raison... "
" Mais, plus je réfléchis et plus je me demande si c'est une bonne chose qu'on se soit rencontré. "
Ses mots raisonnent dans ma tête comme un coup de tonnerre. Ses paroles me font très mal...Je suis comme assommée, je ne m'attendais pas à ça. Je ne dis rien mais
La plaie qu'il a ouverte est profonde.
Nous arrivons les premiers à La Balourdise.

" Tu vas aller te promener dans le jardin lorsqu'ils seront là car c'est confidentiel, tu ne peux pas entendre cette conversation. Il vient avec sa belle-fille…"
" Oui, bien sûr, je comprends. Je préfère prendre un bain à la place ?"
" Tu es ici chez toi, fais comme tu le sens. "
Ils arrivent 10 minutes plus tard. Je suis déjà dans le bain.

L'entretien va durer 2h30 ! Heureusement que je ne suis pas restée le long du bois avec ma chienne et les moustiques pendant tout ce temps !

La fille pousse des éclats de rire assez régulièrement. J'ai l'impression que ce sont des " beaufs ", elle n'a pas l'air si inquiète... En partant depuis le couloir, elle demande si je ne me suis pas noyée. Je ne réponds pas à des inconnus lorsque je suis toute nue.
" Elle ne vous entend pas ! "
Mais si, j'entends très bien sa grosse voix vulgaire…
Par le Vélux, en équilibre sur le rebord de la baignoire je les vois partir dans leur véhicule...C'est bien ce que je pensais, une grosse loche avec son beauf de beau- père ! Je n'ai rien raté ! C'était l'unique visite de la semaine !!!

Mon ange repart dehors, il va remettre de l'eau à son chien et lui donner des croquettes à 4 sous de la grande distribution. Il a choisi les moins chers. Il le chouchoute son " Poupouille " mais il ne faut pas que ça coûte trop. Je sors de la salle de bain et je regarde le papier laissé sur le meuble de la cuisine. C'est en Espagnol. J'adore l'Espagnol. Je m'amuse à le lire. Quelle horreur ! Pas de syntaxe, pas de verbe. Je n'ai jamais vu un message pareil. On dirait que c'est la belle fille qui l'a écrit. Elle demande où est son mari...C'est difficilement compréhensible ! Même une débutante en Espagnol ferait mieux !

J.C, le beau-père vient de déposer un message sur le téléphone portable, toujours posé sur le petit meuble, sûrement pour le remercier encore de faire des recherches en se servant de ses contacts de la Police et de la Gendarmerie.
Tiens, j'entends un 2e message arriver…

Mon sang se glace, mes poignets se vident, c'est encore Lisa ! Le début du message s'affiche. Je peux distinguer en passant " Je remonte demain " Quelle coïncidence ! Moi, je pars et elle, elle arrive ! Il passe à table, le repas est prêt. Il commence à manger et tout d'un coup, se relève pour consulter son portable posé juste avant l'entrée de la cuisine. Il revient s'asseoir, je prends la parole :
" Alors Lisa a passé de bonnes vacances ? "
" C'est J.C qui m'a laissé un message, il me remercie. "
" Oui, mais le 2e message, c'est Lisa, elle te dit qu'elle remonte demain !!! "
" Non, c'est J.C . "
" Je l'ai vu, alors ce n'est pas la peine de mentir ! Elle rentre de vacances demain, ça s'est bien passé ? Je prends simplement de ses nouvelles ! Tu n'as rien à cacher alors tu peux me dire si elle a passé de bonnes vacances, oui ou non ! "
" Je sais juste qu'elle est partie avec ses parents. "
" Comme tu n'as rien à cacher, on va échanger nos téléphones, je vais te montrer les messages de mon mari et toi tu vas me montrer les messages de Lisa ! "
Je prends son téléphone en passant et récupère le mien dans la chambre.
Je lui tends le mien. Il refuse de le prendre.
" Jamais je me permettrais de lire les messages de ton mari. "

J'insiste : " Je t'autorise, vas-y ! Tu peux, je n'ai rien à cacher moi ! "
" On a déjà réglé le problème la dernière fois, on en a déjà parlé."
" Pas du tout, on a rien réglé ! "
Il se met à pleurer ! Et bien sûr ses larmes mettent un terme à la discussion. On en reparlera plus !
Ce soir, pas de gros câlins. Tant mieux, je suis exténuée. J'en peux plus de ses histoires et j'ai vraiment sommeil, je me sens vidée, mais il vient dans la chambre pour me montrer des photos de famille, des récompenses, des bijoux.
Il a retrouvé tout ça en rangeant dans le grenier quand il a cherché les actes de propriété du domaine que son frère lui avait demandés pour signer un nouveau bail : celui de la maison de garde barrière tout au bout de l'allée de pommiers.
Mon ange a d'ailleurs découvert que l'ensemble du bois qu'il croyait à son frère lui appartient.
" Il va être content en apprenant ça ! "
" Bah, oui ! Pourquoi ? "
" Annonce-le lui et on en reparle ! "
Il a retrouvé des récompenses remises lorsqu'il était garde du corps à l'autre bout du monde. Une vie a une valeur inestimable, c'est fou qu'il ait pu être prêt à perdre la sienne pour sauver de riches inconnus. Comme si leurs vies étaient plus valeureuses que la sienne. C'est dingue ? Non ?
Il me montre une photo de sa maman assez âgée, aucune de son père, pourtant il a bien dû en trouver. Sa photo préférée, c'est celle qu'il a prise de son frère, sa belle-sœur, son filleul et son neveu lorsqu'ils étaient petits, au bord de la mer à Honfleur.
" Regarde cette photo ! On était heureux, on formait une belle famille ! Je ne montre pas ça à mon frère, ça lui ferait trop de peine . "
C'est surprenant qu'il dise ça car il a pris lui-même la photo et il n'a ni femme, ni enfant ! " Une vraie famille ! " Il est célibataire ! C'est comme s'il était le 3e enfant de son frère ! C'est ridicule !
J'ai l'impression qu'il n'a aimé aucune des 3 femmes qui m'ont précédée.
Lorsque je lui parle de sa première femme, il me dit : " Tu sais j'étais jeune, à cet âge-là on idéalise beaucoup . "
Même son premier amour, il ne l'a pas aimé....C'est très surprenant. A entendre ma mère, c'était l'amour de sa vie...Et bien non, même pas.
Quand il me montre ses photos de gendarme à Paris, il ajoute :
" C'est la période où j'ai été le plus heureux. "
" Professionnellement ? "
" Oui. " Parce-que Lisa l'Alsacienne , il n'a pas l'air d'y avoir été très attaché non plus et ça veut dire aussi qu'en ce moment, il n'est pas très heureux avec moi non plus…
Quant à l' infirmière, il n'en a jamais parlé. Je connais son existence par ma mère qui me disait qu'elle était trop fusionnelle avec sa jumelle et que ça posait de gros problèmes. Il y a des bijoux, des médailles de baptême dans cette boîte très poussiéreuse qu'il a posée sur le lit ! Il me montre un portrait de lui à 20 ans, vraiment très beau. Des cheveux mi-longs avec de belles boucles, des anglaises comme moi.
" Qu'est-ce-que tu veux prendre en souvenir ? "

" Rien c'est gentil, mais rien. "
Il doit penser que j'aurais aimé prendre le collier de perles mais non je ne suis pas intéressée...Je lui ai déjà dit...mais il croit que toutes les femmes aiment l'argent.

    Mon frère aussi pour plaisanter, il aime bien reprendre une remarque très connue de Coluche : " L'argent n'a pas d'odeur mais la femme a du flair. " Je trouve cette phrase assez drôle même si je n'approuve pas personnellement. Il me regarde admiratif : " Je voudrais une photo de toi ! "
" Mais tu dis tout le temps que tu n'aimes pas les photos, que tu détestes ! "
" Je sais, j'ai changé d'avis. J'en veux une de toi parce que je t'aime. "
Oui, ça me surprend...Il ne me prend jamais en photo non plus et maintenant, il m'en demande une, ça me fait plaisir aussi, il est vraiment imprévisible.
" Avec toi, quand c'est " oui ", ça peut être " non " mais ça peut être
" oui "aussi et quand c'est "non " ça peut quand même être un "oui " !
" Exactement, tu as tout compris ! "
En tout cas, c'est épuisant ! Il va finir par me rendre folle, je déteste les personnes versatiles comme ça. Au début, quand on s'est rencontré, il disait :
" Moi, je ne change jamais d'avis... "

    Il range méticuleusement ses souvenirs dans la vieille boîte toute sale. Il sait pourtant que je suis allergique ! Il ouvre les portes du placard mural pour la ranger sur une étagère. Il y a des photos d'Aléna avec son fils bébé collées à l'intérieur des portes... Je n'avais jamais pensé à ouvrir ce placard...C'est la chambre de son ex-belle fille. Elle avait mis des photos de sa maman et de son petit frère, c'est normal. Malheureusement, cette irruption dans la soirée est encore mal venue...Et ça me fait mal...Il referme le placard, sans prêter attention aux photos placardées par la jeune fille. Mon ange me quitte, il est plus de minuit et je m'endors avec la poussière et les éternuements. Je n'ai pas osé lui dire que j'étais morte de fatigue et puis il voulait tellement partager ses souvenirs avec moi.

    Je suis encore réveillée très tôt, j'ai l'impression d'avoir entendu l'alarme d'un réveil mais j'ai dû rêver encore. Je dois partir et prends encore mon petit déjeuner seule à l'intérieur par un beau ciel bleu. La journée s'annonce encore chaude. Il passe enfin me voir.
" Bien dormi ? "
" Non, j'ai mal partout. "
" De toute façon, tu dors jamais bien. "
Il a raison, je dors mal où que je sois depuis quelque temps. Mais ici, c'est encore pire...
" Tu ne chantes jamais, toi. Tiens ! C'est vrai, je ne t'ai jamais entendue chanter une seule fois des vacances."

    Je ne réponds rien. La précédente chantait, c'est ça que ça laisse sous-entendre. Si, je chante, ou plutôt je chantais avant notre rencontre...Depuis, je ne chante plus...J'ai pas envie et puis il risque encore de se moquer de moi...

    Il est pressé que je parte, il déteste les adieux et ne veut pas les faire durer. J'essuie la baignoire avec son chiffon spécial...
" Aller, laisse ça ! Prépare plutôt tes affaires..."
J'abandonne le ménage et je commence à charger mes sacs. J'ai les larmes aux yeux, elles finissent par couler, il m'embrasse :

" Alors, tu vois ! Au début tu disais qu'on s' habituerait mais maintenant c'est toi qui pleures ! " Pas du tout, il ne comprend pas. Je ne pleure pas pour ça. Je pleure, parce-que je sais que je vais devoir le quitter définitivement...Que je ne pourrai pas continuer comme ça...et ça me fait mal. C'est sûrement ma dernière fois ici.

    Le chien me regarde, il a l'air triste aussi comme s'il avait compris.. Mon ange s'en veut d'avoir été obligé de le faire castrer car il sautait sur toutes les femmes qu'il rencontrait. Maintenant il n'a plus de caractère, il ne revendique rien, n'aboie même plus. Il est résigné et fait ce qu'on lui dit sans jamais contester. Je lui fais un petit bisou sur la truffe, c'est sans doute le dernier mais il ne le sait pas…pas encore.

" L'an prochain, tu resteras 15 jours ! Tu sais, j'adore la montagne mais je sais qu'on ne pourra jamais y aller ! C'est comme ça ! "

" Mais si on pourra, pourquoi tu dis ça ? "

" Je ne vais pas me contenter d'un jour par ci par là dans l'année ! Moi, j'ai besoin de vivre avec quelqu'un. Aujourd'hui, je suis sûr d'une chose, je ne peux pas vivre seul. Mais toi, j'ai l'impression que tu t'adaptes et que la situation te convient. "

J'ai bien compris son message, il me le répète assez comme ça !

Il ajoute : " Tu vois si tu étais restée une semaine de plus, tu aurais réalisé que tu pouvais vivre ici avec moi. "

C'est fou, il a l'air pleinement convaincu de ce qu'il dit. C'est pas croyable ! Il a oublié que je faisais mes valises au bout de 3 jours !!!

Il dresse le bilan : " Finalement, on a pas fait grand-chose, tu dois être déçue ? Oh, enfin si, quand même on a beaucoup bougé. Ah, si finalement, on a fait plein de choses…"

" Déçue " le mot est faible ! Je suis profondément dépitée. Je ne m'attendais pas à ça ! Il y a quelques temps ma mère m'avait dit en rentrant de Tours :

" Ses 3 femmes sont parties alors il a beau être parfait, il doit y avoir un problème quelque part."

Oh ! Oui maman ! Si tu savais, il y a un problème et crois moi, il est de taille !!!

J'ai l'impression que mon ange a 2 visages. En famille, c'est une personne drôle, raffinée et distinguée, il a beaucoup d'humour. A la Balourdise, c'est un autre homme, une personne morose, maniaque, triste et parfois même agressive. J'aime l'ange en lui, je déteste le démon !

" Sois prudente ! Roule doucement."

" Oui, comme toujours ! "

Sur la route il m'envoie un premier message, dans lequel il me dit être déçu de ne pas avoir trouvé un petit mot d'amour dans sa boîte au lettre. Je suis désolée et triste de ne pas y avoir pensé. Sur l'autoroute, je reçois un second message :

" Tu n'es jamais là quand il faut. " Ses mots ont l'effet d'un coup de poignard en plein cœur.

    J'ai pourtant fait tout ce que j'ai pu pour le rendre heureux...Je pleure, je n'en peux plus. Des larmes coulent encore sur mes joues, je ne parviens plus à les arrêter...Je suis usée. Je vois difficilement la route, tout est trouble, tout est flou…Comment rester concentrée sur les voies rapides après ça ? Je diminue ma vitesse, je sèche mes larmes… J'arrive à la Renardière saine et sauve. Les poissons dans le salon sont vivants aussi…J'étais partie si vite que je les avais oubliés !

LA TOILE D'ARAIGNÉE

      Mon père est ravi de mon retour en Normandie. Il m'invite au restaurant, le soir même. J'accepte bien sûr, je ne peux pas refuser car en effet, c'est pas souvent qu'on dîne ensemble. Le problème c'est que j'ai la nausée et que je ne sais pas comment je vais faire pour manger. Je suis envahie par l'angoisse, le stress ne me quitte plus du tout maintenant. Je n'arrive plus à gérer cette angoisse. Je ne trouve plus d'équilibre et je souffre. J'aimerais dire à mon père ce qui m'arrive mais je suis responsable de tout ça. C'est moi qui ai écrit la première, c'est moi qui ai eu l'idée d'envoyer mes vœux. Les problèmes, je les ai donc cherchés. Je suis responsable de ce qui m'arrive. Je ne peux vraiment pas dévoiler mon secret à mon père car il ne comprendrait pas. Ma mère l'a quitté au même âge que j'ai et il en souffre assez comme ça. Il pourrait croire que c'est héréditaire et qu'on est faite pour faire souffrir les hommes.
Pourtant, ce n'est pas la situation qui me fait souffrir, j'ai fini par m'adapter. C'est mon ange qui me fait mal, c'est lui mon problème...Enfin je crois.
      Je me souviens d'un hiver où toute petite, j'avais joué dans la neige sans gants. Mon père me portait, j'avais glissé dans son cou mes petites mains brûlées par le froid pour les réchauffer et je me sentais en sécurité. Aujourd'hui, il ne peut plus me protéger. Je me sens en danger et personne ne peut m'aider...personne.
 Je n'ai même plus peur de la mort.
      Aux enterrements, maintenant je prononce des mots pour les personnes disparues qui me sont chères. Je tiens tête à la mort avec insolence même...Je n'ai pas envie de mourir mais je comprends ma tante qui a choisi de nous quitter, parce-que son mari la harcelait et son amant ne valait pas grand-chose. Je lui en voulais depuis mes 20 ans, d'avoir choisi de m'abandonner sur cette terre.
      A sa place, j'aurai pris mes jumelles âgées de 5 ans sous le bras et je serais partie pour Tahiti, elle avait les moyens de le faire !
      Aujourd'hui, je comprends que mon oncle la harcelait au quotidien, qu'elle ne voyait plus ce qui l'entourait. Elle n'avait plus la force, plus d'énergie pour s'enfuir. Et puis s'enfuir où ? Pourquoi ? Pour qui ?

Il n'y a qu'une façon de venir au monde et des centaines d'en sortir...Alors je me disais qu'elle avait choisi la facilité ! Pas du tout ! Mon oncle l'a poussée à partir. Il a orchestré son suicide. Il répétait sans cesse (et lui disait aussi) :
" Je préfère la savoir morte, qu'heureuse avec un autre. "
Il lui faisait du chantage : " Si le lundi de Pâques tu n'es pas rentrée, je me suicide. "
Le dimanche, elle a préféré mourir que de retourner vivre avec lui. Il lui avait expliqué comment ne pas se rater avec un fusil de chasse, alors elle a choisi un paradis imaginaire, à un enfer réel. Elle a mis fin à ses souffrances... Je n'ai pas vu, je n'ai pas compris...

Aujourd'hui, je ressens pleinement sa souffrance et je lui pardonne son acte. Je lui demande pardon. Elle était pourtant pleine de vie, elle aussi....Comment c'est possible ?

J'ai longtemps critiqué la femme battue aussi. Mais qu'est-ce qu'elle attend pour partir ? Pourquoi ne réagit-elle pas ? Tout simplement parce qu'elle ne peut plus. Elle a été humiliée, détruite. Elle n'a plus de force, plus d'énergie pour s'enfuir. Autour d'elle, il n'y a plus que du vide...Plus d'amis, plus de famille et puis qui la croirait ? Son bourreau est tellement aimable en société, c'est elle qui passerait pour une folle, en expliquant ce qui lui arrive à la limite de l'hystérie. La cinglée ce serait elle, aux yeux de tous. Je comprends la femme battue, parce-que moi je suis battue avec des mots.

Je pense même que si j'étais battue avec des coups, j'aurais moins mal...
Les coups portés par les mots sont très douloureux et les plaies très profondes... Je n'aurais jamais imaginé que les mots puissent être aussi destructeurs. Papa, j'ai mal...très mal. Les larmes coulent sur mes joues. J'ai tellement envie de vomir, que je ne vais pas pouvoir avaler. Je ne sais pas comment je vais faire...
" Il n'y a pas de problème, que des solutions. " C'est une réplique que j'adore, de Tom Hanks dans le film Philadelphia.

Donc la solution, je vais la trouver. Je ne ferai pas de peine à mon père...Je ne dois pas. Je vais prendre une douche fraîche et je chasse les idées qui m'angoissent.

A 20h, je suis au rendez-vous, devant le fameux restaurant classé parmi les trois meilleurs de l'Orne. Mon père est déjà là, il a réservé une petite table pour deux à l'écart. L'auberge est très belle, en pierres apparentes, tommettes au sol aussi comme j'aime. La carte arrive ! Quel cauchemar !

La nausée ne me quitte pas... Ouf, il y a du poisson...Une chance...Je pense que ça devrait passer... Oui, ça devrait avec une glace...Je pense que je vais y arriver. Je ne sais pas de quoi mon père me parle. Je pense à la lettre de rupture que je dois écrire dès que je rentrerai...Je l'écoute....D'habitude, c'est moi qui parle beaucoup...Là, je me concentre pour évacuer les aliments de mon assiette. Doucement mais sûrement...Finalement, je vais pouvoir digérer le poisson. Je me force aussi pour la glace. J'ai réussi. Apparemment, il ne se doute de rien, pourtant ça doit se voir sur mon visage. Il semblerait que non. Il ne me pose aucune question, j'ai donc l'air normal. Il est très content de cette soirée. Je rentre soulagée.

Enfin seule ! Qu'est-ce-que ça a été dur ! La soirée n'est pas finie pour moi...J'écris à mon ange pour le quitter. Il le faut. Je ne peux plus vivre comme ça. Je suis tellement angoissée tout le temps que je vais finir par développer une maladie ou un cancer...Je dois prendre une décision et mettre un terme à notre relation. Elle est mortelle. Je ne pourrai jamais reprendre le travail et tenir une année de plus. Ce n'est pas possible, je ne tiendrai pas. Je ne peux pas, c'est au-dessus de mes forces. Je rédige ma lettre jusqu'à 3h du matin. Bien sûr, il y a eu de bons moments, mais tellement de mauvais. Tellement d'humiliations…J'ai même toujours l'impression qu'il a honte de moi, parce que je suis mariée officiellement à un autre homme. J'ai eu l'impression d'être cachée, d'avoir vécu enfermée pourtant j'étais libre…J'étais heureuse avant de le rencontrer. Aujourd'hui je souffre et je suis très malheureuse. Alors, j'ai envie que ça s'arrête, je ne supporte plus l'angoisse qui m'oppresse constamment. Même la nuit, elle me réveille, quand elle ne m'empêche pas de m'endormir. Elle m'enveloppe de jour comme de nuit, elle ne me lâche plus, elle s'acharne sur moi… Mais qu'est-ce-que j'ai fait pour mériter ça ?

Il y a bien des personnes qui vivent heureuses avec 2 amours. Je me suis adaptée à la situation alors pourquoi je n'y arrive pas ? Pourquoi ?

Dans ma lettre, j'ai listé les quelques points positifs pour ne pas paraître trop brutale et puis j'ai enchaîné sur les points au combien négatifs ! La liste est longue…Je lui lirai demain ou je lui enverrai par la poste. Il choisira….

Je finis par m'endormir. Je dors en surface….J'attends 9h pour l'appeler…Je somnole, je me réveille 10 mn avant. Je ne me sens pas bien. Je n'ai pas de force. Je reprends la route dans l'après-midi.

J'appelle…Je lui parle de la lettre, il veut que je lui lise. Il pense que j'ai passé de bonnes vacances, il en est très convaincu. C'est pas croyable ! C'est d'autant plus douloureux pour moi. Il ne se rend vraiment pas compte que ça ne va pas…Qu'il me rend malade…

Il m'a déjà dit : " Tu te sentiras mieux quand tu reprendras tes cours de yoga.

" Pas du tout, je suis en vacances ! Je ne vais pas me sentir mieux en reprenant le travail en septembre ! C'est absurde ! Je lui annonce tout le bloc négatif d'un coup et là il semble résigné : " C'est bon, j'ai compris. "

Il ne souhaite pas que je lui envoie la lettre, ma lecture a suffi cette fois.

C'est terminé, c'est fini…Je brûle mon écrit…Je ne veux plus en entendre parler.

Nous avons raccroché et notre histoire s'est arrêtée…Le cauchemar est terminé.

Je mange très peu mais je me force quand même. Je dois me nourrir. Je prends le volant peu de temps après… Je rentre en Seine et Marne. J'ai mal mais je souffre moins qu'avant. Je me sens un peu soulagée.

Je n'aurai plus de petits mots le matin, plus de petits cœurs, plus de petits bisous, plus rien…plus que du vide…plus d'amour…plus jamais…jamais plus.

Je vivais bien sans toutes ces attentions avant. Alors, je n'ai plus qu'à me réhabituer…Comment je faisais ? Je vivais dans mes rêves et j'étais heureuse. Je vivais le présent et dans mon monde imaginaire où je ne faisais de mal à personne.

Avant d'arriver chez moi, j'avais l'habitude de m'arrêter et de lui téléphoner une dernière fois. Ces derniers temps, il était odieux à chaque fois. Je ravalais mes larmes en poussant la porte de ma maison. Aujourd'hui, il ne me fera plus pleurer. C'est fini. Je rentre chez moi apaisée. Les poissons ont bien supporté le transport. Tout le monde est content de me revoir. Moi aussi, je suis heureuse de les retrouver. J'ai l'impression de les avoir quittés depuis une éternité, des siècles même…Comme c'était long…

" Je ne veux plus repartir aussi longtemps ! "

" Nous non plus, on veut plus que tu partes ! "

Nous dînons tous ensemble et la soirée s'achève sans un petit mot sur mon portable, sans rien…rien que le silence…Je finis par m'endormir.

    Le lendemain, un phénomène étrange se produit. Mon mari est parti travailler. Il est 10h du matin et je suis encore au lit. Je n'arrive pas à me lever. J'ai envie de vomir, c'est horrible. Je n'ai plus de force…Qu'est-ce-qui m'arrive ?
Oh, non ! Je crois savoir…Je n'ai rien envie de faire, je suis très mal…
J'ai lu ça dans un magazine, ça ressemble bien à une " dépression réactionnelle ".
    Je ne vais jamais pouvoir calmer ça ! Même avec de l'homéopathie ! Cette fois, ça ne marche plus…Je vais devoir aller à l'hôpital. Ils vont me donner des antidépresseurs pour voiler mon problème. Je ne veux pas ! Je ne veux pas prendre leurs drogues légales pour oublier ce que je dois gérer. Jamais ! J'ai besoin de lui…Pourquoi je l'ai quitté ? Je me sens tellement mal maintenant.
    Je ne suis même plus capable de conduire…Comment je vais faire pour m'occuper de mes 2 puces lorsqu'elles vont se lever ? Oui, comment je vais faire ?
    Je viens de recevoir un message, un poème qu'il a dû écrire cette nuit ou ce matin…Je le découvre des yeux :
Il aurait pu tenir quelques jours sans manger, encore plus sans boire…Mais pas une seconde sans m'espérer…même après sa mort, son cœur se serait arrêté mais son âme n'aurait cessé de m'aimer.. J'ai l'impression d'avoir déjà entendu ces paroles, mais où ? Dans une autre vie ? C'est pas possible !
    Nous avons été séparés une journée et une nuit…C'est ce qu'il écrit. Comme si notre séparation ne pouvait durer plus longtemps. Je ne veux plus le perdre. C'est peut-être trop tard…Il doit en avoir assez que je le quitte sans arrêt…Cette fois, c'est moi qui veux retourner avec lui. Avant je pouvais partir mais il me récupérait toujours. Maintenant, je n'arrive plus à partir et c'est moi qui vais le rechercher…Mais c'est certainement trop tard
    …Je lui envoie un message sans grand espoir…
    Et non, pas du tout ! Il m'écrit que je ne dois pas me rendre malade pour rien, qu'il fait beau, que je suis en vacances et qu'il faut que je profite de cette belle journée avec mes filles…
Il a raison, pourquoi je me rends malade comme ça ?
    C'est vrai qu'il fait un temps magnifique. Je dois me lever et profiter de cette journée exceptionnelle avec mes enfants…La nausée a disparu, les forces sont revenues. Je me sens mieux. L'appétit est aussi de retour. La vie est belle et je vais profiter de cette journée pleine d'espoir.
Je ne comprends pas ? Qu'est-ce-qui m'est arrivée ce matin ? Plus de nausée, plus d'angoisse, j'ai retrouvé le moral. Ses paroles ont suffi à me redonner toute l'énergie qui me manquait… C'est assez incroyable mais je ne souffre presque plus. Une superbe journée s'annonce.
    Le soir, j'ai un petit message tout doux pour m'aider à m'endormir.
    Il redevient gentil et adorable comme au début de notre rencontre…J'ai retrouvé mon ange…mon ange d'Amour.
    Les jours suivants, il est d'une grande gentillesse. J'ai presque envie de lui dire :
" Qu'est-ce-qui t'arrive ? Tu es malade ? "

Mais il va mal le prendre, alors je m'abstiens. Il ne va pas apprécier cette remarque sarcastique...Il n'a pas trop d'humour à vrai dire....et risque de se mettre à nouveau en colère. Je ne veux plus qu'il se mette en colère...Non, plus jamais.

L'OCÉAN

Quelques jours plus tard mon ange m'appelle, me parle encore de la fille d'un ami âgée d'une vingtaine d'années, qui était très handicapée à cause d'une poitrine trop généreuse et qui devait donc subir une opération. Elle ne pouvait même plus faire de sport. Elle avait très peur de l'anesthésie générale, bien sûr il a dû passer chez son ami pour remonter le moral de sa fille à plusieurs reprises ces dernières semaines. Il fait encore du social ! C'est surprenant mais il ne m'avait jamais parlé de ces gens-là auparavant. L'opération a eu lieu et mon ange leur a à nouveau rendu visite. Il m'annonce par téléphone que l' intervention chirurgicale s'est bien déroulée et il ajoute : " Je lui ai dit de ne pas jeter tout ce qu'ils lui avaient retiré pour qu'elle t'en garde un peu. "
J'ai la gorge serrée. C'est horrible ce qu'il me dit...Il sait en plus que je suis complexée d'avoir une petite poitrine...J'arrive tout de même à réagir :
" Elle peut la garder sa barbaque ! " C'est venu tout seul...En plus c'est même pas de la viande mais de la graisse. Il enchaîne comme si je n'avais rien dit :
" Tu te rends compte, elle vient d'être opérée et tout ce que sa meilleure copine trouve à dire c'est : " Toi, tu as de la chance, à chaque fois que tu te fais opérer ça se passe toujours bien, moi il y a toujours des complications ". Tu te rends compte, elle lui reprochait que l'opération se soit bien déroulée. C'est vraiment ignoble et très maladroit !!! "
C'est lui qui est horrible et maladroit ! Il l'est 100 fois plus que cette meilleure amie.
Il ne se rend même pas compte de la peine qu'il me fait. Je n'arrive pas à le croire. J'ai trop mal. J'allais passer à table, ma famille m'attend, il m'a coupé l'appétit. J'ai vraiment plus faim. Je ne vais pas manger grand-chose mais il ne faut pas que ça se voit, évidemment je retiens mes larmes, ça c'est difficile aussi. Mais il faut y parvenir, je ne dois pas faire de peine à ma famille, je dois les protéger, donc personne ne remarque mon manque d'appétit…
Pendant 5 jours au moins, je ne peux plus supporter mes seins dans le miroir de la salle de bain.. Je les déteste, je les hais, je ne veux plus les voir ! Si je pouvais, je les détruirais. Pourquoi pas une ablation…Comme ça, ils ne subiraient plus la critique…Ils n'existeraient plus…Bon débarras ! Je commençais seulement à les aimer…En juillet, il me disait qu'ils étaient magnifiques, il voulait que je lui envoie plein de photos artistiques. Ils étaient caramels sous un ciel azur. Il me disait qu'il les aimait et depuis 10 jours environ, il ne fait que de parler de cette jeune femme qui a maintenant une poitrine de

rêve…D'ailleurs c'est la 2e fois ou la 3e, qu'il leur rend visite en moins de 15 jours, comme s'il voulait voir le résultat de l'opération ! Elle fait peut-être même payer les visiteurs pour ça !!! Je le déteste !

En fin de semaine, je suis obligée de lui dire ce que j'ai sur le cœur, ça m'étouffe. Je lui rappelle son anecdote et lui explique que les seins représentent un symbole important chez la femme. Que celles qui en ont trop en souffrent et que celles qui n'en ont pas assez aussi.

" C'était une grosse bêtise, voyons ce que j'ai dit ! Oh là là ! "

" Dans ma famille, c'est un complexe ancestral : mon arrière-grand-mère avait des poches gonflables dans son soutien-gorge et soufflait dans des pipettes pour augmenter leur volume. Ma grand-mère découpait des morceaux de mousse et les glissait dans son corsage quant à moi, je ne fais rien, je ne dis rien mais j'en souffre aussi, alors ta remarque était très maladroite. "

" De toute façon tout ce que je te dis, te blesse ! Je ne te raconterai plus rien du tout, comme ça il n'y aura plus de problème. "

Effectivement, il n'y a plus de dispute. Il ne me raconte plus rien…Pourtant, il m'a toujours dit " Quand il y a un problème il faut en parler " et quand j'en parle, voilà le résultat ! Je suis punie ! J'aurais mieux fait de me taire ! C'est vrai qu'avec du recul cette remarque maladroite, elle était nulle ! Et ça ne valait pas la peine de se mettre dans un état pareil pendant plusieurs jours. J'aurais dû exploser le jour même ! J'aurais moins souffert. Mais voilà, je ne suis pas comme ça...Je ne m'emporte pas facilement… Je réfléchis beaucoup avant, beaucoup trop sûrement.

L'orage est passé. Certains jours, je n'ai plus envie d'aller à l'anniversaire de sa belle-sœur qui est aussi un peu la mienne. Je ne sais plus ce que je veux, je ne sais plus où je vais non plus d'ailleurs. Je change souvent d'avis, c'est pas possible... Je fais comme lui, je deviens versatile, quelle horreur !

C'est l'anniversaire de Babette bientôt et je suis invitée mais pas mes filles. Je ne sais pas comment faire avec le fou qui rôde autour de la maison de mon père. Je ne tiens pas à ce qu'elles passent la nuit là-bas et puis mon père boit de plus en plus, alors je ne veux pas qu'elles aillent avec lui en voiture non plus. Finalement, elles sont davantage en sécurité seules à La Renardière.

Je sais qu'il y a une croisière sur La Loire de prévue, quelque chose comme ça. C'est une surprise et ça va être une très belle journée ensoleillée. J'aurais bien aimé avoir mes filles avec moi aussi. La veille, je lui dis qu'il a un fils et qu'il en parle beaucoup mais que moi aussi j'ai des enfants : 2 filles mais on dirait qu'elles n'existent pas !

" Je pourrais demander à mon frère de les inviter, si tu veux. "

" C'est un peu tard pour y penser. " Je demande à mes filles mais elles ne souhaitent pas venir. Tintin leur fait peur ! Il y a de quoi car il les suit partout et n'arrête pas de dire : " Je suis gentil, je ne leur fais pas de mal…"

" Mes filles préfèrent rester ici et c'est sûrement mieux ainsi ! Elles ont leur cahier de vacances, elles vont peindre, j'ai préparé tous les repas, elles ont leurs téléphones et les voisins sont juste à côté. "

" Je me demandais si tu avais vraiment envie de venir ? "

C'est fou, par moment j'ai l'impression qu'il est dans ma tête. C'est vrai que je doute, il y a quelques jours, je n'avais plus du tout envie d'y aller. Là, ça va mieux :
" Oui, bien sûr que oui ! J'ai le cadeau depuis 6 semaines: Tu n'as pas voulu me dire ce que tu lui avais choisi, alors je ne te dirai pas ce que j'ai trouvé ! "
Il m'a dit que c'était " confidentiel " ! Comme si j'étais une étrangère ! Comme si j'allais répéter ce qu'il me dirait ! Comme si on était dans une cour d'école ! C'est stupide ! J'étais très déçue…

Surtout qu'il a demandé des renseignements à Annie, la meilleure amie de Babette pour choisir la couleur qui conviendrait.
Par contre, elle a dû avoir du mal à tenir sa langue ! Il ne me fait pas confiance, il me l'a déjà dit ! C'est fou ! C'est comme ça mais je n'arrive pas à m'y faire ! Je ne m'y ferai jamais.

Je pars vers 10h, mes filles dorment encore, je rentrerai le soir, tard. C'est prévu comme ça. Elles iront se coucher vers 22h. Elles sont contentes que je les considère comme des grandes. Après 2h de route, je suis sur place et retrouve ma mère et mon beau-père. C'est drôle, pourtant on a rien calculé et on est presque arrivés en même temps. Nous nous cachons tous dans le restaurant Italien pour faire une vraie surprise à Babette. Juste avant, je salue les invités : une tante, un collègue de Bozo avec sa nouvelle petite amie et son fils, Annie et Jean leurs meilleurs amis et mon ange (et son fils) qui ne rate pas une occasion pour se faire remarquer :
" Bonjour Madame Coco ! " Il fait le clown comme s'il ne m'avait pas vu depuis Juin. En effet, il est très crédible. Il m'a prévenue au téléphone qu'il allait falloir être très prudent parce qu'au fil des mois, on acquiert forcément des automatismes, des habitudes qui pourraient nous trahir.

Mais où est donc le poète ? Bozo parle souvent de son ami artiste mais on ne le voit jamais ! Il a encore dû avoir un empêchement.

Attention ! Les voilà ! Ils ont juste une heure de retard…Comme ça tout le monde a eu le temps d'arriver…Il semblerait que Babette s'attendait à une surprise, mais pas vraiment à voir tout le monde pour son anniversaire. Je me place loin de mon ange pour ne pas éveiller les soupçons, à côté de Max.

Je discute beaucoup avec lui. Son débit est lent et saccadé en raison de sa maladie qui progresse. Il en a assez de ses présentations au DEUG (diplôme d'enseignement universitaire général) depuis le temps qu'il échoue. Je crois que ça fait plus de 5 ans qu'il le passe. Il aimerait faire de la recherche dans la génétique. C'est vraiment un domaine qui le passionne. Je ne comprends pas pourquoi son père s'acharne à l'inscrire à l'université chaque année…

Sur ma droite, Annie et Jean parlent vacances et randonnées. Ils évoquent Belle Isle en Mer, mon île préférée. J'y ai travaillé un mois à l'âge de 21 ans, à La Pointe des Poulains, au Golf de Sauzon.
Je préfère Belle Isle à la Corse ! C'est pour dire ! J'y avais rencontré un peintre extraordinaire : Michel Trinquier qui m'avait dit aux vues de mes croquis à la sanguine :
" N'arrête jamais de peindre ! Il y a quelque chose ! " C'était comme s'il m'avait dit :
" Il y a un talent, à toi de le mettre en lumière. ! "
J'aimerais beaucoup retourner sur cette île. Je revois les tableaux de Trinquier avec ses couchers de soleil hors du temps et ses vagues d'un bleu foncé profondément

tourmentées. Le repas se termine par le gâteau d'anniversaire : une omelette Norvégienne géante, plantée de bâtonnets flamboyants. Babette ouvre ses cadeaux avec ravissement : des plats de marque et mes vases en cuivre très travaillés de 1820 (que j'ai astiqués des heures). Ils ont l'air de lui plaire mais elle n'a aucune idée de l'époque. Finalement, l'ange avait choisi un plat en verre d'une grande créatrice inconnue ! C'était bien la peine d'en faire tout un mystère ! Et ça n'a rien d'exceptionnel mis à part le prix apparemment ! Je n'avais rien offert à Bozo pour son anniversaire le mois précédent, du coup je suis allée chez le caviste pour lui dénicher la liqueur à la poire dont il raffole.

Il est enchanté et me remercie et ne manque pas de m'embrasser pour l'occasion.

Ensuite, nous partons tous pour une croisière sur la Loire. Il fait vraiment très chaud, un temps rêvé pour voguer sur l'eau. Quel calme ! Comme c'est beau !

Je suis installée à côté de mon ange, tout à l'arrière du bateau tandis que le reste de l'équipage est à l'avant. C'est parfait ! A l'exception de Max dans son fauteuil roulant près de la porte avec à ses côtés, son frère Tintin.

Je prends beaucoup de photos, les dégradés de bleu sont superbes. Quelle belle après-midi ! Je suis ravie d'être tout près de mon ange, de le retrouver enfin comme au début, comme avant…Oh, mais quelle horreur ! Tintin est jaloux, il me regarde comme s'il voulait me tuer ! C'est pas croyable d'être envieux à ce point.

Il serre les poings et en dirige un vers moi en le remuant comme pour me menacer. Il a la bouche ouverte, il me montre les dents et bave aussi...comme un animal prêt à bondir sur sa proie ! Il m'effraie...Il me hait à ce point ! C'est terrible !

Personne ne semble voir comment il me regarde et les mouvements agressifs qu'il joint à son regard de mort. Son attitude me glace, j'ai besoin d'être rassurée et me tourne vers mon ange :

" Tu as vu comment Tintin me regarde. Il est jaloux, c'est terrifiant ! "

"Ne t'en fais pas, il ne faut pas faire attention. Tu sais, il est comme ça. "

Apparemment, je suis la seule à voir le liquide jaunâtre qui sort de ses yeux haineux. Pourquoi personne ne voit la même chose que moi ? J'ai l'intime conviction que si j'étais seule sur ce bateau, il me tuerait parce-que je sors avec son oncle et qu'il ne peut le supporter. Il est vraiment cinglé ! C'est un vrai fou ! Tout le monde le croit simplet mais gentil...J'arrête de le regarder et je continue à prendre des photos sur ma droite. C'est tellement beau de ce côté. Il est interdit de se baigner, c'est trop dangereux. Pourtant, comme cette journée est caniculaire, les gens ont craqué..

" Les plages ne sont jamais les mêmes ici car les bancs de sable changent, se déplacent d'un jour à l'autre. "

" Chaque année, il y a des dizaines de morts mais que veux-tu, les gens sont inconscients."

Cette remarque de mon ange est venue ternir ce beau paysage mais en effet, c'est vrai…

" C'est sûr les plages sont si belles, je comprends que la tentation de se baigner soit grande malgré le danger…"

On a l'impression de naviguer autour d'une île. C'est très dépaysant, les bancs de sable font rêver. Le bateau a fait demi-tour, le soleil a bien baissé, la chaleur est agréable sur l'eau…Nous admirons les somptueuses demeures sur le retour...C'est sûrement très reposant d'habiter sur les bords de La Loire.

Je fais des petits bisous à mon ange sur les joues sans même regarder où se trouve la famille...Je suis folle et oui, je suis complètement croque de lui.
    Mon ange est plus prudent, il est très discret et personne ne le remarque.
Moi, je prends des risques, c'est certain...On pourrait même s'imaginer que c'est moi qui le drague...alors qu'en réalité, ça fait plus de 4 mois que nous sortons ensemble et c'est lui qui est venu en Seine et Marne le premier.
    Avant de rencontrer mon mari, mes flirts ne duraient jamais plus de 3 mois, parce qu'au- delà on s'attache et quand on sait que ce n'est pas la bonne personne, il faut éviter...pour ne pas trop souffrir et faire souffrir au moment de la rupture. Parfois aussi quand on aime il faut partir, pour moins souffrir...
Nous, nous avons franchi le cap des 3 mois avec beaucoup de difficultés...Et nous sommes toujours là, ensemble, inséparables, soudés pour l'éternité...
L' approche de l'arrivée me sort de mes rêveries, il faut bientôt songer à descendre...Le voyage est terminé, nous venons d'accoster, le dernier à sortir, c'est Max. Quatre personnes donnent un coup de main pour freiner la descente de sa chaise roulante... Un passant fait une remarque à mi-voix :
" Si c'est pas malheureux ! Si jeune... dans un fauteuil ! "
Et, oui, c'est comme ça et on ne peut rien y faire pour le sauver...La maladie évolue et personne ne trouve de solution.
    Je suis la seule à voir que son père lui retourne les pieds en poussant la chaise dans la descente. Max, ne sentant plus ses jambes aujourd'hui, ne ressent plus la douleur. " Arrêtez ! Vous êtes en train de lui retourner les pieds ! "
    Lui ne ressent rien mais moi ça me fait mal et je ressens la douleur au niveau du nerf près du coccyx, jusqu'en haut de la colonne vertébrale. J'interviens pour replacer ses jambes correctement sur le reposoir en métal. Quand même, son père aurait pu se rendre compte ! Non ? Les personnes invitées devant eux aussi ! C'est fou !
Nous discutons tous au bord de la berge, j'en profite pour faire des photos de tout le monde, comme ça, ça ne choquera pas d'avoir une photo de mon ange, dans mon appareil numérique. C'est ma première photo de lui, il ne m'en a jamais donnée et je ne pouvais pas en prendre quand nous étions tous les deux. C'est comme ça, quand on vit un amour interdit. Je me rapproche de mon ange : " Où est Romain ? " Je le vois nulle part et nous sommes tout près de l'eau, c'est super dangereux. " Je sais pas, il est avec Tintin , je crois…"
Ouf, on vient de le retrouver, il le surveille mal, je trouve, il aurait pu se noyer.
Il fanfaronne:
" Tu vois, je te l'avais dit qu'il était avec Tintin ! "
Il a toujours raison, mais La Loire elle ne plaisante pas...et ne donne jamais de deuxième chance.
Le bout 'chou est sain et sauf, il ne faut plus y penser, le danger est écarté, il l'avait perdu plusieurs minutes. J'ai l'impression de prendre plus soin de cet enfant que son propre père. Je suis sans doute trop maternelle. Il y a une glacière qui a fini par arriver sur le banc, sans beaucoup de choix. J'ai horreur de l'eau gazeuse alors je prends de l'eau plate, vu la chaleur ça fait du bien. Nous repartons pour une soirée Guinguette sur les bords du fleuve, une table complète de plusieurs mètres a été réservée pour tous les invités, une quinzaine

de personnes environ mais juste avant, sous les arbres, Bozo offre un verre à tout le monde. Mon ange prend un " panaché ", je suis surprise, c'est la première fois que je le vois prendre de l'alcool, moi je prends un jus d'abricot.

Bozo, toujours au centre de la conversation, raconte ses péripéties pour la réservation. A l'entendre, il a réussi un exploit, d'ailleurs il se met tellement en valeur qu'on finirait presque par se demander si c'est l'anniversaire de sa femme ou le sien. Ma mère et son mari sont placés à l'autre bout de la table quant à mon ange et moi, nous sommes à l'autre extrémité l'un à côté de l'autre, face à Bozo et Babette. Je suis pile devant Bozo...C'est la place qui restait à mon retour des sanitaires...comme par hasard. Max est à nos côtés, en bout de table avec son fauteuil c'est plus pratique.

Bozo entame la conversation : " Vous vous êtes mal débrouillés au restaurant, vous n'étiez pas l'un à côté de l'autre ! "

" C'était voulu. "

" Ah, d'accord, je comprends, vous vouliez noyer le poisson ! Bien vu ! " Il a un petit rire étrange, comme celui d'une souris coincée dans une tapette. Il est vraiment spécial, personne ne rit comme ça.

Mon ange ne change pas ses habitudes, il a les mains sous la table...elles glissent entre mes cuisses, il est impossible et c'est toujours comme ça en plein air, au restaurant, n'importe où, il ne peut pas s'en empêcher lorsque je suis à ses côtés. Et moi, je dois parler comme si de rien n'était, ce n'est pas facile, il est vraiment fou.

Max a deviné, pour une fois il est bien réveillé et il intervient en s'adressant à son parrain :

" Si tu continues, je ne vais pas pouvoir me retenir plus longtemps."

" Quelle horreur ! Il laisse sous-entendre qu'il va éjaculer devant les invités, au beau milieu du repas. Il est répugnant et dire que ma mère le trouve adorable ! Je ne sais pas si elle me croirait si je lui racontais ça, car avec sa maladie, c'est un peu son chouchou…Elle aurait du mal à me croire...vraiment ! Mon ange a immédiatement retiré sa main avec la vivacité d'un enfant qui allait prendre un bonbon sans l'autorisation maternelle. C'est juste déconcertant, mais il a bien réagi car il sait mieux que personne de quoi son filleul est capable…

Tout à coup, il me demande : " Pourquoi tu es méchante avec moi ? "
Je ne comprends pas sa question : "Je ne suis pas méchante."
" Tu veux que je te rappelle ce que tu m'a fait ? "
" Qu'est-ce-que je t'ai fait ? "
" Tu as déjà oublié ? Tu m'as quitté, tu t'en souviens ? "
" Oui. " Je ne pensais pas à ça. Je me demandais où il voulait en venir.
" Tu te rends compte de la peine que tu me fais? Est-ce-que tu te rends compte ? "
" Oui, mais c'est toi qui m'oblige à ça…"
" Tu te rends compte du mal que tu me fais. "
" Oui...Pardon, je te demande pardon."
" Ah, quand même."
"Mais ça ne se reproduira plus, ce n'est pas la bonne solution…"
" Ah bah non, ça c'est sûr. "

Je suis tellement malade quand je le quitte maintenant, que je ne vais pas recommencer de sitôt.
Il me confie : " Tu sais, c'est fou mais plus tu me quittes et plus je t'aime après. "
C'est dingue, je ne lui ai jamais dit mais à chaque fois que je le quitte quand nous nous retrouvons, mon amour pour lui a encore grandi, il est encore plus fort ! C'est assez incompréhensible. Comme si la souffrance faisait grandir notre Amour, c'est pas très sain tout de même. C'est sûr, les amours raisonnables ne font pas souffrir tandis que les amours passionnels, qu'est-ce qu'ils font comme dégâts ! Qu'est-ce qu'ils font mal !
    Bozo en face de nous, met son grain de sel : " Vous vous rendez compte, l'incompréhension entre vous à cause d'un pictogramme ! "
    Son frère confirme : " Oui en effet, il y a une incompatibilité entre nos deux téléphones... "
    Mais non ce n'est pas ça le problème ce n'est pas pour ça que je l'ai quitté, ça n'a rien à voir avec le téléphone et les pictogrammes. Mon ange insiste, il veut me prouver que lorsque j'ai reçu un âne, il avait envoyé tout autre chose. Il reprend sa liste d'anciens messages et n'arrive pas à retrouver le passage en question.
    Il me confie son téléphone pour que je recherche...Le pictogramme de l'âne...c'était quand ? Je ne sais plus...Il y a eu tellement d'autres problèmes. Je ne sais plus...Juin ? Juillet ? J'en sais plus rien...Je n'ai plus de repère dans le temps...Je sais que j'étais dans mon jardin en Seine et Marne lorsque je l'ai reçu...J'avais eu beaucoup de peine...C'est pas grave, je ne le trouve pas...De toute façon ce n'est qu'un détail, c'est pas ça le problème.
Je m'adresse à Bozo : " Je trouve que vous êtes complexes tous les deux. "
" Ah oui, tu trouves ! " Il semble surpris comme s'il ne comprenait pas.
J'insiste : " Oui, vraiment très complexes ! "
" Ah ! Vraiment ! " Il semble presque vexé.
Au début, je trouvais que les deux frères étaient très différents mais plus je les côtoie et plus je trouve qu'ils ont de nombreux points communs. C'est très étrange...Et dire qu'au début je croyais qu'ils étaient le jour et la nuit...C'était une belle erreur.
Mon ange semble triste et très pensif. " Tu ne dis rien....Quelque chose ne va pas ? "
" J'ai des problèmes à régler. " Il dit souvent qu'il est malheureux parce-que je ne suis pas là. Aujourd'hui je suis bien présente mais il ne semble pas savourer cet instant. Il est triste et je n'ai pas l'impression d'être à l'origine de cette tristesse...Il a sûrement encore des problèmes avec la mère de son fils, il vaut mieux ne pas aborder le sujet. c'est mieux comme ça.
    Babette au côté de Bozo semble heureuse de voir tout ce monde rassemblé ici pour elle mais elle ne dit rien, elle semble très rêveuse.
    Mon ange intervient : " Je suis sûr que tu stresses parce-que tu n'arrives pas à joindre tes filles ! " Il a l'air très satisfait de sa remarque.
    " Pas du tout ! Je stresserai à partir de 22h si je n'ai toujours pas réussi à les joindre mais pas pour le moment ! " On dirait qu'il est déçu de ma remarque. Bozo me demande :
" Tu vas aller dormir à la Balourdise bien entendu. "
" Ah, non. Je ne suis pas invitée, il y a Romain. "
" Oh, mais ça on s'en fou ! "

Le " ON " me gêne beaucoup. De quoi se mêle-t-il ! De plus, je ne m'en fou pas, ce gamin doit rêver de voir sa mère revenir vivre avec son père alors moi, je le protège...Je ne veux pas lui faire de peine. Mon ange m'a toujours dit :
" Il n'y aura jamais de femme chez moi quand j'ai mon fils. " Au moins, c'est clair.
Mon ange me regarde : " Oui, tu vas venir à la maison. Tu sais mon fils a l'habitude que des copines restent dormir. " Je suis ravie de cette invitation mais de quelles copines parle-t-il ? De plus, il utilise le temps présent comme si c'était toujours d'actualité. Il y a une eau micellaire thermale qui est toujours dans la salle de bain mais elle est là depuis le premier jour où je suis arrivée à la Balourdise. Personne n'est passée la récupérer, elle est à son ex-compagne, pourtant elle dépose souvent son fils mais ne récupère jamais le produit. Et s'il appartenait à une autre...La femme battue qu'il avait hébergée avant notre rencontre, en décembre dernier et je l'imagine mal maintenant, l'avoir hébergée sans lui faire l'amour. Je réalise à cet instant que j'ai peut-être le SIDA. Depuis mes vacances passées à La Balourdise, je n'ai plus confiance comme avant, je sais qu'il peut mentir et il ment très bien, il ment comme personne, comme aucun être humain, il est même le premier convaincu de ses propres mensonges. C'est vraiment stupéfiant, il faut le voir pour le croire.
Je suis fatiguée, la promenade sur l'eau m'a trop détendue. J'ai réussi à joindre mes filles, elles sont couchées, je suis rassurée. La route est trop longue pour rentrer à La Renardière et je n'en reviens pas d'être invitée à La Balourdise…
      Je n'ai ni chemise de nuit ni brosse à dents...je me sens nue mais j'accepte l'invitation. Je vais donc aller dormir chez mon Ange mais pour tout le monde, je rentre chez moi. Je quitte les invités et remercie Bozo pour cette extraordinaire journée sur l'eau, j'embrasse ma mère. Mon ange part devant, il me fait signe que son fils s'est endormi à l'arrière du véhicule. Il est dans un siège auto de bébé mais il va bientôt avoir 10 ans, il est mignon son fils, brun aux yeux noirs, il a un regard franc, il me plaît beaucoup son enfant. De visage, il ressemble à sa maman mais de corps c'est la copie conforme de son papa, son clone même.
      J'ai toujours rêvé d'avoir un fils alors son petit garçon, je l'aime déjà. C'est déjà le mien. Quand je l'ai aperçu pour la première fois tout à l'heure au restaurant Italien, il m'a tout de suite plu. Il a joué toute la soirée dans les jeux, il est venu 2 fois nous voir, d'abord pour se plaindre d'un autre enfant. Son père lui a répondu qu'il ne voulait pas en entendre parler. Je l'ai trouvé un peu dur.
" Tu devrais peut-être aller voir. "
" Certainement pas, je l'observe depuis un moment, lui aussi l'embête.
" Ah bon. "
C'est fou qu'il arrive à surveiller son fils, à cette distance. Moi, j'ai vraiment du mal à voir, mais c'est vrai qu'il a été garde du corps...alors, il a un œil de lynx. Ensuite, Romain est revenu pour demander de l'argent, pour jouer au babyfoot. Bozo lui a donné 2 euros. Il n'a rien mangé et maintenant il dort…Je laisse mon ange partir le premier, heureusement que j'ai un GPS. Je préviens mon mari que je dors à Tours chez mes cousins. Il était déjà au courant, Ness l'avait appelé pour dire que je ne rentrerai pas, heureusement que j'ai téléphoné à mon homme sinon qu'est-ce qu'il se serait inquiété. Là, il trouve très raisonnable de rester sur place vu ma fatigue...Je culpabilise beaucoup.

J'arrive presque en même temps qu'eux mais ils sont passés par la nationale, moi, j'ai dû payer.
" Je t'ai fait signe de tourner à droite quand je suis parti. "
" J'ai cru que tu me faisais signe que Romain dormait ! "
Le bout 'chou est descendu de voiture, il est parti manger juste avant d'aller se coucher ! J'ouvre mon coffre pour descendre mon sac à main parce-que j'ai rien d'autre, je n'avais pas prévu du tout de rester. Son fils étant là, pour moi la question ne se posait même pas. Romain dîne dans la cuisine, il est une heure du matin, alors mon ange me rejoint près de ma voiture et m'embrasse. Il est dos à la maison, le spot s'est déclenché à notre arrivée, son fils débarque et nous surprend, il a sans doute oublié quelque chose dans la voiture ! Pendant qu'il m'embrasse, je lui chuchote :
" Ton fils nous regarde. " Il me repousse vivement et fait un saut de côté, tel un félin. De ma vie, je n'ai jamais vu un humain aussi vif. Quand son fils regarde à nouveau dans ma direction, son père est déjà dans le chenil du chien pour y déposer des granulés comme si de rien n'était. Cette vivacité était juste hallucinante mais comme il a été garde du corps, c'est sûrement normal mais très surprenant tout de même…L'enfant repart manger avant le coucher.
" Romain nous a vraiment vu tu sais ! " C'est terrible pour cet enfant. Je pense à mes filles. A sa place, quel choc elles auraient eu ! Et ça me rend malade !
" Ne t'inquiète pas, je ne pense pas. "
" Mais si, je t'assure ! "
" De toute façon, je lui dirai de ne rien dire s'il m'en parle, mais il ne dira rien car il sait que sa mère va encore piquer une colère sinon."
Quelle horreur ! Qu'est-ce qu'il a dû avoir comme peine je pense... même s'il ne dit rien...pauvre petit bonhomme, c'était pourtant si simple d'attendre qu'il soit couché. Pourquoi a-t-il pris ce risque ? Je ne comprends pas ! Voilà, ça me gâche la soirée…Je prends mon petit sac de cadeaux, j'ai des livres à offrir à mon ange, dont un concernant le prisonnier masqué de son château préféré, un grand mystère de l'histoire de France, il va adorer, c'est sûr.
Le bout 'chou a terminé son repas de pain de mie et de chocolat, direction les bras de morphée.
Nous sommes très fatigués mais ça fait 15 jours que nous n'avons pas fait de gros câlin, alors comme il en a très envie, je ne peux pas résister, je lui en fais un très grand aussi grand que je l'aime et je l'aime de plus en plus fort.
Je lui ai offert les livres et j'étais déçue, il m'a dit qu'il n'avait plus le temps de lire, qu'il ne lisait plus du tout depuis quelque temps. Je passe mes doigts entre les siens mais il est étonné de mon geste et ne comprend pas pourtant, c'est simple, C'est tout simplement pour me fondre en lui…Notre fusion amoureuse terminée, nous essayons de dormir. Soudain, j'entends mon ange suffoquer comme un petit enfant qui aurait beaucoup de peine, un gros chagrin. Je ne comprends pas d'où vient cette tristesse...Je suis pourtant là, près de lui et il est quand même malheureux. Je ne peux pas l'aider. Il dit avoir des problèmes mais ne veut pas les partager avec moi. Tiens ! Ce soir, il a décidé de passer la nuit avec moi.

Il ne retourne pas dormir à l'étage. Il s'endort très vite...Je le regarde dormir...Il dit faire de l'apnée au sommeil, d'ailleurs il doit aller à l'hôpital militaire à Paris pour faire des examens. Ah ! Oui, c'est vrai, j'avais oublié. Il sait que je n'aime pas conduire sur Paris parce que le trafic est trop dense et que ça m'angoisse.
" De toute façon tu ne viendras pas me voir là-bas ! "
" Bien sûr que si ! Je mettrai le GPS. " Je déteste conduire à Paris mais pour lui, je vais mettre mon angoisse de côté et la dépasser, c'est sûr ! Il le faut !
Il n'en parle plus de cette hospitalisation. C'est bizarre...Il avait tellement insisté sur ce point en juin...C'est très étrange...Mais bon, c'est comme ça !

      Je m'endors un peu et je me réveille très vite. Je le regarde dormir et j'écoute le rythme de sa respiration dans le silence de la nuit.
Non, c'est certain, il respire très bien, il ne fait pas du tout d'apnée au sommeil, par contre, il fait des cauchemars...Tout à coup, il se met à crier et se réveille.
" C'est Romain, il a fait un cauchemar, il se faisait attaquer par des Ninjas. "
" Mais non, c'est toi qui vient de faire un mauvais rêve ! Je ne dormais pas, je t'assure qu'il n'y avait aucun bruit à l'étage ! Ton fils dort. "
" Non, il a fait un cauchemar ! "
Il quitte la chambre très angoissé et revient après quelques instants :
" J'avais raison, il a bien fait un cauchemar, il s'est rendormi. "
" Mais, non, enfin ! C'est pas lui, c'est toi. "
" Oui, c'est moi. Enfin non, c'est mon fils. Et ça m'a angoissé alors j'ai pris un médicament."
" Mais t'as pris quoi ? "
" Ce que les médecins m'avaient prescrit à ma sortie de l'hôpital. "
Ce n'est pas possible, il vient de faire un cauchemar alors il prend un médicament !
Pourtant je ne dormais pas mais il est tellement convaincu de ce qu'il dit, qu'il me ferait presque douter, c'est fou !
Il vient de prendre un antidépresseur ou je ne sais quoi ! Mais je ne vois jamais de médicaments dans cette maison ! Où les range-t-il ? Je ne sais même pas ce qu'il a pris ! Je croyais qu'il ne prenait plus rien depuis sa dernière hospitalisation...C'est ce qu'il disait... C'est encore un mystère sans réponse.
Je fini par m'endormir…

      Vers 6h du matin, il me cache avec le drap car mes épaules sont découvertes et me réveille par la même occasion. Il me caresse doucement les seins et le ventre, alors à peine réveillée, complètement épuisée, je lui fais à nouveau un gros câlin J'adore lui faire l'Amour. J'aime tout lui donner, tout ce que j'ai et lui semble adorer. Alors, je suis ravie de lui faire plaisir.
" Tu sais, je dois travailler normalement lundi après-midi, mais tant pis c'est pas grave, je vais appeler le CIAT (commissariat) pour leur dire que je n'y tiens pas. C'est pas grave, je vais perdre 200 euros mais tu le vaux bien ! " Sa remarque me rappelle une pub célèbre. Pourquoi est-ce- qu'il dit ça ! Moi, je culpabilise de lui faire faire perdre de l'argent et en même temps c'est humiliant pour moi de dire que
" je vaux bien 200 euros " ! Je suis contente aussi de pouvoir rester plus longtemps avec lui et son fils, il me quitte pour rejoindre sa chambre à l'étage.
" Quand mon fils va se réveiller, il faut que je sois dans mon lit. "

" Oui, ça vaut mieux…" Mais vu qu'il nous a déjà vu ensemble, tant de précautions ne servent plus à grand-chose maintenant…
Je me repose au lit mais il m'est impossible de me rendormir.
  Son fils est adorable. Nous l'avons notre enfant, il m'a encore relancé au sujet du bébé et ça me fait mal, je lui ai dit que je l'avais mon fils, parce-que finalement le sien, c'est un peu le mien aussi. Il n'a rien répondu et je crois que je lui ai cloué le bec, il va cesser de me parler de bébé maintenant. Il a déjà du mal à élever le sien à mi-temps, Il le donne sans arrêt à garder à droite à gauche alors si on en avait un à nous, il serait très malheureux je pense.
En plus, qui l'élèverait ?
Nous prenons " un petit déj " dans la cuisine quant à Romain, il déjeune tout seul dans le salon sur une table basse devant la télé…Je croyais qu'il faisait ça seulement chez sa mère ! Je vais le voir, il mange plusieurs tartines de pain de mie blanc bon marché avec de la pâte chocolatée très célèbre. C'est vraiment pas terrible pour un petit déjeuner surtout, qu'il est déjà en surpoids…
" Il ne prend rien d'autre ? "
" Non, il a l'habitude, il n'aime que ça. "
Son surpoids ne va pas s'arranger de cette façon. Discrètement, je lui ferai découvrir autre chose….mais il faudra y aller doucement pour pas que la transition soit trop brutale.
  Mon ange passe un coup de fil au CIAT et leur demande s'ils ont besoin de renfort pour l'après-midi. La réponse est non. D'ailleurs il semblerait qu'il n'était pas prévu…Donc, c'est tout bon. Mon ange raccroche, nous allons pouvoir aller à Chambord.
J'ai appelé mes filles. Tout va bien, j'ai dit que je partais dans l'après-midi, elles ont hâte que je rentre. J'ai aussi promis de faire des pop-corn à Romain.
Son père part chercher du pain qu'il a commandé et me confie son fils pour la fin de la matinée. Au programme : " Tir à la carabine ".
Mon ange nous a tout sorti : l'arme, les plombs et les cibles.
Son fils n'a pas encore 10 ans, il tire bien mais je suis étonnée qu'il fasse un peu n'importe quoi au niveau des règles de sécurité. En effet ça me surprend surtout avec un père policier.
  Mais bon, il est encore jeune…Pourtant au même âge, mon frère était très prudent. Mon père lui avait enseigné les bases de la sécurité lorsqu'on manie une arme. Enfin, il va bien falloir que ce petit bout 'chou apprenne au plus vite car c'est vital. Ensuite nous faisons une partie de football et je m'aperçois que Romain a un problème au niveau des chevilles et des articulations. Hier il disait qu'il avait des courbatures mais en fait il est clair que ça relève du podologue…Il va devoir consulter prochainement.
Mon ange est de retour. Il dépose le pain sur la table et récupère la carabine pour la ranger : " La semaine dernière, il y a un gars qui nous a appelé au CIAT pour nous dire qu'il allait se suicider. "
" Souvent quand ils en parlent, ils ne passent pas à l'acte ! "
" Et bien si ! Détrompe toi !! Quand on est arrivé avec les pompiers, c'était trop tard.
 Il s'était fait exploser la tête, il y en avait partout. "
Il semble dire ça avec aucune empathie. Moi, j'ai mal pour cet homme que je ne connais même pas et je suis horrifiée de constater que son fils était juste à côté et qu'il a tout

entendu, même les détails très morbides ! Il est trop jeune pour entendre ça, de plus raconté avec autant de détachement, c'est choquant !

L'enfant veut encore jouer au ballon alors c'est reparti, son père veut montrer qu'il est le meilleur au football et que c'est lui qui court le plus vite. Il faut reconnaître qu'il est fort mais qu'est-ce qu'il est brutal ! Quand j'ai le ballon il me le prend par la force et si je résiste, il me ferait mal ! Je dois céder pour pas qu'il me casse un tibia ! Quelle brute ! C'est pas croyable d'être aussi mauvais joueur ! Quel sale gamin !

Nous déjeunons tous les 3, toujours à l'intérieur avec du très bon pain et comme promis, je fais des pop-corn en dessert. Depuis, le petit me surnomme " la licorne qui fait des pop-corn ! "

Je suis étonnée : " Pourquoi la licorne ? "

" Oh, bah, comme ça ! Parce qu'il avait envie. "

Oui, en effet ! Pourquoi pas !

Nous passons l'après-midi à Chambord, il me redit encore qu'il a perdu 200 euros, j'ai même l'impression qu'il regrette cet argent...pourtant il n'en a pas besoin.

" Qu'est- ce- que tu vas faire de l'argent de ces extras ? "

" Bah, ça va me payer mes vacances et puis en octobre je vais ralentir... "

" Avant, il disait qu'il mettrait ce qu'il gagnerait sur le compte de son fils, maintenant c'est pour ses vacances...Il est comme ça ! Je commence à comprendre, mais je ne m'y fais pas. Et puis de quelles vacances, il parle ? Il croit que ses amis avec qui il est parti l'an dernier en Italie vont le solliciter pour repartir. Je ne pense pas, il n'est pas facile à vivre, c'est quand même quelqu'un de très compliqué.

C'est encore sous le soleil que nous faisons le tour du canal. Ah, ça y est ! Il vient d'adresser la parole à un couple de personnes âgées et comme il connaît des politiques, il sait quelles transformations le château va subir au niveau des jardins. C'est pas vrai, il va en avoir encore pour une heure, alors avec Romain on se regarde et on se met à courir très vite jusqu'au prochain mirador pour observer les biches, les cerfs et les sangliers. Voyant notre petit manège, mon ange abrège sa conversation et nous rattrape à la course très vite.

Glaces pour tout le monde en fin de parcours. Triple pour Romain car il a un grand appétit, en effet, il mange plus qu'un adulte.

" Mon copain boulanger, il dit toujours : Au moins ton fils il mange avec appétit, ça fait plaisir ! " Moi je trouve qu'il mange trop, mais ça ne me regarde pas, je ne suis pas sa mère même s'il est un peu mon fils. Je dois rentrer, il se fait tard, pour reprendre la route pour retrouver mes pupuces.

Mon ange n'est pas ému cette fois, pas du tout même. C'est même étonnant, il n'a pas du tout de peine quand son fils est là.

D'habitude, il a les larmes aux yeux. C'est très surprenant...Peut-être, parce qu'il ne sera pas tout seul après mon départ. Romain m'apporte une rose de la part de son papa qui sent très bon, machinalement je retire les deux feuilles autour et me fait disputer par mon ange car il n' en avait laissé que deux exprès.

" Je suis désolée, je n'ai pas fait attention ! " Il prend des risques. Son fils va parler de moi à sa maman, il va lui dire que j'ai eu une rose, c'est gênant.

Je suis tout de même très contente pour la rose. Je récupère mon sac à main dans la chambre et sors par la porte fenêtre. En franchissant la marche d'entrée, je repense au

serpent. Au téléphone mon ange m'a dit qu'il avait vu une vipère peu de temps après mon départ, la dernière fois, qu'il n'avait pas réussi à la tuer et qu'elle était passée sous la contremarche de la chambre ! C'est très étonnant car je ne vois pas d'espace pour qu'elle puisse se lover là. Je me vois passer et repasser par la porte fenêtre de la chambre en juillet avec la vipère au pied. Parfois, j'étais même pieds nus...J'ai eu beaucoup de chance, en plus nous sommes dans un trou. Une morsure aurait pu être mortelle ! Je me demande bien où elle a pu se glisser ! En tout cas, pas sous la marche !
Je reprends le volant et les adieux ne sont donc pas difficiles pour moi, cette fois.

Discrètement, je lui ai dit que son fils avait besoin de consulter un spécialiste. Il est bon pour des semelles orthopédiques au plus vite. Je m'éloigne en leur faisant coucou par la capote ouverte en raison de la chaleur de la journée.

Romain court derrière la voiture pour me dire au revoir et son père le suit...
Finalement, c'est quand même un peu difficile pour moi de partir...
C'était un beau week-end, j'ai enfin fait la connaissance de son fils parce que je ne l'avais vu qu'en photo. Je le trouve mignon et spontané, il me plait beaucoup avec son rire très communicatif, plein de joie.
Je vais bientôt retrouver mes filles, je suis ravie aussi. Deux heures plus tard, je rentre dans la cour de La Renardière. Elles sont sorties pour m'accueillir. Dès que je pose un pied au sol, elles accourent toutes les deux et m'embrassent.

Ma chienne me renifle, elle insiste sur mes chaussures. C'est une évidence, elle sait d'où je viens, elle a reconnu l'odeur, l'ADN de son copain Poupouille. Elle aurait aimé venir mais j'ai préféré qu'elle reste monter la garde ici. J'étais vraiment très heureuse ce week-end, j'ai retrouvé mon Ange comme au premier jour. J'espère que les mauvais moments sont loin derrière et qu'ils ne surgiront plus jamais.

Finalement avec son fils, sa maison revit en quelque sorte, c'était peut-être ça qui manquait, un enfant qui joue, qui crie, qui rit aux éclats.
" Maman, j'arrivais pas à dormir hier soir alors j'ai pris ta petite couverture de laine marron dans mon lit pour avoir ton odeur...C'est pas grave ? "
" Non ma Puce, tu as bien fait. "
Ses paroles me font mal. Elle a beaucoup souffert de mon absence ma pupuce. Julie ne dit rien mais je sais que je lui ai terriblement manquée.

Elle ajoute : " Tu es restée longtemps maman ! On pensait que tu rentrerais beaucoup plus tôt ! "
" Je me suis levée tard...et le temps de déjeuner, il était déjà 16h lorsque je suis sortie de table, le temps passe vite, quand on discute ! "
" Pour nous, c'était long ...très long."
" Vous avez fait des devoirs de vacances et du dessin... "
" Oui, mais on voulait que tu sois là, on aurait aimé faire du tir à la carabine. "
Forcément, je culpabilise...Elles ont souffert. Je le vois dans leurs yeux, je le sens dans leur voix. C'est indéniable, c'est pas facile d'avoir deux familles, pas évident de rendre tout le monde heureux, de tous les protéger et surtout de ne pas les blesser. Je ne sais pas trop où je vais mais je suis sûre d'une chose :

Je ne veux pas détruire ma première vie ni ceux que j'aime alors je dois être très prudente pour ne faire aucun dégât. J'espère que Romain n'était pas bien réveillé et qu'il n'a pas clairement distingué ce qu'il a vu dans la nuit car lui non plus je ne voudrai pas le blesser, il est fragile tout comme mes filles. Le lendemain, je dis à mon ange que mes filles m'ont trouvée rajeunie. Il n'est pas étonné, il ajoute que lui a noté d'autres changements d'ordre psychologiques et semble satisfait de mon évolution, il croit peut-être que je vais finir par aller vivre avec lui mais, c'est impossible, il a des défauts que je ne supporte pas et puis il est étrange, il y a beaucoup de zones d'ombre pour moi...Je tente encore de joindre une amie mais elle ne répond pas. Elle est certainement très occupée avec plusieurs maisons à gérer et ses petits enfants...Je comprends pourtant j'aurai tellement besoin de lui parler. Depuis tant de mois j'essaie de la joindre par SMS, j'ai aussi laissé des messages vocaux, elle a peut-être changé de numéro...c'est possible. Je suis bien dans ma maison de campagne mais mon Ange m'épuise à ce sujet. Il ne fait que de la critiquer : " Les travaux ont mal été fait, rien n'est droit etc..." C'est soulant à la fin et épuisant d'entendre toutes ces remarques négatives de manière chronique. J'aimerais qu'il passe à autre chose, quand il focalise sur quelque chose ou quelqu'un, il s'acharne, c'est terrible.

    Quand il a recommencé à travailler dans la police, il en avait après une ancienne collègue du même nom que moi ensuite c'est passé, maintenant il en veut à Jacques, un collègue très prétentieux qui l'insupporte au plus haut point parce qu'il propose du Viagra à tout le monde et insiste pour que mon ange en accepte. Il est terriblement vexé : " J'estime que je n'en ai pas besoin, je n'ai aucun problème de ce côté-là ! Pas vrai ? "
" Non, c'est sûr ! "
" En plus, il est toujours en train de se vanter de ses performances sexuelles !
Il m'énerve ! "
" Tu veux que je l'écrive que tu n'as pas de problèmes ? "
" Oui, pourquoi pas. "
Il est dingue ! Je plaisantais, je ne vais pas écrire ça, il serait capable de montrer mon mot aux policières, ça pourrait leur donner des idées...pour vérifier mon écrit !
Il n'est vraiment pas bien. Je ne veux pas le partager, je le veux pour moi toute seule, rien qu'à moi. D'ailleurs pour son anniversaire, j'ai peint un tableau de 18h à 1h du matin. Mes filles dormaient chez mon père, j'étais vraiment dans de bonnes conditions pour réussir une belle toile. J'ai souffert, ça ne tournait pas comme je le souhaitais et finalement vers 1h du matin, j'ai stoppé mon chef-d'œuvre après 7h sans m'arrêter, il était enfin achevé. Un format géant, abstrait, dont je suis très fière mais pas facilement transportable.

    Je récupère mes filles le lendemain, direction Cabourg, les grandes marées, la pêche aux coques, elles sont enchantées.
D'abord plage, ensuite shopping, resto et pour finir pêche à pieds de 20h à 21h. Nous ne rentrons pas trop tard. A 22h30, elles sont couchées juste après avoir envoyé un sms à leur père. Quelle journée ! Quelle aventure ! Elles ont adoré le restaurant avec les moules frites, c'était excellent et pas cher.

    Elles étaient très fières de dîner à l'extérieur, c'est assez inhabituel pour nous et puis ramasser autant de crustacés gratuitement, c'était fabuleux. Elles ont trouvé leur récolte " exceptionnelle " ! Je passe encore beaucoup de temps avec mon ange par sms, comme tous les soirs, il est très tard lorsque je me couche.

    En fin de semaine, nous repartons déjà pour la Seine et Marne. Il faut préparer la rentrée, finir les devoirs de vacances, ranger la maison…

Je dois retourner chercher mes tableaux en Normandie pour une Expo mais surtout parce-que j'ai l'anniversaire de mon Ange à Tours le dimanche suivant. Il dit que son anniversaire n'est pas très important mais je me souviens, quand il m'a raconté qu' Aléna avait oublié le jour de sa naissance, il y a deux ans. Elle lui avait dit : " Si j'ai oublié, c'est qu'on s'aime plus ! " Elle l'avait quitté peu de temps après…
Ces paroles l'avaient profondément marqué.

Je ne veux pas être absente pour ce jour très spécial, je pars donc en Normandie pour le week end et je récupère le tableau géant.
Bozo me confirme qu'il s'occupe de tout. Mon ange est censé arriver dimanche midi. Je veux lui faire une vraie surprise alors le dimanche matin, j'envoie un message vers 9h comme tous les jours, comme si de rien n'était. Je lui souhaite un bon anniversaire, avec pleins de petits cœurs violets et je pars pour Tours dans la foulée.

Comme convenu, s'il arrive avant moi, je toquerai à la porte et c'est lui qui devra l'ouvrir. Si j'arrive avant lui, j'irai me cacher dans le jardinet. En entrant dans Tours, je trouve une superbe place à deux pas mais je ne peux pas la prendre car à peine sorti de l'autoroute, il va forcément voir ma voiture, elle est orange acidulée ! Tant pis, je vais me garer plus loin, je marcherai…avec le tableau c'est pas pratique, sans compter les autres cadeaux que je dois transporter.

A peine descendue de voiture, j'ai rassemblé toutes mes affaires et fait quelques pas en direction de la maison du frère de mon Ange que Bozo vient vers moi. Il était parti en ville et sur le chemin du retour, tombe par hasard sur moi. J'ai l'impression qu'il est tombé du ciel. C'est fou quand même…Surtout qu'il savait que j'allais arriver, alors c'est bizarre qu'il soit parti en ville juste avant mon arrivée…J'ai du mal à comprendre…Il me fait passer par des ruelles, je ne sais plus trop où je suis, je n'aurais pas pris ce chemin là si je ne l'avais pas rencontré. J'ai l'impression qu'on a fait une boucle à l'envers et je n'ai plus de repère. Nous nous retrouvons devant la porte d'entrée mais à peine à l'intérieur, je n'ai pas le temps de saluer tout le monde que je suis monopolisée par le chef de maison. Il m'installe autour de la table du salon qui déborde d'objets. En effet ça ne s'arrange pas, depuis la dernière fois. Je crains que le projet d'agrandissement de quelques malheureux mètres carrés ne soit pas suffisant pour caser toute cette pagaille. C'est effroyable, quand vont-ils cesser d'acheter tout et n'importe quoi ?
Bozo me parle de ses futurs travaux dans la maison, finalement il voulait acheter plus grand au coin de la rue mais il a changé d'avis, il y avait trop de travaux.

Comme il a travaillé dans une banque, il a placé l'héritage de Léone qui lui rapporte beaucoup d'intérêts. Il emprunte à un taux dérisoire, c'est plus intéressant pour lui…Moi, je le félicite mais je ne parle pas de travaux. Je n'ai pas d'argent, alors pas de projet d'aménagement, juste la pose d'un escalier extérieur en chêne et c'est déjà beaucoup.

La sonnette vient de retentir…Mon cœur bat la chamade, je retiens mon souffle c'est lui, c'est sûr. Bozo est profondément déçu de devoir mettre un terme à notre conversation :
" C'est pas vrai, déjà là ! "
Moi, je suis ravie et me précipite dans le jardin pour me cacher.
Il entre, j'entends sa voix à l'autre bout du couloir, je suis heureuse et je sens déjà le sourire émerveillé d'une petite fille se dessiner sur mon visage…Son fils est avec lui, il

monte l'escalier pour retrouver ses cousins, je sens mon ange approcher, il passe enfin dans la verrière et là j'apparais.
" Je le savais, que tu serais là. "
" Ah oui, mais comment ? "
" Ton message ce matin était beaucoup trop court, c'était inhabituel et puis mon frère m'a appelé 3 fois pour savoir à quelle heure j'arrivais alors je me suis douté. "
Ah, qu'il est bête son frère avec ses gros sabots, il ne fait vraiment pas dans la finesse, il n'est décidément pas discret. Je suis très déçue que ce ne soit pas une surprise ! Je n'arrive jamais à lui en faire une. C'est vraiment frustrant ! J'ai même pas l'impression qu'il soit heureux, que je sois là.
" Tu es content que je sois venue ? "
" De toute façon si tu n'étais pas venue je t'aurais quittée." Ses mots sont tranchants, heureusement qu'il disait que maintenant à l'âge qu'il a, son anniversaire c'était pas très important !

Il me regarde, prend le tableau posé le long du banc et ne m'embrasse pas. Même pas un baiser sur la joue, rien. Son fils était assez loin mais il ne tente rien. J'ai le cœur serré et j'ai un peu mal mais il a raison, il ne faut pas prendre de risque. Il porte l'alliance que je lui ai offerte. C'est occasionnel, il ne la porte que lorsqu'il vient à Tours. J'ai du mal à comprendre et j'en ai chagrin aussi.(Il ne portait pas sa première alliance non plus).
Il refuse de la porter tous les jours car il prétend que c'est dangereux en cas de bagarre ! C'est ridicule ! Absurde même !
" J'en veux un, moi aussi ! J'en veux un comme ça. " : C'est Bozo qui s'exclame à la vue de la grande toile. Il est jaloux, il veut tout comme son frère.
J'accepte la commande pour lui faire plaisir :
" Il faut que tu me dises quelles couleurs. "
Babette s'en mêle : " Ah, tu vois, quand je te le dis, tu ne veux jamais m'écouter ! C'est important les couleurs, tu dois faire des choix harmonieux pour ton bureau. " Mais il ne répond rien, ne fait aucune proposition de couleur et finalement il ajoute :
" Je dois y réfléchir… "

C'est rare que Babette donne son avis, c'est même très surprenant. Par contre, elle n'a pas émis d'idée de couleur non plus. Elle n'a pas l'air d'être plus inspirée que sa moitié. Bravo tout de même pour cette remarque Babette ! C'est sûr, en matière de couleur, elle s'y connaît en harmonie, d'ailleurs c'est elle qui a choisi les couleurs de la salle de bain de son fils au rez de chaussée : Rouge et orange...On finit par s'habituer... C'est très violent comme harmonie.
Bozo réfléchit encore mais ne propose aucune couleur. Le choix semble trop difficile.

J'ai d'autres cadeaux à offrir à mon Ange. Il commence par le grand livre de son château préféré, celui de Vaux. Et oui, pour l'obtenir, j'ai dû retourner au domaine après le travail. Je suis allée dans la boutique du château, je n'aurais pas pu le trouver ailleurs. Là, j'ai vraiment pu comparer, feuilleter les différents ouvrages et choisir celui qui conviendrait le mieux à ses goûts. Un ouvrage avec beaucoup de détails comme il aime. Dans une brocante, j'ai trouvé aussi un cœur de pierre en presse papier. Il dit toujours que j'ai un cœur de pierre, que je suis insensible et que je suis aussi dure que les Russes. C'est ridicule. Je ne comprends pas pourquoi il dit souvent ça, c'est même douloureux d'entendre de telles paroles de sa bouche à mon égard.

J'avais envie de lui choisir un parfum. Tout l'été j'en ai essayé, sélectionné, Je lui ai même envoyé des échantillons par voie postale. J'en ai passé du temps, mais aucun ne lui a plu, il ne supporte plus l'odeur des parfums. C'est aussi mon cas, mais ceux que j'avais sélectionné étaient vraiment discrets et raffinés. Rien à voir avec celui qu'il portait le jour de nos retrouvailles à Fontainebleau, c'est peut-être pour ça qu'il est écœuré des parfums maintenant ! C'est dommage, je voulais tellement lui en offrir un.

Je vois dans le regard de Bozo qu'il est envieux de son frère et de tous ses cadeaux. C'est triste d'être jaloux comme ça à son âge, en plus de son propre frère. Quelle tristesse !

Il parle à nouveau de son agrandissement, c'est une véritable obsession ! Tant de travaux pour gagner 3 ou 4 mètres carrés, beaucoup de frais pour pas grand-chose mais ça les regarde. Par contre, lorsque mon ange parle d'une éventuelle véranda couverte à La Balourdise, Bozo n'est pas d'accord, alors forcément ça ne conviendra pas !

Nous partons pour la brocante, celle à deux pas de chez eux. Le restaurant est prévu ensuite, toujours dans le même secteur.

Le bout 'chou est affamé, il est 13h et nous ne sommes pas prêts de quitter la brocante, alors le papa achète un hot dog, tout ce qu'il faut pour augmenter son surpoids ! Je croyais que c'était uniquement chez sa maman qu'il mangeait

mal ! On dirait bien qu'il mange mal partout où qu'il aille, il mange n'importe quoi n'importe quand. Quant à moi, j'ai l'estomac défoncé et mon ventre gargouille violemment, il est 14h et ils veulent encore rester pour discuter çà et là. Je me demande s'ils regardent vraiment ce qu'il y a. C'est fou ! J'ai de moins en moins l'impression qu'ils s'intéressent à la brocante ! J'ai de plus en plus de mal à les comprendre…Même un antiquaire très âgé trouvait Bozo surprenant car il n'a pas d'objet fétiche, ni même de période préférée contrairement au collectionneurs habituels…Ce monsieur ne trouvait pas d'explication…Il était perplexe, en effet Bozo est un être complexe.

Max est resté tout seul dans sa chambre à l'étage, où il doit s'ennuyer à mourir. Il passe le temps à pianoter sur son vieil ordinateur, quant à Tintin, il est avec nous, va à droite, à gauche. Parfois, j'ai l'impression qu'il est perdu et puis finalement non, il nous retrouve toujours. Moi, je trouve assez stressant de le laisser faire n'importe quoi, il fait même des achats seul. Il a payé une radio 3 fois le prix mais ce n'était qu'un incident, il pourrait lui arriver bien pire…

Bozo m'a confié que Max voulait savoir si je venais puisque son oncle serait présent : " T'as vu comment il cogite, si mon frère est là, tu seras forcément là aussi…Il commence à comprendre, il n'est pas bête du tout. "

Je ne dis rien mais je n'ai pas la même interprétation : c'est pas pour cette raison qu'il lui a posé la question ! C'est qu'il est jaloux et qu'il ne supporte pas que je sois avec son oncle ! Vraiment, Bozo ne comprend rien à rien et puis qu'est-ce qu'ils ont tous à être jaloux comme ça dans cette famille !

Enfin à 15h30, nous allons déjeuner au restaurant réservé par Bozo. Romain souhaite des hamburgers, du coca et des glaces géantes. Heureusement que sa mère avait dit de le mettre au régime !

A table, tout à coup mon ange lance : " Tiens, la purge m'a téléphoné ! "

Bozo avec son air d'aristocrate ne comprend pas. Il frise nerveusement ses moustaches :
" La purge ? "
" Oui, Nina ! Tu te rends compte, elle voulait m'expliquer comment élever mon fils. "
Bozo répond en ricanant :
" Ah, vraiment n'importe quoi ! " Il semble gêné que son frère puisse parler de l'ex belle fille devant moi. Qu'il se rassure, il a fait pire. J'ai eu droit au dépucelage de la fille de son ex-compagne dans la cage d'escalier d'un immeuble délabré avec une " raclure ". Aucun détail ne m'a été épargné. Et oui, finalement mon Ange n'est pas distingué, ni raffiné.
En effet, parler de Nina aujourd'hui est bien mal venu. J'ai l'habitude de ses maladresses, pourtant elles me font toujours aussi mal. Bozo change de sujet de conversation, il revient à ses travaux...Encore et toujours qui doivent débuter très prochainement, les entreprises ont pris du retard.
Mon Ange part se laver les mains avant de passer à table. Il est bien long . Il m'attend peut-être alors je le rejoins :
" Oh, ça t'a fait bizarre tout à l'heure, de ne pas pouvoir m'embrasser. "
" Non, c'est à toi que ça a fait tout drôle . "
Oui, c'est vrai que ça m'a fait beaucoup de peine. Il ne m'avait même pas pris les mains, rien...Il m'embrasse derrière les arbres décoratifs et m'entraine aux sanitaires.
Là, il m'embrasse avec tellement d'élan qu'il me choque les dents de devant brutalement.
" T'es pas bien ! Qu'est-ce-qui te prend ? "
" Tu m'as manqué "
" Doucement quand même ! "
" Je touche ma bouche, mes dents ne sont pas cassées, je suis rassurée...Les gencives ne saignent pas... C'est très sensible. Il m'a fait peur, il m'embrasse avec ardeur, je vais avoir des suçons dans le cou, il va pas bien ! Comment je vais cacher les traces en rentrant ? Avec un foulard ?
Je lui ai manqué. J'ai l'impression qu'il veut me faire l'Amour là, ici, maintenant dans les toilettes. Ah, non, pas ici ! C'est sale ! Il n'a pas l'air de se rendre compte !
Il finit par comprendre que j'en ai pas envie ici ! Il sort le premier, pour retourner en terrasse et ne veut pas qu'on revienne ensemble, en même temps.
Je peux enfin me regarder dans la glace...Non, mes dents ne sont pas cassées, ni fissurées, j'ai tout de même le goût du sang dans la bouche, il m'a vraiment fait peur, Il n'est vraiment pas bien des fois et ne se rend pas compte de sa force. Il a du mal à doser, c'est pas croyable ! Il n'est décidément pas comme tout le monde ! Il ne fait rien comme tout le monde ! Et il dit que c'est moi l'extraterrestre !
Quand j'arrive à table, Romain souhaite la quitter pour aller se promener à nouveau sur la brocante avec son cousin ! Nous venons d'y passer 4 heures sur cette brocante minuscule, il a eu le temps de tout voir, non ? En plus avec son cousin qui a déjà beaucoup de mal à s'occuper de lui ! Je regarde mon Ange et lui fait signe de ne pas le laisser partir tout seul avec le fou ! Il voit bien mon regard, mes signes et il donne pourtant son approbation ! Je dis " non " à voix haute mais il n'en tient pas compte. Bozo confirme que Tintin est capable de l'emmener, de traverser plusieurs voies et de le ramener. Babette ne donne pas son

avis, il semblerait qu'elle n'en ai pas cette fois. Son mari est fier comme un coq de voir son fils partir avec Romain.
Moi, cette décision me rend malade ! Si sa mère savait ça ! Dire qu'elle croit qu'il s'en occupe bien !
    Je suis la seule adulte à trouver qu'il y a un danger ! Parfois, j'ai l'impression d'être chez les fous et d'être la seule personne censée !
La serveuse a demandé à mon Ange ce qu'il souhaitait boire :
" Un jus d'abricot s'il vous plaît, Mademoiselle. "
" Désolée, il n'y en a plus. "
" Un jus d'ananas alors . "
C'est fou, il a exactement les mêmes goûts que moi. C'est juste invraisemblable !
Mon jus de fruit préféré c'est l'abricot et s'il n'y en a pas, je prends du jus d'ananas tout comme lui. C'est pas croyable ! On est pareil !
    C'est pour cette raison qu'il dit qu'on se ressemble tellement qu'on a dû déjà vivre ensemble dans une autre vie, une vie antérieure. Il me connaît si bien que je me pose vraiment des questions, même si je ne crois pas vraiment à la réincarnation...Toutes ces similitudes, il faut bien reconnaître que c'est assez troublant. Comment c'est possible ?
    Je l'ai invité à venir passer 2 jours à La Renardière, le deuxième weekend de septembre avec son loupiot. Il ne m'a pas donné de réponse.
Il s'est contenté d'un : " Si t'es sage... On verra ! "
Je ne sais pas trop ce que cette réponse signifie ? Peut - être " si tu ne me quittes pas encore une fois ! "
    Mais non, je n'essaie plus de le quitter, la rupture me rend trop malade et mon secret serait découvert, je ferais trop de dégâts autour de moi, ce n'est donc pas envisageable.
    Nous dégustons notre glace, je repense à la brocante. J'ai vu l'étal où il y avait presque les mêmes services à thé Chinois que moi. C'est là que mon cadeau d'anniversaire a été acheté. Il y en a pour une fortune, au moins 600 euros, il est fou d'avoir dépensé une somme pareille pour moi. C'est trop. Et moi, je ne pourrai jamais lui faire un cadeau d'un prix pareil. Je n'ai pas les moyens, j'aimerai bien mais c'est vraiment pas raisonnable. A vrai dire, c'est un service à thé somptueux mais ce n'est pas du tout le genre de cadeau que j'aurais souhaité, je me suis sentie frustrée. Pourtant, il me connaît bien, il sait ce que j'aime mieux que moi. Je ne comprends pas pourquoi il a fait ce choix. Il a certainement dû se laisser influencer par son frère car c'est le genre de cadeau qui aurait plu à Bozo, ça c'est sûr, mais pas à moi !
    Le montant du présent me gêne terriblement, je me sens redevable et mon salaire ne me permet pas de rendre ce qu'il m'offre, surtout que suis déjà à découvert depuis notre voyage en Ecosse…
    Bozo est généreux, il invite encore tout le monde mais ce geste aussi me gêne, parce que je ne peux pas rendre les invitations au restaurant.
    Ah, enfin il était temps ! Je commençais à m'inquiéter. Les deux cousins viennent de revenir de la brocante, sains et saufs. Enfin, pour l'un d'entre eux, pas tout à fait sain pour l'autre mais on finit par s'habituer.

Nous avons oublié quelque chose, il manque quelque chose. Une chose importante pour cette journée d'anniversaire. Je cherche mais je ne vois pas. Tant pis, c'est pas grave, pourtant c'est un détail important...
Nous rentrons à l'appartement, c'était encore une belle journée ensoleillée.
De mémoire, c'est la première fois qu'il fait aussi chaud après le quinze août. C'est très surprenant mais très appréciable aussi. Bozo a offert une lampe en pâte de verre à son frère mais elle ne fonctionnait pas. Et pour cause ? Les fils n'étaient pas connectés dans la douille. Evidemment, il était vexé ! C'est vrai que son montage ne faisait pas très pro !
" Je ne comprends pas, je l'avais pourtant testé il y a quelques jours, elle fonctionnait parfaitement ! " Il ne peut jamais admettre qu'il a commis une erreur, jamais !
Ce n'est pas de sa faute, lui il est parfait !
Il manque vraiment quelque chose à cette journée mais je ne sais toujours pas quoi...Je réfléchis encore...Non, je ne vois vraiment pas.
De retour à l'appartement, je monte dire bonjour à Max, je ne l'ai pas encore vu. Il est cloîtré dans sa chambre, sans slip, avec un long tee-shirt . Pas de slip pour éviter de se faire dessus aux toilettes. Quelle triste vie à 25 ans ! C'est terrible !
Les gens plaignent beaucoup les parents aussi. Je monte l'escalier, j'ai beau être prévenue, ça me gêne quand même de lui faire la bise alors qu'il est cul nu sous son tee-shirt, même si je fais un peu partie de la famille maintenant. Je me retrouve souvent dans des situations gênantes chez eux.
Quelle vie il a ?
Moi, si mon enfant était dans cet état, peut-être en fin de vie même, je l'emmènerais faire tout ce qu' il aime où il veut quand il veut...J'ai l'impression que Max est devenu un objet...pire encore, un objet encombrant. Je redescends mal à l'aise...Je n'aime pas cet appartement...Ils auraient dû en changer...C'est bien dommage qu'ils aient abandonné l'idée de la belle maison qui fait l'angle avec un vaste jardin...Ici je me sens mal, comme écrasé par la surabondance d'objets en tous genres, de bibelots, de meubles, de tableaux, de toutes les époques, de tous les siècles.
Babette continue d'acheter, Bozo aussi alors qu'il n'y a plus de place. Elle déteste le vide donc elle ne cesse de remplir les pièces, au point de ne plus pouvoir y circuler. Il semblerait que le vide qu'elle ressent est d'une profondeur incommensurable et elle ne parvient jamais à le combler. De toute façon, ce n'est pas de cette manière qu'elle y parviendra ! Et les quelques mètres carrés gagnés après les travaux ne résoudront pas le problème spatial...Ils devront freiner leurs achats compulsifs à un moment ou à un autre...C'est affolant !
Tout le monde m'embrasse, Bozo appuie bien ses baisers sur mes joues, son affection débordante m'inquiète de plus en plus. Il tient tellement à ce que je fasse partie de sa famille, convaincu que ça va prendre du temps mais que je vais finir par habiter à la Balourdise. Il n'a vraiment pas les pieds sur terre !
Il est temps pour moi de repartir.
Mon ange aurait souhaité me garder avec lui mais c'est impossible. L'idée l'effleure et ça me fait peur parfois : " Je pourrais te garder si je voulais. "

Je reprends la route, le cœur serré. J'ai ma réunion de pré-rentrée mercredi matin. Je dois rentrer pour retrouver ma famille. Mes enfants reprennent l'école dans quelques jours...J'espère que mes filles ne se rendront pas compte qu'il me manque un tableau. Ness l'adorait, elle le trouvait étonnamment moderne par rapport à ce que j'avais pu faire auparavant. Moi aussi j'étais étonnée du résultat, je ne me savais pas capable de faire une œuvre aussi moderne et dynamique. J'ai été la première surprise. Pas de gros câlin cette fois, même si j'en avais une envie irrésistible. C'est comme ça, j'en ai envie tout le temps, je commence à m'y faire. J'ai envie d'être toujours dans ses bras...D'y rester pour l'éternité.

J'attends avec impatience le prochain week-end en Normandie tous les 5. Je ressens aussi une certaine appréhension, mon ange devra se montrer prudent. Je ne veux pas que mes enfants aient des suspicions, c'est hors de question.

Je suis triste parce-que j'ai l'impression qu'on ne pourra jamais être heureux tous les deux. On n'aura jamais d'endroit à nous. Nous ne serons jamais libres, libres de s'aimer non plus.

Moi, c'est terrible mais j'ai tout le temps envie de lui faire l'amour. C'est en moi, je n'ai jamais ressenti un tel désir auparavant, jamais. J'ai envie de lui faire l'amour partout, partout où je ne l'ai jamais fait, aussi : dans une voiture, à la mer, dans l'eau, sur le sable, dans la nature, à la montagne, sur la neige, n'importe où.

Ces derniers temps, j'ai envie de lui faire l'amour dans un cimetière, sur une pierre tombale très ancienne du 19ème siècle jamais visitée, de l'époque de mon arrière-grand-père…

Mais même là, je me dis que nous ne pourrions pas être tranquilles, nous ne pourrions pas trouver la paix. Nous serions en danger à cause des squatters nocturnes qui rodent en ces lieux pour boire et se droguer. Je me rappelle le rêve qu'il avait fait au début de l'été, nous avions trouvé le bonheur dans la mort, c'était le seul endroit où nous ne souffrions plus.

LE CREUX DE LA VAGUE

En septembre, je reprends le travail. Je compose mon code de photocopieuse comme si je l'avais fait la veille avec l'impression de ne jamais être partie en vacances, de ne pas en avoir eu du tout même. J'ai une douleur dans le dos, un nerf qui se coince : les suites des étirements pratiqués au sport cet été en Sologne…

En salle des professeurs, je montre la photo du tableau d'Aléna à ma collègue d'art plastique pour savoir ce qu'elle en pense. Et là, surprise ! Elle pousse un cri !
" Quelle horreur ! C'est une copie de Zao Wou-Ki, très ratée en plus ! "
C'est pas vrai ! Je sentais bien qu'il y avait quelque chose d'étrange dans ce tableau…Et le fameux acheteur à 600 euros, c'est très certainement lui ! Je ne manquerai pas de l'informer.

Je démarre une nouvelle année scolaire. Ma vie est faite de haut et de bas, par moment je suis très heureuse mais dès que j'atteins le sommet de la vague, je bois à nouveau la tasse. Sur la route, en rentrant de son anniversaire, il m'a encore fait une crise de jalousie parce-que je raccroche pour rentrer chez moi et le weekend c'est encore mal terminé.

C'est comme celui en Normandie avec son fils. Un jour il allait pouvoir venir et le lendemain, il ne savait pas. Finalement, ils sont venus et nos enfants se sont très bien entendus. Tout se déroulait à merveille ou presque. Mon ange vantait les qualités de mon aînée pour me rabaisser. C'était pas très gentil pour moi mais valorisant pour ma fille. Nous sommes allés à Cabourg et sur la plage alors que nous étions étendus et que nos enfants jouaient avec le sable, il a commencé à me faire des reproches. Déjà le matin, il m'avait contrariée car il prétendait que j'avais dit quelque chose de terrible.
Il en est venu au fait en fin d'après-midi :
" Tu n'es avec moi que pour le sexe. "
C'était ridicule! Je tentais de lui prouver que non pendant qu'il envoyait un message à la mère de son fils ainsi qu'une photo de l'enfant. Il aurait pu le faire à un autre moment.
" on s'entend bien en amour, c'est vrai. "

"Je ne trouve pas." Sa réponse était vraiment cinglante et humiliante. Pour couronner le tout, un sms reçu annonçait que la femme de son ami décédé venait d'être victime d'une agression par son beau-fils et qu'elle devait porter plainte, par conséquent il devait rentrer pour l'aider sur le champ.
" Elle est assez grande pour porter plainte toute seule ! "
" Elle veut que je l'accompagne, je représente la loi qu'est-ce-que tu veux, je suis la loi."
" Personne n'est irremplaçable ! C'est pas grave tu me laisses ton fils, tu viendras le chercher dimanche soir !"
Il n'avait rien répondu à ça mais il avait ajouté :
" Tu boudes...Je ne connais personne qui fasse ça....ah, si...mon frère...c'est vrai, qu'il boude comme toi. "
Je ne boude pas, je me suis tournée sur le côté pour pas qu'il me voit pleurer... J'ai vite essuyé mes larmes car les enfants allaient revenir d'une minute à l'autre. Ensuite, j'ai déclaré un mal de tête terrible et je n'avais pas d'anti inflammatoire...

Bozo avait raison, ma vie allait suivre le mouvement de la vague. Comment pouvait-il savoir que j'allais exactement vivre ce schéma ? Comment pouvait-il savoir à l'avance ? Il n'était pas inquiet lorsque je quittais son frère car il savait que j'allais retourner vers lui. Comment pouvait-il être certain de ce que j'allais faire ou décider ?

Une chose est sûre, je bois la tasse de plus en plus fréquemment, mon ange me provoque, me pousse à bout même.

Je sens que la situation ne s'arrange pas mais je sais aussi que si je le quitte, je suis malade à crever et que je ne supporte pas cet état. C'est terrible mais en même temps, j'ai besoin de le voir, de l'entendre, le toucher...Je l'aime et je le déteste aussi.

De retour en Seine et Marne, je réalise que je ne souris plus. Lors de mes premières années d'enseignement, un jeune élève 5e m'avait beaucoup touché en montant les escaliers :
" Vous avez un très beau sourire Madame, ne le perdez jamais."
Cette remarque était très touchante de la part d'un si jeune. Je ne pensais pas qu'un jour je perdrai ce sourire. Et bien c'est arrivé, pour la première fois de ma vie quand je souris maintenant, je dois me forcer et ce rictus me demande même un effort. J'ai les traits marqués et je fais 20 ans de plus. Je vois mon reflet dans les glaces des vitrines en passant dans une rue piétonne, je vois mon ombre, elle est sombre et d'une grande tristesse. En peu de temps, je suis devenue l'ombre de moi-même.

Je suis sûre d'une chose, je ne veux plus d'enfant de lui, j'aurais trop peur de donner la vie à un monstre. Un bébé ne me fait plus rêver.

Il ne me raconte plus rien et prétexte que tout ce qu'il dit m'affecte. C'est un peu comme si je n'existais plus du tout. D'ailleurs maintenant j'ai tellement de noms de famille que je n'en ai plus aucun, un peu comme si j'avais perdu mon identité. Lorsque je fais un tableau, je ne sais même plus de quelles initiales signer. Je ne suis plus personne. Il était pourtant très fier que je fasse une exposition de peinture à Romy et puis ensuite il m'annonce qu'il doit s'organiser et qu'il ne sait pas s'il va pouvoir me recevoir. Pendant un mois et demi, il me fait attendre...Il doit demander à son fils...Comme si mon destin était entre les mains de son enfant.

A cet instant, je remercie mes ancêtres pour la force de vie qu'ils m'ont transmise. J'ai un instinct de survie très fort et je sens qu'il vient de loin...de mon arrière-grand-père Louis....
   J'ai repris le livre LE STRESS C'EST LA VIE et je mets tout en œuvre pour suivre les conseils prodigués par l'écrivain, un médecin. Je mets des stratégies en place pour ne plus subir ma vie au cas où je ne pourrais pas être hébergée pendant l'exposition que j'ai choisie à côté de chez lui, pour lui ! J'ai pris 2 adresses à proximité pour ne plus m'angoisser avec l'hébergement, ainsi une partie de mon esprit se libère et je me sens plus légère. C'est drôle mais il ne me parle plus de son couple d'amis qui faisait chambre d'hôtes dans une très belle demeure dans les environs. J'ai regardé sur internet et n'ai rien trouvé à proximité, surprenant car il m'avait dit qu'ils étaient à côté...
   Début novembre, il vient une journée en Seine et Marne pour le dernier jour d'ouverture du château avant la fermeture hivernale.
   Encore une très belle journée ensoleillée. Lors de la promenade, il s'est produit quelque chose de très inhabituel, nous étions loin et avions passé la statue d'Hercule quand tout à coup il m'a mis un coup d'épaule. J'ai failli tomber, j'ai presque perdu mon bonnet dans le choc, tellement c'était violent. Il ricanait et se moquait de la forme faite par le bonnet quand il m'a heurtée. Je n'en revenais pas :
" Tu ne sens pas ta force! T'es pas bien ! "
" Ah, désolé, je ne me suis pas rendu compte, c'est vrai que tu es si légère ! "
   Le choc était latéral : il m'a fait mal à l'épaule et à la colonne vertébrale.
J'ai attendu qu'il ne s'y en attende pas pour le pousser de l'épaule à mon tour mais il s'est contracté et pour moi, c'était comme si j'avais choqué un mur en béton. Dans ce même instant, il avait le soleil dirigé en plein dans les yeux et je l'ai regardé bien en face, au moment où il s'est contracté. Là, j'ai vu quelque chose d'incroyable : deux traits noirs à la place des pupilles. Je sais, ce n'est pas rationnel et si quelqu'un me racontait une chose pareille je ne le croirais pas, et pourtant j'ai vu ce que j'ai vu, même si je sais que la pupille ne peut pas avoir cette forme chez les humains. Au même moment, je me suis dit : Put- -n, c'est pas un humain ! C'est venu naturellement et pour la rime, j'ai pas fait exprès...C'est tellement surnaturel que ma mémoire va oublier ce que j'ai vu. Sur le coup, j'ai eu peur et puis j'ai dissimulé mon trouble, parce que je ne voulais pas qu'il découvre ce que j'avais vu. Nous avons déjeuné sur place ensuite comme si rien ne s'était passé. Cette vision surnaturelle s'est naturellement effacée de ma mémoire pendant plusieurs mois.
   L'envie de le sentir physiquement en moi était très forte à ce moment-là.
Ce désir irrépressible m'a conduite à lui faire l'amour dans ma voiture. C'était une grande première pour moi, pas très confortable, l'image finale du labour brumeux fraîchement retourné devant le coucher du soleil au loin offrait un panorama inoubliable.
   Ensuite il a pris le coup de fil de son collègue, celui qui a échappé à la justice car il avait un très bon avocat et des parents riches. Il est d'une vulgarité repoussante et mon ange a mis le haut-parleur ! Il discutait comme s'il était chez lui et que je n'existais pas. Leur sujet de conversation fétiche était encore le petit garçon illégitime du sénateur maire et son amante qui portait plainte pour harcèlement. J'avais envie de partir mais je suis restée...les nerfs irrités. La conversation téléphonique finit par s'achever.
" Elle a été harcelée ou elle n'a pas été harcelée ? "

" Tu parles, ces idiots de conseillers municipaux, ils l'ont insultée par sms ! Elle a fait des copies d'écrans qu'elle a mis sur disquettes, une vraie psychopathe, elle aurait pu travailler dans la police ! "
Pas très flatteur pour la police ! " Elle a bien été harcelée ! Alors c'est normal qu'elle porte plainte ! "
" Bah, oui. "
Alors je ne comprends pas où est le problème...
Puis, il a repris la route. Quelques heures plus tard, je me suis inquiétée parce qu'il ne répondait pas en soirée. Il m'a envoyé un sms très tard dans lequel sa colère était perceptible : il venait tout juste de rentrer, s'était perdu à cause des travaux et ne reviendrait jamais plus.

Et oui, je buvais encore la tasse… Il disait peut-être la vérité...
Il n'allait plus jamais revenir...peut-être pas. Comme avec lui non, c'est parfois oui, je ne peux jamais savoir... Ses paroles me font beaucoup de mal et je sens au fond de moi qu'il ne reviendra peut-être plus jamais. Il a mis 4 heures au lieu de 2 pour rentrer, c'est pas de ma faute s'il n'a aucun sens de l'orientation. Les bons moments ont encore été gâchés dans la foulée. C'est chronique.
Le nombre de ses copines a encore augmenté. Il vient d'inscrire une nouvelle adhérente au sport, l'ex-copine de son collègue, Myriam, la protégée de Chris.
Ses histoires sont de plus en plus complexes et je me perds dans ses explications.
Il change d'avis tout le temps, dire qu'au début il était très carré, c'était comme ça et pas autrement.

Je fais des cauchemars mais je ne rêve toujours pas de lui, jamais. Ce qui est très surprenant car il occupe mon esprit tout le temps. Dans mon mauvais rêve, je conduis un véhicule sans volant, je dévale une pente, les yeux fermés et la sensation est horrible car je n'ai aucun contrôle sur la situation. Je m'attends à percuter quelque chose ou quelqu'un et je finis par me réveiller en sursaut, très angoissée.

Aussi, je cherche à comprendre, dans mon livre : " le dictionnaire des rêves " : la voiture, c'est " ma conduite intérieure ". Il suffit d'observer la voiture de mon rêve pour comprendre comment je conduis ma vie, mais je ne comprends pas, parce-que j'ai vraiment l'impression d'être libre de mes actes et d'avoir choisi la situation dans laquelle je me trouve, d'être parfaitement maître de mon destin… alors ce rêve n'a aucun sens !

Je me rends compte que mon ange est " hors norme " dans ses réactions, très souvent maintenant. Le dernier weekend que j'ai passé chez lui, c'était en octobre, j'ai débarqué sans prévenir pour lui faire une surprise. Je l'avais quand même averti la veille au soir, je venais tout juste de perdre mon oncle et j'avais besoin de réconfort.

Il travaillait toute la journée du samedi. C'était plus des extras mais ça ressemblait à une mi-temps maintenant. J'avais suivi les conseils de mon livre :
" *LE STRESS C'EST LA VIE* " que je venais de terminer. Du coup, j'ai commencé par me faire plaisir. D'habitude, je fais l'inverse : s'il me reste du temps libre en fin de journée, je m'occupe de moi. J'ai donc inversé mes habitudes. En début d'après-midi, j'étais allée à Chambord grâce au GPS et j'avais passé un moment exceptionnel. Il y avait un photographe passionné, venu de Paris par le train pour faire de la photo animalière. Les

biches se sont présentées, le cerf a bramé et j'ai fait pour la première fois des photos extraordinaires.
Le vieux monsieur était très équipé contrairement à moi et me conseillait fortement de revenir en soirée pour écouter le " brame du cerf " éclairé par la pleine lune.
Oui, j'en rêve depuis au moins 30 ans d'assister à ce spectacle mais je ne sais pas si mon ange sera d'accord pour venir.
  Justement, cette pleine lune, je l'appréhende un peu. Chacun sait que ce jour-là, les gens sont souvent énervés et moi je m'attends au pire. En effet, je me doute que la lune va agir sur son comportement, je le sens.
  Dès mon retour à La Balourdise, je prépare mes cours pour la semaine et je rédige la lettre pour l'enterrement de mon oncle. Vers 20 h, j'entends sa voiture arriver et il prend tout son temps. Il m'a fait peur même en collant son nez sur la vitre de la cuisine depuis l'extérieur. Avec ses lunettes derrière le carreau, on aurait dit un pervers.
  Il est toujours dehors, il a tellement de choses à faire. J'ai parfois l'impression qu'il se noie dans une goutte d'eau. Je ne lui dis pas tout ce que je fais dans une journée, ça l'énerverait parce qu'il sait qu'il lui faudrait un mois au moins pour effectuer ce que j'ai fait !
  J'ai eu ma mère, mon meilleur ami et aussi Bozo au téléphone cet après-midi, ce dernier n'avait pas l'air enchanté que je sois chez son frère. Je l'ai senti dans sa voix, comme si je venais compromettre ses plans, comme s'il y avait quelqu'un d'autre...
  A propos de voix, j'ai réalisé pour la première fois qu'il avait presque la même que mon ange, le même timbre, le même rythme de phrase, les mêmes expressions. C'est fou, comment je ne m'en suis pas rendu compte plus tôt !
  Mon ange rentre enfin et m'embrasse. " Tu devrais fermer à clef en mon absence, c'est pas prudent."
" Ah bon. " C'est fou, parce qu'il y a quelque temps, il disait que c'était pas la peine que c'était très tranquille ici et qu'il n'y avait jamais personne et maintenant, je devrais m'enfermer à double tour et je suis imprudente. De toute façon, depuis quelque temps, je fais tout " mal ".
  Nous passons à table. Il allume la télé comme si je n'étais pas là...J'ai l'impression, qu'on est devenu un vieux couple en peu de temps...C'est terrible.
Je prends la parole :
" Tu as des nouvelles de ton frère ? "
" Ah, non, ça fait un moment que je ne l'ai pas eu au téléphone."
C'est bien étonnant puisqu'ils s'appellent tout le temps.
" Il m'a appelée cet après- midi :
Il a gagné la première partie du procès pour son problème d'appartement (causé par l'héritage)."
" Ah, bah ça. Je lui avais dit. Cet héritage est une source d'ennuis. "
Je change de sujet :
" Que dirais-tu d'aller au brame du cerf ce soir ? "
" Certainement pas, j'ai eu une dure journée, je travaille moi, Madame, je ne suis pas en vacances et je n'ai pas du tout envie de ressortir. "
" T'es sûr ? "
" Certain ! J'ai eu une journée exténuante. "

" C'est pas grave, j'irai en Seine et Marne. "
" Tu as raison, en bonne compagnie. "
Il insinue, avec mon mari. C'est vraiment pas gentil alors que je lui proposais d'y aller avec lui !
Je pourrai y aller sans lui, j'ai ma voiture mais je voulais qu'on soit tous les deux.
Ce sera pour une prochaine fois, c'est pas grave. Je suis terriblement déçue, très frustrée.
    Je prends ma douche avant lui, en effet il est très galant aujourd'hui, puis je me couche. Soudain, il passe devant la porte de la chambre, pour aller dans son bureau et lance :
" Je ne suis pas le passe-temps d'un instant ! "
C'est comme un coup de poignard ! Je suis venue le voir pour trouver du réconfort.
Il se souvient que je viens de perdre mon oncle, qu'il sera enterré mercredi, il s'en souvient ! Il repasse devant la porte et répète cette même phrase. J'ai la gorge serrée, j'ai du mal à déglutir... J'arrive à peine à prendre la parole. Ma voix est comme étranglée :
" Je ne t'ai jamais considéré comme " un passe-temps" !
Il répète encore la même phrase. Il martèle au cas où je n'aurais pas bien compris...
Il enchaîne sur l'éducation de mes filles : " Tes filles, tu les considères comme des êtres exceptionnels. "
" Pas du tout ! Elles ont des qualités et des défauts comme tous les enfants ! "
" Tu es comme Aléna avec son fils ! (Encore, Alena...) Tes enfants sont les plus beaux, les plus intelligents du monde! Etc...etc...etc.... "
" Toi aussi, tu adores ton fils et tu le trouves extraordinaire. C'est normal, c'est ton enfant ! "
" Bah, oui ! "
" Alors, c'est quoi le problème ? "
Il ne répond pas, il se couche...
J'ai bien compris...Il n'y aura pas d'amour ce soir...Il est en crise...Il me punit...Il établit la même relation qu'il prétendait avoir avec son ex, sauf que là c'est lui qui punit l'autre." Je ne suis pas le passe-temps d'un instant ! " J'entends cette phrase en boucle, c'est horrible ! Je ne peux pas dormir...Je me lève et je vais aux toilettes.
" Qu'est-ce-que tu fais ? " Me demande -t-il , d'un ton agressif.
" Je suis aux toilettes ! J'ai le droit , non ? " J'ai répondu sur le même ton que lui.
De retour dans le lit, je me suis tournée de côté. Je lui tourne le dos.
Les larmes coulent doucement, je ne les retiens plus...Je n'en ai plus la force.
Je ne comprends pas ce comportement...C'est complètement irrationnel !
Qu'est-ce-que je souffre...plus j'essaie de le comprendre et plus je souffre. C'est terrible...J'entends encore cette phrase... Je trouve qu'il me reproche souvent ce qu'il est...
Je brise le silence...
" Et si c'était moi, le passe-temps d'un instant, oui...c'est moi, le passe-temps d'un instant ! "
" N'importe quoi ! Tu dis vraiment n'importe quoi !!! "
    Si, j'ai raison. Il m'efface tout le temps. Depuis plusieurs semaines maintenant, il ne me raconte plus rien...Parce-que tout ce qu'il me dit " me chagrine " (je reprends ses paroles).C'est bien MOI, le PASSE-TEMPS d'un instant...

Je ne pourrai jamais dormir ici, je voudrais m'enfuir mais il est trop tard pour prendre la route maintenant, il est plus de minuit…

      Je décide de me lever...De toute façon, je ne peux pas dormir...Je ne supporte plus d'être ici, dans ce lit….Je n'en peux plus...Je pars dans le salon pieds nus.

Je me tiens devant la porte fenêtre et je regarde la lune. Elle est toute ronde. Et oui, je m'en doutais qu'il fallait redouter cette soirée…La lune a joué sur son humeur, c'était à prévoir…
Je la regarde...elle est belle.

Elle, au moins, elle est gentille...Elle ne me fait jamais de mal et elle est toujours là pour moi !...Elle m'apaise, me réchauffe aussi parce-que j'ai froid tout à coup.

Il s'impatiente...parce-que je ne retourne pas me coucher :

" Qu'est-ce-que tu fais ? "

Je ne réponds pas.

Il se lève et me rejoint.

" Viens te coucher… "

" J'ai pas envie. "

" C'est bien, tu réponds comme moi maintenant. "

" Pourquoi tu fais ça ? "

" Je sais pas. "

" Tu sais, j'ai l'impression que ça te fait du bien de me faire du mal... "

" Au début oui mais après c'est pire. Allez viens te coucher. "

" Non, je veux pas, il y a une alarme qui sonne à 39 minutes exactement de chaque heure ! Je ne peux pas dormir avec l'alarme !!! " (Je l'ai entendue cet après-midi sans pouvoir exactement la localiser.)

      Il m'emmène de force dans la chambre, en passant dans le couloir, il fait coulisser la porte du placard mural et se jette sur le chrono pour le mettre hors service.

" Tu savais qu'il était là depuis le début ! " Cette phrase a jailli du silence comme un cri du cœur.

" Bien évidemment que non ! "

Il se moque de moi, il le sait ! Il m'a pourri toutes les nuits lorsque je suis venue en vacances cet été ! C'est fou ! Mais pourquoi ?

      Nous avons rejoint le lit, je n'allais pas dormir par terre dans le salon, sur le carrelage. Il est redevenu gentil. Il m'embrasse, me câline et me fait l'amour.

J'ai toujours détesté les couples qui se réconcilient sur l'oreiller, mais là le pire, c'est que c'est même pas ça, je ne suis pas fâchée après lui. Je ne le comprends pas !

      Il vient de me donner plein d'Amour...et toute la peine, tout le chagrin qui m'étaient insupportables tout à l'heure, ont disparu, ils se sont comme envolés...Je n'ai plus mal du tout...C'est à rien y comprendre.

" Je n'ai plus mal... "

Il ne répond rien.... Je m'endors épuisée.

Je me réveille tôt, c'est mon inconscient le réveil ! Je veux aller au Club de Tir !

Il est déjà debout alors je me prépare vite.

" Alors, qu'est-ce qu'on fait ce matin ? On va au Club de Tir ? "

" Ah, non ! Pas le dimanche ! Il va y avoir plein de monde : les commissaires, les divisionnaires...Tout ce monde-là ! Je n'ai pas envie de les voir ! Et puis, je n'ai toujours pas reçu mon attestation pour mon dernier revolver. "
" Tu ne veux pas y aller avec moi aujourd'hui mais tu vas y aller dimanche prochain avec ton fils ! "
" Certainement pas ! Je n'irai pas le weekend prochain ! "
J'attends de voir ! Je suis sûre qu'il va y aller avec son rejeton...
 A propos de son nouveau revolver, il m'a envoyé une photo. Je l'ai gardée. C'est très étrange de recevoir une arme à feu en photo, c'est sinistre, mais il était tellement content d'avoir acheté cette nouvelle arme qu'il a fallu qu'il la prenne en photo et me l'envoie, pour que je le félicite.
 La semaine dernière, il m'a dit par téléphone qu'il avait reçu mes balles pour mon revolver. C'était bien la peine de m'en parler pour ne pas m'emmener au tir !
 Et à propos de ce revolver réformé qu'il m'a attribué, je lui ai déjà dit que ça me faisait peur que je n'étais pas à l'aise et que j'aimais davantage le tir à la carabine. Il ne veut rien entendre et fait comme si je n'avais rien dit ! Il est têtu, c'est pas croyable ! Encore pas de tir ce week-end...Il a peur que je croise Lisa...mais puisqu'il ne sort pas avec, qu'est-ce qu'il craint ? Une scène de jalousie au travail ?
 Finalement, on déjeune de bonne heure et on file à Chambord. C'est dimanche, alors il y a un monde fou et pour la première fois, pas de place gratuite...C'est logique.
 Il va donc dans le parking payant et glisse son ticket sur son portable.
Il faut marcher plus longtemps que d'habitude. Nous croisons des parents avec leur fils qui les appelle, en équilibre sur un bout de rocher :
" Papa, maman ! Regardez ! Je suis sur une autre planète ! "
Les parents sourient...En passant à leur hauteur, mon Ange se fait remarquer :
" Ma femme aussi c'est pareil, elle vit sur une autre planète ! "
 Tout le monde éclate de rire, même moi ! Et oui, ça lui arrive d'être drôle des fois ! Quant à l'extra-terrestre...Dans son genre, il est pas mal !
 Tiens ! Aujourd'hui, je suis sa femme ! Pas sa compagne...Pas rien du tout, comme au restaurant avec son collègue l'autre jour.
 Souvent il dit que je vis dans le monde des bisounours et il se moque de moi :
" C'est une injustice, Madame. Oh, oui, vraiment, c'est une injustice ! "
 C'est vrai que je ne supporte pas l'injustice, c'est inacceptable ! Et dans le monde où l'on vit...sur cette terre...Il y en a des injustices...Bien sûr que ça me révolte, j'agis à mon niveau. Un jour il m'a dit : " Si tu avais des responsabilités au niveau gouvernemental, tu changerais le monde. "
 Il ne m'avait pas fait de compliment depuis bien longtemps. Il dit souvent que je fais n'importe quoi...que je n'écoute pas ses conseils....
 Nous sommes arrivés à notre mirador préféré mais il n'y a pas d'animaux ce dimanche. Ils ont été effrayés hier et puis il y a beaucoup trop de monde et de bruit.
Les animaux aiment le silence...Les bruits des humains les inquiètent...en particulier le mardi, c'est jour de chasse !
Je repense à ce petit grand-père hier après-midi, j'espère qu'il a fait de belles photos. Vraiment, ça m'a fait plaisir de le rencontrer, il m'a donné des conseils en photographie. Il

a trouvé que mon objectif rapprochait déjà pas mal, vu mes dernières prises sur l'écran de mon appareil et m'a fait des compliments qui avaient l'air sincères.

C'est beau de voir un amoureux de la nature faire à cet âge-là, un aller-retour Paris dans la journée, rien que pour observer la nature et se retrouver au calme. Cette personne a les mêmes valeurs que moi...Nous n'avons pas le même âge, mais nous apprécions la même chose ici : la pureté et la beauté du site.

Nous prenons une glace mais je suis vite écœurée et ne prends qu'une boule, c'est bien assez !
J'ai l'impression que la recette de la crème glacée Italienne a été modifiée, elle n'a vraiment plus du tout la même saveur ni la même fraîcheur. Il ne m'a pas refait le coup de la fille triste sur cette terrasse. Cette jeune femme à qui il voulait à tout prix redonner le sourire, l'été dernier. Je m'y étais préparée, j'avais anticipé avec un numéro de taxi de la région pour m'enfuir, pour rentrer chez lui récupérer ma voiture et rentrer chez moi au cas où. Je ne veux plus être prise par surprise ni au dépourvu...

Je dois rentrer, je travaille demain mais il y a un problème, nous ne pouvons plus sortir car nous ne pouvons pas régler ! La carte de parking remise à l'entrée est muette. Il n'a pas l'air de réagir ! On ne va pas rester ici. Je me précipite à l'office du tourisme mais il vient de fermer. J'aperçois quelqu'un, je toque donc à la vitre.
Mon ange m'a rejointe et le dernier employé nous fait passer par la sortie. J'explique le problème à la dernière personne encore présente.
" Et oui, ça arrive Monsieur : Vous avez mis la carte près de votre téléphone ? "
" Oui, en effet. "
" Elle a donc été démagnétisée. "

Il compose le numéro d'un Centre et mon ange doit donner son numéro de carte bleue et sa clef à haute voix mais il n'y a plus personne et l'employé s'est éloigné le temps de l'opération. C'est bon, nous allons pouvoir ressortir ! Ouf !
Je déteste ce genre de parking ! Il y a toujours des problèmes. Je me sens enfermée là-dedans alors j'évite d'y entrer !
Nous passons enfin la sortie avec un autre ticket qui a été émis à la borne, après avoir réglé à l'office du tourisme.
" Comme quoi, le magnétisme du portable n'est pas anodin ! "
" C'est toxique ! Et ça ne fait aucun doute ! "
Il est tard, nous rentrons enfin. Quel stress je travaille demain, soudain il me parle de Bozo :
" Au fait, j'ai eu mon frère ce matin de bonne heure au téléphone. Babette a appelé ta mère, elle a gaffé, elle ne savait pas que tu avais dit que tu étais chez eux ! Elle a dit qu'elle ne t'avais pas vu. "
" Mais, je l'ai dit hier à ton frère ! Ils vivent ensemble et se parlent quand même ! C'est vraiment la reine des gaffes ! Je vais devoir encore réparer ses bêtises ! Elle pourrait éviter d'appeler ma mère tout le temps comme ça ! "
" Qu'est-ce-que tu veux, elle s'ennuie. Elle a une triste vie et mon frère, c'est pas mieux ! Je ne peux pas te répéter ce qu'il m'a dit ce matin, ça m'en fait encore froid dans le dos. Je peux t'assurer qu'il n'est vraiment pas heureux sur cette terre. "

J'imagine le pire encore. Il aimerait quitter cette vie...C'est sûr, pour tout l'or du monde, je n'échangerai pas la mienne contre la leur ! Plus pourri, on aurait du mal à trouver !

Je reprends enfin la route. Il est vraiment très tard. Qu'est-ce qu'elle a bien pu dire exactement Babette ? Je vais laisser ma mère venir, après je verrai ce que je peux faire, je n'ai pas d'autre solution ! Quelle idiote cette femme ! Elle n'en rate pas une ! Surtout que j'avais inventé un pied à terre en Sologne et que je n'avais absolument pas besoin d'eux pour justifier mon absence. J'ai voulu les impliquer pour leur faire plaisir, par pitié et ça me retombe dessus. C'est pas juste !

La prochaine fois, j'éviterai de parler d'eux !

Quel triste week-end ! Et dire que je suis venue pour me ressourcer et le retrouver. C'est un désastre ! Je suis vidée, je n'ai plus de force et la dernière gaffe de Babette m'a achevée. Je me demande même si elle ne l'a pas fait exprès. Notre relation ne lui plaît pas puisque je ne veux pas divorcer, elle a dit à mon Ange qu'elle ne comprenait pas... que notre relation était absurde ! Mais qu'est-ce-que ça peut lui faire à elle ! Est-ce-que moi je juge son couple ! C'est ma vie, ça ne la regarde pas ! Je fais ce que je veux, je suis libre moi ! Forcément elle est jalouse ! Je lui fais de l'ombre ! Elle était la seule femme parmi tous ces hommes avant mon arrivée et Bozo ne fait que parler de moi en bien comme si j'étais la 7ème merveille du monde, il voudrait tellement que je vive avec son frère.

Lundi matin, la transition est rude. Je me sens complètement vidée... C'est comme si je n'avais plus de sang dans les veines. Je suis encore plus fatiguée que la semaine dernière et encore plus angoissée. J'ai vraiment passé un week-end de m-r-e ! Heureusement que j'ai fait quelques belles photos animalières ! Heureusement, qu'il y avait ça ! Parce-que tout le reste j'aimerais pouvoir oublier, tout effacer !!! Je fais cours dans quelques minutes...Je dois me concentrer sur mon travail et ça va aller. Je monte l'escalier pour me rendre en classe. Les marches se dérobent sous mes pieds...J'ai des vertiges.... ça va passer...c'est rien...

Sa première femme aussi avait des vertiges, elle perdait connaissance à la piscine, n'importe où...

Comme je la comprends...Cet homme est usant...Je me sens comme vidée, je n'ai plus de force...plus d'énergie.

LE RÉVEIL

Je fais encore un rêve étrange : J'ai perdu mes clefs de voiture et je les cherche partout !
Dans le livre de l'interprétation des rêves, les clefs de contact signifient :
" reprendre sa vie en main ! "
Pourtant, je suis bien maître de mon destin, je fais ce que je veux de ma vie, même si pour l'instant, je suis quand même dans une sale galère...mais j'ai choisi !
J'avais une vie tranquille avant, maintenant elle est compliquée mais c'est moi qui ai fait ce choix ! C'est moi qui suis allée chercher cet ange, au combien spécial ! Lui, ne m'avait rien demandé !
Qui a écrit cette carte de vœux ? C'est bien moi et moi seule !
Le livre évoque la difficulté à entrer en contact avec soi-même ou avec les autres...Là, c'est sûr, j'ai du mal à voir mes amies...Elles n'ont pas le temps et sont sans doute trop occupées...Du coup, je ne vois personne et ne leur parle plus, même par téléphone elles sont injoignables.
En Normandie non plus, je n'ai eu aucune visite. La seule personne qui venait me voir ne vient plus. J'ai mis le cadenas pour ne pas être dérangée. Jean inquiétait ma mère parce qu'il avait dit qu'il cherchait une femme qui avait déjà une maison
(comme moi).
J'en ai parlé à mon ange, Il a rejoint les inquiétudes de ma mère et a jugé cet homme très inquiétant aussi, alors j'ai fermé ma porte à la seule personne qui m'offrait son aide quand j'avais besoin de faire des travaux de force ou aller en balade...
Aujourd'hui, c'est la veille du départ et c'est un grand jour pour moi. J'ai préparé tous les tableaux pour me rendre au grand rassemblement artistique de Sologne. Je n'ai pas fait d'exposition depuis longtemps, je tousse beaucoup, cette toux chronique s'est installée depuis quelques semaines maintenant, alors je m'habitue...Il m'en faut plus pour renoncer à un tel projet.
J'ai 17 tableaux à exposer à Romy. Je me décide à appeler mon ange, pour savoir si je suis invitée...Parce qu'il ne m'a toujours pas donné de réponse à la veille du départ.
" Je peux venir ? Tu as demandé à ton fils ? "

" Tu veux vraiment que j'ai des problèmes ! "
" Non, j'ai trouvé une solution. "
" Tu arrives à quelle heure vendredi ? "
" Où ? "
" A Romy ? "
" Je ne sais pas. "
" Tu pars à quelle heure de ton travail ? "
" En début d'après-midi. Le temps d'installer mes tableaux, après j'irai à l'hôtel. "
" Eh bien tu le prends comme ça ! Tu me diras, c'est pas plus mal ! Comme ça y' a plus de problème ! "
" Tu ne m'invites pas...Je trouve des solutions. "
" Bien entendu, je t'invite ! "
" Tu as demandé à ton fils ? Parce-que c'est lui qui décide ! "
" Oui, je lui en ai parlé...Enfin...Non. Ah si, finalement je crois que si...J'ai dû lui en parler vaguement..."
" Et, qu'est-ce qu'il a dit ? "
" Rien...Il a rien dit. Enfin, je crois que je lui ai dit mais c'était il y a longtemps. Alors, tu arrives à quelle heure à la maison ? "
" En fin d'après-midi. "
" Très bien, parce que moi je dois aller au sport l'après-midi. Le lendemain, j'ai l'anniversaire de mon fils avec tous ses copains au Laser Game. D'ailleurs, sa mère a dit qu'elle avait des invités, elle viendra en tout début d'après-midi mais elle ne restera pas, de toute façon tu as tes clefs, tu arrives quand tu veux vendredi soir. "
" Oui, je les ai. "
" Très bien , à demain soir. Bisous mon Amour. "
" Bisous mon Ange. "
" Fais de doux rêves. "
" Sleep well my little Angel…"

    Nos messages d'adieux sont toujours accompagnés de multitudes de pictogrammes. Moi, je choisis souvent des cœurs violets, des bisous, des étoiles, des fleurs...Et lui, des anges, des cœurs, toutes sortes de diables...Des bisous...Des amoureux, des bébés, des policiers aussi !

    J'ai l'impression que mon heure d'arrivée est très importante pour son organisation...et ça me laisse rêveuse...et le sport vendredi après-midi, ça a l'air très, très, très important !

    Alors, je pourrais lui faire une petite surprise et l'attendre à la sortie. J'ai l'impression qu'il me cache quelque chose ou plutôt quelqu'un…Je me souviens du nom du village, je connais le nom du club sportif. Je demanderai si je ne trouve pas, à son ex par exemple ! Elle habite dans le même village ! Non, je plaisante…

    En fait, c'est pas à elle que je pensais mais plutôt à Myriam. Il n'en parle plus du tout...Pourtant, elle s'est bien inscrite au sport...Il y a anguille sous roche.

    De toute façon, je pars plus tôt que ce que je lui ai dit pour déposer un petit cadeau sur son bureau (les petits savons au melon introuvables et les photos de cervidés encadrés) et croiser Lisa par la même occasion, par hasard cela va de soit ! Parce qu'en arrivant très tôt, en début d'après-midi, je devrais enfin la voir. Elle travaille pourtant bien là mais je ne la vois jamais...Encore un mystère !

A 14h je pointe mon nez à la Communauté de Commune de Romy, derrière l'hôtel de Police, j'ai moins de stress maintenant. J'ai l'habitude ! J'entre comme dans un moulin ! Il y a mon tableau à la place de la croûte de son ex, juste au-dessus de son bureau, je peux l'apercevoir à travers le mur vitré. Il y a bien le cadre avec la photo de nos enfants dans tout son bric à brac, près de la petite voiture offerte par Lisa sur son bureau. Sur le mur de gauche se dressent tous les dessins que son fils lui a faits. Il n'a pas fait de sélection, il a tout mis. Le mur en est couvert...Tous les parents qui ont des bureaux affichent les dessins de leurs enfants…

Mais là, il y en a vraiment beaucoup, beaucoup trop...Tellement, qu'ils ne sont pas mis en valeur du coup, c'est dommage…Un peu comme son frère avec tous les objets qu'il chine. Je vois tous ces détails à travers la vitre car son bureau est fermé à clef, je viens de vérifier discrètement et monte l'escalier. Il y a de la lumière partout mais il n'y a personne…Le bureau de Lisa et celui de Nono communiquent. Devant celui de Lisa, il y a une toute petite salle pour plus de confidentialité pour certains rendez-vous...ou rencontres…

J'y entre, elle est ouverte. Je sens le parfum de la jeune femme plutôt doux et discret...Une fragrance raffinée. Elle était là ce matin, je l'ai encore manquée de peu ! C'est fou, à chaque fois c'est pareil ! Par contre, je trouve une nouvelle information : son nom et son prénom sur la porte. Pas étonnant qu'elle n'existait pas sur le net !

Je n'avais pas la bonne orthographe ! Je relève le nom et je chercherai en rentrant en Seine et Marne et là je risque de voir enfin son visage ! J'aperçois la salle de réunion à gauche. Elle est toute petite, c'est une salle pour réunir les membres de la Com Com... elle n'a rien d'exceptionnelle. A entendre mon Ange, c'était une salle de conférence présidée chaque semaine par Le célèbre Député Maire qui a fait un enfant à une employée qui le traîne maintenant au tribunal pour toucher de l'argent. Le petit garçon ne sait pas encore qu'il a commencé à gagner sa vie à l'âge de 5 ans....Quelle tristesse !

Je ressors, je suis dans les temps, je n'ai vu personne et n'ai déposé aucun cadeau cette fois. Je n'ai pas une minute à perdre, je file à la pyramide de l'exposition. Je suis accueillie par l'organisateur homosexuel détesté de mon Ange ! Il est adorable, vraiment très gentil mais d'une lenteur ! Il me propose un très bon emplacement : à gauche de l'entrée dans le hall. Je me suis garée un peu loin ne connaissant pas les lieux, de plus aucun panneau ne signalait l'exposition.

Comment les gens vont-ils s'y rendre demain ? En effet, ça ne laisse pas présager beaucoup de visites pour le week-end !

Je mets 3 heures à installer mon stand...Mes voisines d'expo sont très sympathiques, mais hélas je n'ai plus suffisamment de temps pour passer voir mon chéri au sport, dommage ! Je m'épuise avec ma toux persistante, je ne fais que de tousser. Dans le hall, sous la verrière c'est encore pire ! Je mange du gingembre confit pour me donner des forces, mais les quintes sont de plus en plus nombreuses, alors en sortant, juste en face, je vais à la pharmacie de l'autre côté de la route. On me conseille des pastilles et du sirop contre la toux et le tout me coûte encore une fortune. Il y a un professionnel de la vue qui a un espace réservé et qui propose des tests gratuits. Il est malheureusement trop tard, je vais essayer de passer demain dans la journée.

    J'arrive à La Balourdise en même temps que mon Ange et son fils...C'est surprenant ce concours de circonstance ! On avait une chance sur un million d'arriver en même temps et nous arrivons exactement à la même heure...En plus, je ne me suis pas pressée, j'ai vraiment pris mon temps ! Je suis passée à la pharmacie...J'ai discuté avec l'opticien, c'est quand même assez dingue ce hasard !

    Je commence à décharger mes affaires, je les dépose dans ma chambre.

 Le bout 'chou arrive, il entre, il avait oublié de m'embrasser...Il prend le cadeau que je lui tends, commence à le déballer, découvre le mini babyfoot à monter soi-même et semble ravi.

Son père entre à son tour :
" Tu as dit merci ? "
Son fils répond avec vivacité :
" Bien sûr que oui ! "
Il ment avec un aplomb ! Je ne dis rien pour pas que son père le dispute.

    Son papa est un peu pareil, il dit rarement merci en privé. Les bonnes manières, c'est pour la vie publique ! Je lui offre le calendrier de l'Avent proposé par la grande marque de thé réservée à tous ceux qui ont les moyens de s'en offrir...

    Il le met de côté, pas le temps de l'ouvrir, il regardera son cadeau plus tard...J'avais beaucoup hésité à lui acheter ce présent en octobre. Est-ce qu'il le mérite ? Je le comble sans cesse de cadeaux et de délicates intentions mais le mérite-t-il vraiment ?

    Aux vacances de La Toussaint lorsque je me suis décidée, il n'en restait plus que 3 et à Deauville, il n'y en avait déjà plus tellement ils ont eu du succès. Ils sont tellement chers que je n'ai pu en acheter qu'un. J'aurais aimé en offrir un à ma mère et en prendre un de plus pour moi, à ce prix-là ce n'était pas raisonnable.

Dire qu'il regarde à peine son cadeau ! Il ne dit jamais merci...Comme son fils... Au tout début de notre rencontre, il me l'avait dit :
" Il n'y aura pas de merci entre nous "
Il voulait sûrement dire, pas de manières...Comme si c'était évident et donc pas nécessaire de se remercier...

    J'ai apporté une quiche Lorraine que j'ai pris soin de faire moi-même la veille au soir, tout comme la soupe fraîche aux légumes bio. J'ai fait des courses pour ma famille en Seine et Marne et pour ici aussi, je ne viens jamais les mains vides.

    Ils doivent aller au restaurant demain soir... C'est drôle que l'expo soit tombée le même week-end. Il va y aller seulement avec son fils...Je me demande si je vais faire partie de la fête ou si je vais rester ici toute seule !

" Au fait, le repas avec les collègues est annulé. Celui qui organisait tout ça vient de perdre sa belle-mère. Je lui envoie mes condoléances par SMS. "
C'est fou, parce-que je pensais justement à cette soirée...
Il pianote sur son téléphone et ajoute à haute voix :
" C'est ce que je leur ai dit aux collègues : d'abord on devait le faire le 13 et là, tu pouvais venir, ensuite ils ont repoussé au 20 et là, tu ne pouvais plus participer. Maintenant avec le

décès de la belle-mère, c'est annulé ! C'est que ça ne devait pas se faire, ce restaurant ! En plus, c'était pas donné ! 40 euros par personne ! "
    Il oublie un détail de taille : c'est que je n'étais pas invitée pour le 13 ! Il s'embrouille avec ses mensonges ! Il n'a jamais eu l'intention que je vienne...
Le but était de me faire croire qu'il voulait me présenter et me faire exister aux yeux des autres...mais que je ne suis jamais disponible. Où est le vrai du faux dans toute cette histoire ? Vu le prix, rapace comme il est, de toute façon il n'aurait jamais payé 120 euros pour nous 3, ni 80 pour 2 !
    Il ajoute : " En fait, je ne sais pas si j'y serais allé avec Romain parce qu'il est petit, comme il n'y avait pas d'autres enfants alors il se serait ennuyé."
" Oui, c'est sûr. Les enfants s'ennuient toujours au restaurant à cet âge-là..."
Finalement, le décès de la belle-mère du collègue l'arrange bien....Quelle chance !!!
    Le repas de ce soir est composé essentiellement de ce que j'ai apporté. Je me demande bien ce qu'il avait prévu, si je n'étais pas venue. Ils ne mangent pas équilibré et en plus, ils vont se coucher peu de temps après manger et prennent toujours leur douche avant le repas, de vrais petits robots, réglés comme des pendules.
Il remarque enfin que je suis malade :
" Tu tousses encore beaucoup ! "
" Oui, je te l'ai dit. Je suis malade depuis plus d'un mois et ça ne veut pas passer... J'ai consulté mais je tousse toujours..."
" C'est rien du tout ! Moi, par contre, j'étais très malade la dernière fois chez mon frère ! "
" T'avais juste une rhinite claire, tu l'a enrayée en moins de 3 jours. "
" Ah, non, je regrette ! J'étais très malade. J'avais des médicaments à prendre, je n'ai pas pu vous accompagner sur la brocante. Toi, par contre, tu fais exprès de tousser. "
" C'est faux, j'ai le larynx et la gorge en feu. J'ai une toux d'irritation et maintenant à force l'écoulement commence à s'infecter parce-que ça fait des semaines que ça dure. La trachéite me réveille même la nuit, je tousse même en dormant ! "
" Biennnn sûûûr ! De toute façon toi, tu as toujours tout mieux que tout le monde. Arrête de tousser, je te dis ! "
Sa remarque m'agace, parce que je ne peux pas m'empêcher de tousser. De plus, il compare ce que j'ai à son petit rhume ! C'est ridicule !
    Après le repas, le bout 'chou va se coucher. Il est déjà presque 22h.
Je dois partir vers 9h demain matin pour être à l'heure à l'expo. J'ai 2 heures de pause sur le temps de midi alors je pourrais revenir déjeuner avec eux, mais je ne sais pas à quelle heure commence la célébration de l'anniversaire. Personne ne dit rien alors je verrai bien !
    Mon Ange insiste sur le fait qu'il est fatigué. Après ma douche, il me rejoint, me fait un gros câlin le temps de la fin du film (La télé est restée allumée pour simuler qu'il la regarde).
    Il est au-dessus de moi, il est d'une grande laideur. Il fait vieux, il a les yeux marqués, le visage tendu et grimaçant, la bouche crispée comme pour accomplir un effort difficile.
Il se relâche...Il vient d'avoir son grand plaisir, il ne me regarde même pas. Je me demande s'il m'aime....A-t-il seulement déjà aimé un jour ?

Il me quitte sous prétexte que son fils attend qu'il monte se coucher pour s'endormir. Il n'a pas besoin d'inventer un prétexte pour aller dormir à l'étage. D'habitude, il reste jusqu'à 5h du matin et retourne dans son lit après, quand son fils est présent.
Aujourd'hui, il ne veut pas dormir près de moi...Il faut reconnaître que je tousse beaucoup aussi.

    Je suis malade, il n'a pas eu peur d'attraper des microbes ! Surprenant pour un soi-disant " hypocondriaque " !!! Je m'endors épuisée, vidée et j'ai vraiment l'impression qu'il m'a pris le peu d'énergie qui me restait !

    Il s'est encore levé aux aurores...Je regarde ma montre, il est 6h...c'est pas vrai !!! Je reste un peu au lit...J'ai du mal à me lever...La toux commence à me terrasser !
Courage !
Il faut y aller !

    D'abord je fais ma toilette puis je m'habille comme une artiste peindre :
" classe ", " distinguée " et "sobre " comme j'adore.

    Je pense que j'ai une certaine allure et je n'oublie pas la touche finale : le parfum. J'ai choisi " Insolence ", d'une grande marque connue ! Coco Chanel disait :
" Une femme mal parfumée, c'est une femme qui n'a pas d'avenir ! " C'est pour dire, l'importance de faire le bon choix ! Je ne sais pas si j'ai un bel avenir ici...En tout cas, j'ai l'impression qu'il m'efface constamment comme si je n'avais plus d'existence !

    Mes coupelles sur le meuble ont encore disparu ! Je ne vois pas les cadeaux que je lui fais. Seul mon miroir ancien au-dessus du lit et mes rideaux subsistent...Ah si, le Bonsaï aussi. Je décide donc d'asperger mes voilages à gros pois violets, de mon eau de parfum préférée, je marque mon territoire pour montrer que j'existe bien ici ! Je passe devant le salon, le petit "sumo " est installé à son bureau au centre du salon. Il se tient là, tel le PDG d'une grande entreprise. Quelle allure ! Qu'est-ce qu'il est prétentieux ! Il engloutit des tonnes de pain de mie blanc à 4 sous, avec la pâte à tartiner chocolatée qui n'est pas bio aujourd'hui (parce-qu'à La Renardière, il lui fallait de la bio). Bien étonnant ! Il regarde la télé en mangeant ! C'est parfait, il va bien profiter !

    Pour moi, un thé et une tartine, je dois déjà partir.
" Tu prends des fruits, quelque chose pour ce midi ? "
" Non, merci, ça va aller…" J'ai compris qu'il ne m'attendait pas pour déjeuner.
" Tu peux manger au Snack de la patinoire, c'est juste à côté. "
" Je verrai…"

    Tant de kilomètres, tant d'efforts...pour ne pas se voir de la journée ! Du weekend peut-être même !

    Je retrouve mes voisines de stand. La matinée est triste, il n'y a presque personne, il y a du vent, un ciel gris, des éclaircies de temps en temps en fin de matinée. Aucune publicité...C'est normal de voir personne !
Il y a bien eu une dizaine de visites...Les ventes sont rares.

    Vers 11h, l'adjoint au Maire suivi d'une élue en talon aiguille, tailleur, sortant tout droit de chez le coiffeur, vient officialiser l'exposition par un bref discours suivi d'un apéritif.
" Vous aurez beaucoup plus de monde, après la parution de l'article dans le journal local "
Dit-elle avec beaucoup de dextérité !

Elle ne connait même pas les dates de l'expo ! Lorsque l'article paraîtra lundi, les exposants seront rentrés chez eux ! Quelle idiote ! L'article ne servira qu'à la municipalité: " Bravo, ils ont organisé une très belle expo pour leur ville ! " Quant au maire, il ne s'est pas déplacé ! Il avait d'autres chats à fouetter ! Il avait bien mieux à faire que de perdre son temps ici !

Son beau discours était banal, creux, vide, à son image, avec une touche subtile de démagogie...Elle est applaudie...
Je ne bois rien, je me tiens à l'écart en spectatrice...Je réfléchis...

Mon Ange a décidé que j'allais déjeuner toute seule au Snack de la patinoire...Je l'ai aperçu au loin cet endroit sombre, lugubre et sans âme, mais moi je ne veux pas ! Je n'en ai pas envie. L'idée de m'enfermer là-bas me stresse.

Je pense que j'ai bien mieux à faire...

LA LUMIÈRE

    La jeune potière a apporté son pique-nique et moi j'ai décidé de profiter du rayon de soleil pour aller déjeuner à Chambord.
    Et oui, grâce à mes dernières lectures, je ne subis plus, j'agis et je veux me faire du bien, je n'irai pas me morfondre au snack !
    Je lutte contre le stress imposé, environnant et préviens mes voisines que je serai de retour avec 1 heure de retard au moins ! Je vais déjeuner à Chambord !
    Je les autorise à vendre à ma place, les prix sont sur les tableaux et puis même si on m'en vole, qu'est-ce que ça peut faire ! J'en ferai d'autres ! Je m'en moque complètement ! Je veux profiter de ce week-end dans la région des châteaux,..C'est fou mais au fur et à mesure que je conduis, le ciel est de plus en plus bleu...Les nuages menaçants se sont volatilisés comme par enchantement.
    Il n'y a presque personne en novembre, c'est l'anniversaire de mariage de mes parents aujourd'hui. Ils ne sont plus ensemble mais chaque année, mon père offre une rose ce jour-là, à sa bien-aimée même si elle vit avec un autre...
    La grosse dame des glaces au sourire bienveillant me prépare un croque-monsieur, oh combien délicieux ! Elle l'a fait réchauffer rien que pour moi. Je m'étais mise sur mon 31 avec des bottes noires hautes, très classes qui m'arrivent aux cuisses, une robe courte, très élégante et un manteau long classique.
    Je n'ai eu aucun compliment ce matin, en partant...Je marche sous le soleil…et prends mon temps, je n'ai plus d'heure…Je cours toute la semaine…alors là, c'est le week-end… Je profite…Finalement, c'est même mieux qu'un déjeuner avec les " bonniboufftouts " !!! Ils mangent et n'ont jamais rien à raconter…
    Je fais tout le tour du parc et du plan d'eau, il fait de plus en plus chaud...Je retire mon manteau... je sens le vent tiède, un air de liberté...Il m'avait concocté un déjeuner raté, je l'ai transformé en repas royal au château !
    J'étouffe à La Balourdise, ses remarques désagréables incessantes m'étranglent…J'en ai plus qu'assez…

Il ne veut plus de moi, qu'il me quitte, qu'il ait le courage de le faire. Pourquoi être méchant, pourquoi me pousser à bout pour que ce soit moi qui prenne la décision ? Lui ne quitte jamais, il n'est pas très courageux…Il est toujours quitté…
Je lui envoie une photo, depuis l'autre bout du Canal...
" Devine où je suis ? "
Il me répond très vite : " Elle est pas belle la vie ? "
C'est son cinglé de neveu qui dit ça tout le temps. Il répète cette phrase en boucle à longueur de journée, c'est tout simplement insupportable !

    Ce SMS, je ne sais pas comment je dois le prendre ! Moi, je voulais être avec lui… Je pense que c'est encore de la provocation. C'est même méchant, une forme d'insolence, d'humiliation peut-être même. Ce week-end, il fait tout pour que je le quitte...Je suis devenue gênante...dérangeante sans doute…

    Il faut que je prenne la vie comme elle vient et que j'arrête de me prendre la tête avec mon ange qui est en fait un pourrisseur d'existence. Je suis montée aux différents miradors, j'ai vu des sangliers...comme la forêt est belle !

    Je reprends la route, j'arrive à l'exposition en milieu d'après-midi puis l'employé de mairie qui surveille à l'entrée me fait remarquer que j'ai un peu de retard...Il est très gentil. Il s'ennuie à faire le planton ! Il a discuté un peu avec moi le matin. Divorcé, son ex-femme habite à la montagne avec ses 2 enfants. C'est un pauvre type adorable. A sa place, je me rapprocherais des Alpes, surtout qu'il a gardé de bonnes relations avec la mère de ses enfants mais il a du travail ici, alors il reste où il y a du boulot !

    Tout le monde me confirme qu'il n'y a pas eu beaucoup de visites. Je n'ai rien manqué et j'ai profité d'un instant magique et réconfortant.

    Le soleil et la lumière, tout comme la beauté des lieux m'ont ressourcée. Je toussais beaucoup moins là-bas...Et ça m'a reposée.

    Je suis sous le soleil de la verrière et la toux a repris. Je mange encore des gâteaux et du gingembre, je n'ai rien d'autre à faire. J'ai récupéré une table basse et 3 fauteuils alors mon stand est du coup très convivial. L'employé de mairie m'avait aidée la veille en me fournissant des panneaux sympas et des crochets spéciaux pour suspendre les tableaux. Mes voisines m'ont donné des conseils, pour la disposition et l'harmonisation. A ma gauche, il y a aussi des tableaux : c'est la femme du peintre décédé qui vend les œuvres de son époux. Elle est charmante mais n'a mis aucun prix et ne sait pas combien proposer, alors elle ne vend rien et ne peut pas vraiment renseigner les visiteurs sur la technique car elle ne voyait pas son mari travailler. Néanmoins, avec les quelques détails qu'elle me communique, je comprends comment il procédait et ces renseignements me donnent des idées pour mes prochaines toiles…

    D'autres exposants viennent me rendre visite. Je reçois des compliments, des critiques aussi très constructives. La femme du photographe qui expose à l'intérieur a flashé sur un de mes tableaux...Elle est passée me voir plusieurs fois. J'aime beaucoup discuter avec elle, une femme vraiment très intéressante. A part des marque-pages, son mari n'a rien vendu non plus…Ma voisine de droite est très manuelle, très créative. Pendant les pauses (et il y en a beaucoup !), elle tente de faire une écharpe avec un kit qui semble complètement irréalisable, elle s'accroche et ça fait déjà 3 fois qu'elle démonte

tout et qu'elle recommence ! Quelle patience ! Elle est incroyable ! Elle est du sud avec un accent plein de vie, qu'est-ce qu'elle est drôle !
Il est 18h, les portes ferment mais avant de se quitter, je leur dis que je suis en famille pour le week-end et que je ne serai peut-être pas là de 10h à 12h le lendemain car mes cousins ont prévu une sortie à Blois. Elles s'occuperont de mon stand, ça ne pose pas de problème. Qu'est-ce qu'elles sont gentilles ! C'est génial ! Je ne vais rien dire et je vais me préparer dimanche matin pour aller au tir avec eux ! Quelle surprise ! Je savoure à l'avance…

En sortant, je ne suis pas pressée de rentrer. Il m'a envoyé un message dans l'après-midi pour me dire qu'il avait prévenu la mère du petit que ce n'était pas la peine qu'elle vienne à la rencontre des parents au laser Game…Qu'est-ce-que ça peut me faire…De toute façon, elle n'avait pas envie de venir ! Alors, ça a bien dû l'arranger, au contraire ! Mais moi, ça ne me regarde pas tout ça !

Je vais donc à la pharmacie pour tester mes yeux s'il n'est pas trop tard. En fait, ça ferme à 19h alors le test est accepté puisqu'il ne dure que 45 minutes. Depuis que je suis avec mon ange, je ne vois plus très bien de près. J'ai une très bonne vue sinon mais de près, je dois reculer mon livre. Le spécialiste me conseille d'attendre encore un an pour porter des lunettes. Il pense que c'est encore trop tôt.
Très bien, j'en prends bonne note alors je ferai à nouveau vérifier ma vue l'an prochain. Donc, tout va bien, pas de lunettes pour cette année !

Maintenant, il faut songer à rentrer...Je ne suis toujours pas pressée...Ils sont sans doute rentrés, depuis un bon moment maintenant. A ma grande surprise, j'arrive la première, et eux quelques minutes après moi ! Il est 19H30 lorsqu'ils rentrent.
" Les parents n'en revenaient pas que ça dure aussi longtemps."
" Vous avez commencé à quelle heure ? "
" A 16h. "
" C'est court de 16 à 19H. "
" Ah, non, pas du tout ! Tout le monde était surpris que ça dure autant ! "
Un anniversaire d'habitude, c'est de 13 à 18H, minimum ...Il y a souvent des parents en retard et ça se termine vers 19H…Cet anniversaire a été bien court je trouve.
" Finalement vous avez mangé où ? "
" Bah, ici. "
Ah, d'accord ! La mère n'a pas déjeuné ici. Elle n'est même pas venue, elle ne s'est pas déplacée sur le lieu de l'anniversaire non plus d'ailleurs ! J'aurai donc pu revenir mais je n'ai pas été invitée à le faire ! J'ai été évitée ! Tant mieux car mon escapade m'a permis de voir autre chose et de me détendre. Je me suis offert une pause assez exceptionnelle !
Ils ont englouti ma quiche Lorraine, il en reste quelques miettes, il ne fallait pas ! Quelle générosité ! C'est pour moi les miettes je suppose !
Mon croque-monsieur était bien meilleur, il m'a coûté cher mais quelle saveur au milieu d'un havre de paix !

L'Ange passe la soirée après le repas à monter le babyfoot mais il s'énerve car rien n'est en face. Forcément, c'est encore fabriqué en Chine ! Bien entendu, je n'ai pas choisi une belle qualité !
" Pourtant, je l'ai vu monté en magasin et tout correspondait parfaitement ! Les éléments étaient bien alignés, tout était en face. "

" Eh bien, viens voir ! "
" C'est le montage qui ne va pas ! Il y a des pièces à ne pas serrer trop tôt , voilà le problème ! "
En suivant mes conseils finalement, tout s'encastre bien ...
" J'ai pas envie de finir ce soir, j'en ai encore pour des heures...A chaque fois, c'est moi qui doit me taper les montages ! "
    Son fils est frustré, il aurait bien aimé y jouer, moi aussi j'aurais souhaité qu'il termine...mais il en a décidé autrement !
Par contre pour moi c'est terrible...A cause des copeaux au sol, il ne fait que de passer l'aspirateur dans le salon ! D'habitude, c'est 2 ou 3 fois seulement. Aujourd'hui, ça fait bien 10 fois qu'il le remet en marche ! Et à chaque fois, il renvoie de la cendre, des particules de copeaux et de la poussière dans l'air. J'ai la gorge à vif, elle me brûle. J'ai vu dans le miroir qu'elle était en sang, c'est pour cette raison que je tousse à n'en plus finir.
Je m'éloigne dans le couloir pour être moins irritée et je continue à lui parler.
    Il est voûté pour passer l'aspirateur et me regarde en coin d'un air satisfait. J'ai l'impression qu'il le fait exprès, pourtant, ma toux l'énerve et il fait tout pour l'accentuer ! Allez comprendre ! Je dois aller boire de l'eau car la quinte ne s'arrête plus. Romain est très déçu, il aurait tellement aimé faire une partie de babyfoot ce soir mais il ne dit rien.. Alors, je lui fais des popcorn au caramel pour le consoler, il adore !
   " Ton père va bientôt finir, tu pourras en profiter ! " Sans moi, je le crains car il ne le fera pas demain matin, c'est pas grave !
Je suis la dernière à prendre ma douche, je m'apprête à me coucher et il me fait une annonce :
" Au fait, je ne t'ai pas dit, j'ai des amis qui sont passés ce matin, les anciens locataires de mon frère. Ils ont été très incommodés par ton parfum ! C'était une horreur ! Vraiment, ça sentait affreusement ! "
" Ah oui ! Pourtant ça m'étonne, je n'en ai pas mis beaucoup. "
"Ah si, je regrette ! (Il n'a pas l'air content.)
 En plus sa femme est enceinte alors tu imagines ! "
" Elle n'a toujours pas accouché ! "
" Non, toujours pas. "
Pourtant, elle devait accoucher en octobre, il me semble... Qu'est-ce qu'il me raconte...C'est très étonnant mais il n'a jamais de visite. Dès que je m'absente, ça se bouscule au portillon ! Tant mieux s'ils ont remarqué mon parfum car ça veut dire qu'une femme vit ici, qu'elle existe !
" Insolence ", l'eau de parfum était donc une très bonne idée !
    Il passe dans ma chambre et m'embrasse comme un vieux couple, du bout des lèvres comme si j'avais la peste ! " Mon fils m'attend. "
    Je ne réponds rien. J'ai bien compris, il n'y aura pas de gros câlin ce soir. Je suis peut-être punie, à cause du parfum...son prétexte est minable, son attitude déplorable aussi.
Il avait raison son collègue policier, il se sert bien de son fils pour avoir des prétextes et parvenir à ses fins. C'est pitoyable !

En fait, il croit me punir mais ça m'arrange parce-que je vais pouvoir me reposer...Quelle drôle de journée...Je m'endors épuisée.
Je me suis réveillée très tôt le matin...L'Ange est déjà debout. Il prend sa douche dans la salle de bain qui touche ma chambre alors j'entends l'eau couler et la pomme de douche taper dans la baignoire. Je reste un peu au lit jusqu'à 9h. Je suis très fatiguée et ma laryngite / trachéite n'arrange rien. Je bois de l'eau la nuit pour moins tousser...C'est pire avec les pastilles au miel car j'ai la gorge à vif et le sucre m'irrite encore plus ça ne fait aucun doute !
Je prends mon petit déjeuner sans me presser, ça n'inquiète personne...
L'Ange a déballé son cadeau en mon absence...Maintenant il le critique :
" Pour un calendrier de l'Avent, je trouve que ça ne fait pas très Noël. " Il n'est jamais satisfait de ce qu'il a….S'il n'en veut pas, il n'a qu'à me le laisser, moi je le trouve magique :
" C'est plutôt joli cette patinoire à l'air libre en plein centre-ville…"
" Je ne trouve pas ! Ils auraient pu utiliser les couleurs de Noël ! "
" Oui, un sapin avec des cadeaux aussi ! "
" Exactement ! "
" Je vais leur dire, ils suivront tes conseils pour l'année prochaine ! "
" C'est parfait. "
Je me moque mais il sourit de satisfaction… Comme si cette grande marque de thé allait suivre ses conseils !!!
Lui, aurait préféré un calendrier bien " beauf " avec du blanc, du vert et du rouge ! Un sapin et un père Noël avec une longue barbe blanche ! Comme les calendriers de l'Avent à quatre sous de la grande distribution avec des chocolats bien gras dans les petites cases ! Celui que je lui ai offert, fait dans l'art et la finesse.
Le dessin est subtil : il évoque l'hiver dans une petite ville. Des enfants s'amusent à patiner sur la glace, écharpes au vent, bonnets à pompons, des petites mitaines, des chaussures en cuir sur patins donnent une touche très ancienne. C'est à la fois sobre et raffiné avec une dominante de blanc...Ici, les chocolats gras ont été remplacés par des thés très fins et des infusions délicates et savoureuses (les préférés de leur clientèle). Rien qu'à les voir, j'ai envie de chanter " Jingle Bells, Jingle Bells, Jingle all the way..! " (Vive le vent, vive le vent, vive le vent d'hiver... !)
Apparemment, l'ange est passé à côté de tous ces détails...Finalement, nous n'avons pas du tout la même sensibilité...moi, je ressens tellement de chose lorsque je vois cette image...Trop de choses peut-être même…
(Plus tard, il me reprochera d'avoir mis sa vie en danger pendant le travail car avec les thés, il y avait des infusions...il a donc failli s'endormir pendant le service pour avoir pris une infusion à la place d'un thé et bien sûr, j'étais responsable.)
Maintenant, il fait faire ses devoirs à son fils. Il est très autoritaire et le dispute pas mal...Il ne va pas aimer l'école trop longtemps...Il a déjà commencé à bien le dégoûter !
" Je ne comprends pas, il travaillait bien avant...maintenant, il s'en fout ! "
Et ça ne va pas aller en s'arrangeant avec cette méthode ! Je ne fais aucun commentaire, je ne veux pas entrer dans ce débat-là, surtout pas !
" Je ne vais pas à l'exposition ce matin, je me suis faite remplacée…"
" Ah, mais je ne suis pas d'accord du tout. Tu t'es engagée, tu dois y aller ! "

" Tu n'es pas d'accord mais on ne peut pas toujours être d'accord ! (C'est ironique, car depuis quelques temps, on est jamais d'accord !) Moi non plus, je ne suis pas d'accord ! Ils ont organisé une exposition et n'ont fait aucune publicité ! Ils ont fait venir des artistes de toute la région juste pour servir leurs propres intérêts ! "
" Ah, mais c'est très prétentieux de ta part, parce-que tu crois que tu es une artiste ? "
" Non, je ne parle pas pour moi mais pour tous les artisans, les créateurs qui se sont déplacés ! "
" Je ne suis pas du tout d'accord avec toi. Tu me déçois beaucoup, je ne partage vraiment pas ton avis. Tu t'es engagée pour tout le week-end, tu ne respectes pas ton engagement. "
" C'est pas grave ! De toute façon, je n'irai pas ce matin. Mes tableaux sont visibles, ma présence n'est pas indispensable, personne n'est indispensable. Si quelqu'un est intéressé, il peut même en acheter ! J'ai des vendeuses sur place ! Ils ne s'apercevront peut-être même pas de mon absence ! C'est pour dire ! "
" Quand on s'engage Madame, on doit tenir ses promesses ! "
" Ils n'ont pas tenu les leurs ! Je suis allée en ville plusieurs fois, ils n'ont fait aucune publicité, même pas de fléchage ! Par contre, ils ont tout fait pour " le salon du jouet ancien ", j'aurais presque pu y aller les yeux fermés !..." L'incident est clos...Il ne me demande même pas pourquoi je suis allée en ville. Je réalise qu'il ne me pose jamais de questions. J'ai libéré ma matinée pour me reposer un peu et aller au tir !
Il est bientôt l'heure…
" Je peux venir avec vous au Tir ? On y va bientôt ? "
" Ah, mais non ! Certainement pas avec un vent pareil ! Le carton va faire que de bouger, c'est même pas la peine ! Il y a beaucoup trop de vent, on ira pas faire de tir d'un temps pareil ! "
Il y a toujours une bonne excuse pour ne pas m'emmener au tir…
Son téléphone est toujours posé sur le petit meuble dans l'entrée de la cuisine, juste à droite…Il est 11h et d'habitude il est déjà là-bas…Je vois qu'il louche furtivement sur son téléphone comme s'il attendait un message…Comme par hasard ! En effet, Lisa doit déjà être sur place et comme Romain s'entraîne d'habitude à la carabine, elle sait qu'il est en retard et devrait réagir sous peu…Je n'attends même pas.
    Je pars faire mes bagages, je ne repasserai pas ici ce soir, il sera beaucoup trop tard…Je stresse un peu car les spécialistes de la météo ont annoncé des rafales à plus de 120 km/ heure pour la fin de l'après-midi. Il y a même une alerte rouge qui a été lancée !
    C'est pourtant pas ma fête mais l'Ange m'attaque encore sur ma vue :
" Il serait temps que tu portes des lunettes ! Mais bien entendu, tu es comme Aléna ! Pour jouer " les petites jeunettes ", tu ne veux pas de lunettes ! Et oui, ça fait vieille ! Pourtant, tu en aurais bien besoin ! "
" Pas du tout, je suis passée hier soir chez le spécialiste, il m'a fait passer des tests et m'a dit que c'était trop tôt. L'opticien m'a conseillé de faire à nouveau une vérification l'an prochain. Voilà, je n'en ai pas besoin ! " Je lui ai cloué le bec mais il ajoute une remarque, tout de même : " A ta place, je prendrais déjà maintenant un rendez-vous chez l'ophtalmologue pour l'an prochain car l'attente est longue. "
Comme il est mignon...Qu'est-ce qu'il prend soin de moi !

L'Ange me propose un déjeuner à Blois complètement à l'opposé de Romy...Le trajet va me prendre 1h aller / retour :
" Non, c'est trop loin pour moi ! Et puis, on est dimanche, tout va être fermé...Je préfère déjeuner à Romy…"
" A part le fast-food, il n'y aura rien d'autre d'ouvert. "
" C'est parti pour le fast-food ! En plus, il y a une fête foraine géante autour du lieu d'exposition ! "
" Ah, oui ! Super Papa ! On va à la fête foraine ! "
" Ah, non certainement pas, ça coûte cher !
Au fast-food, la commande se fait avec une machine. Il n'y a pas de contact humain...C'est terrible, on a l'impression d'être servi dans une usine désaffectée ! Enfin, bref ! C'est ouvert et c'est rapide même si ce n'est pas terrible ! Les enfants adorent et le petit Romain est enchanté. Après le repas, l'Ange s'éclipse un bon moment au sanitaire pour se laver les mains...Ou pour envoyer des messages ou téléphoner… Je suppose… Je n'ai pas de preuves...C'est vrai ! Mais je sens les choses et ce que je sens ne me plait pas du tout...Même si je n'ai pas de preuves, je sature, je n'en peux plus...

    A 14h nous sommes devant la pyramide mais les portes ne s'ouvrent pas. Le petit fait la comédie et le père très sévère cède ! Ils m'abandonnent et partent tous les 2 à la fête foraine. 30 minutes plus tard, nous sommes toujours devant les portes fermées. Des coups de fil ont été passés et la personne qui a les clefs, c'est l'employé municipal ! Celui qui s'était moqué de moi hier parce-que j'étais en retard...Il ne faut jamais se moquer ! La femme du photographe vient de révéler à tout le monde qu'ils ont pris l'apéro ensemble à midi et qu'après déjeuner, il a fait une petite sieste et ne s'est pas réveillé ! Dommage ! Tout le monde est au courant maintenant...La honte !

    Il arrive enfin, il n'est pas très fier. J'ai eu le temps de discuter avec mes voisines de stand… Et oui, c'était à prévoir ! Dimanche matin, c'était pire que
samedi ! Aucun tableau n'a été vendu. Ni moi, ni les autres.
Je taquine un peu l'employé : " Vous êtes un peu en retard cet après-midi ! "
" Oui, je sais. La honte ! J'ai fait une sieste après manger et je ne me suis pas réveillé...Vous n'étiez pas là ce matin ? "
" Non, pas réveillée non plus ! "
" Je peux vous offrir un café ? "
" Non merci, c'est très gentil mais j'ai horreur du café. "
" Dommage. "

    Il repart vers l'entrée s'asseoir sur une chaise pour surveiller les entrées et les objets exposés dans le hall...Triste dimanche pour lui aussi…
J'ai des visiteurs, certains posent des questions, d'autres dévisagent mes œuvres comme pour me mettre à nu...Et oui, certains regards sont gênants, dérangeants même…La présidente du salon de la photographie s'arrête devant mon stand. Elle reste à bavarder un bon moment. C'est une ancienne directrice d'école qui me donne des conseils que je vais suivre pour mes prochaines productions. Elle m'invite aussi à participer à la grande exposition de la photographie qui aura lieu à Romy durant toute la durée du Pont de l'Ascension dans une ancienne usine de voitures désaffectée. Elle me laisse sa carte et insiste vivement pour que je vienne. L'un des plus grands photographes Japonais sera

présent. Ce sera une très belle exposition à ne pas manquer. C'est sûr, j'aimerais bien y aller…

J'ai rencontré aussi une personne qui peint sur de l'infiniment petit. En fait, elle m'a confié qu'elle aurait dû être sur mon emplacement mais que le stand était beaucoup trop grand pour ses petites œuvres d'art. Elle a donc pris ma place à l'intérieur, sans aucune fenêtre avec des lumières artificielles. Ouf ! J'ai eu de la chance d'arriver après elle. C'est quelqu'un de très dynamique et d'adorable qui ne veut pas révéler son savoir-faire, pas même à ses nièces. Elle l'emmènera dans sa tombe ! Quel dommage ! Elle est capable de peindre un paysage sur un galet gros comme un timbre-poste ! C'est impressionnant de détails !

Finalement, je ne vends rien mais je fais de belles rencontres. Ma voisine d'en face se déride, le dimanche après-midi. Elle, c'est une professionnelle. C'est son métier vraiment et elle doit en vivre et faire vivre sa famille. Avec cette crise économique qui s'éternise, c'est vraiment très difficile et si elle ne vend pas, pour elle c'est vraiment grave parce qu'elle n'a pas de salaire fixe alors je comprends son visage soucieux. Elle me dit que j'aurais dû prendre une commande car la personne qui voulait un de mes tableaux avec les pots de terre japonisants avait l'air très intéressée. C'est sûr mais j'habite loin, je vais lui faire un tableau similaire avec les mesures souhaitées et la toile ne sera pas identique, elle ne lui plaira peut-être pas ! J'ai plus de 100 euros de gasoil et de frais d'autoroute !
" Il faut leur demander un chèque d' acompte . "
Elle a peut-être raison, j'aurai pu faire une vente…Elle a le sens des affaires, c'est son métier et ne manque pas une opportunité.
L'Ange n'a pas eu tous ses cadeaux. J'ai gardé les petits savons au melon et je n'ai pas déposé à son bureau de Romy, les cadres des photos animalières avec les biches, le cerf en train de bramer, le château de Chambord…

Mes tableaux sont affichés entre 150 et 350 euros….Forcément, c'est une somme et j'ai oublié les marques pages. J'étais déjà à Fontainebleau lorsque je m'en suis aperçue. Non, je n'ai pas fait demi-tour, j'ai oublié les dessins à l'encre aussi…Je décide donc de mettre mes cadres avec mes photos en vente à 10 euros . Je fais exprès de casser le prix pour voir…

L'Ange arrive lorsque je les dispose bien en évidence sur la table. En arrivant, il m'a vue retirer le papier cadeau, il n'a rien dit. Il a sans doute cru que c'était un emballage de protection. J'avais passé une heure à faire le paquet ! Il les regarde à peine. J'ai bien fait de ne pas lui offrir…Ma mère va adorer car j'ai les mêmes dans le salon et elle les a trouvées magnifiques. Mon frère aussi, c'est le genre de photos qu'il adorerait. Les gens s'arrêtent pour admirer, c'est déjà ça ! Mais pas un achat ! En fait, il y a un peu de monde ce dimanche après-midi, mais les gens se promènent, ils n'achètent rien. C'est ce qu'on appelle " la balade du dimanche." L'entrée est gratuite alors ils en profitent et ils ont raison !
L' Ange croise devant mon stand un jeune policier en civil qui ne travaille pas dans son commissariat. Il a à peine 30 ans. Il me présente comme sa cousine bien sûr, devant son fils de toute façon il ne peut pas faire autrement. Il est très fier que ce jeune se soit arrêté pour lui parler.
Le trentenaire ajoute :

" C'est très intéressant vos peintures...Toi aussi, tu dois savoir bien dessiner, c'est un don de famille je suppose ? "
La remarque de son jeune collègue me fait sourire : non, il ne tient pas de moi !
(Nous sommes cousins par alliance.) C'est même terrible, il ne s'en vante pas, mais je crois bien qu'il dessine aussi bien qu'un enfant de 6 ans, c'est pour dire !
Le jeune homme nous quitte et poursuit sa promenade.
" Il est très bien ce gars-là. Il est jeune mais il a vraiment la tête sur les épaules."
" Oui, ça se voit ! Il a l'air sain ce garçon. "
" Ah, ça oui, il a une maturité impressionnante. "
A moi, ça me fait du bien de voir une connaissance à lui équilibrée. Quelqu'un de normal, quoi !
    Au bout de 10 minutes, Romain s'ennuie déjà, il soupire et envoie des signes d'impatience. Je montre à son père les photos que j'ai prises la veille à l'intérieur de l'expo. Il semble à peine les regarder et je vois bien que ça les ennuie d'être là. Il ne fallait pas qu'il se sente obligé ! Il fait le tour de l'exposition intérieure seul et revient s'installer dans l'un des fauteuils :
" Je n'ai pas vu les 2 corps en pierre en forme de cœur ! "
" Il a dû être vendu, il y était encore hier soir..."
" C'est dommage, il me plaisait bien, je l'aurais bien acheté. "
Comme c'est surprenant ! Il a à peine regardé ce que je lui montrais en photo ! C'est bien étonnant qu'il ait vu cette création en pierre ! Il m'étonnera toujours !
Le schtroumpf ne tient plus en place...
" On reste jusqu'à 30 ! "
Pourquoi 17H30 ? C'est encore un mystère ! Pour dire qu'il a passé 30 mn à l'expo ?
" Tu as dépensé beaucoup à la fête foraine ? "
" Non, pas beaucoup...Attends voir...30 euros...Ah, non, 40...Ah, si un peu plus. Ah oui, 60 euros quand même..."
" Ah, oui, quand même ! "
Heureusement qu'il avait dit non, pas de fête foraine !
Je lui parle du retard de l'ouverture des portes...
" Je sais, j'ai vu au loin. Il y avait 36 minutes de retard. " (Il est pointilleux sur le retard des autres. En quoi c'est important l'heure exacte...On est dimanche !)
Je lui explique les raisons du retard de l'ouverture des portes et j'ajoute :
" Tu le connais ce gars ? Il travaille à la ville. Il voulait m'offrir un café. Il est gentil. "
" Non, je ne le connais pas. Il t'a draguée ? "
" Mais non, tu parles, il s'ennuie ! Et ça fait 2 jours qu'il fait le planton devant la porte. En plus, il ne doit pas gagner grand-chose le pauvre ! "
" Toujours plus que toi ! "
" C'est sûr ! Pour l'instant... Parce-que la femme du photographe a eu un coup de cœur pour le sous-bois enneigé des Alpes du sud (un tableau de taille moyenne aux pastels secs et à l'acrylique). Je l'aime beaucoup. J'aimerais bien le garder mais si je le vends tant pis...Enfin tant mieux...Mes frais seront payés et je gagnerais un peu quelque chose..."

" Les gens disent toujours qu'ils vont réfléchir et au final, ils n'achètent rien. C'est classique."

J'aurais tellement voulu payer les vacances à la montagne avec mes tableaux… Je sais, je rêve toujours beaucoup. D'ailleurs, j'ai versé des arrhes il y a 15 jours, je lui en ai parlé, il n'a pas relevé, il n'a rien donné….Peut-être pense-t-il que nous ne serons plus ensemble…En tout cas il s'est engagé oralement et encore…Je ne sais pas ce qu'il me prépare…

C'est toujours moi qui donne vie à la conversation alors je ne dis plus rien.

Lui, n'a rien à raconter donc il attend 30, pendant 7 minutes sans bouger avec son fils qui trépigne d'impatience.

A 17H28, il se lève et dit à son fils de me dire au revoir. Heureusement qu'il lui dit parce-que sinon, il aurait oublié ! Il est tellement pressé de partir…
Apparemment mon ange va s'en aller comme ça. Je vais remballer toute seule, comme pour le déballage.

Pas de bisous, il me souhaite un bon retour : " Tu vas pouvoir aller prendre un café avec l'employé de la ville, ton fiancé." Je me contente de hausser les épaules…

C'est minable comme remarque ! C'est méchant pour ce pauvre gars et c'est humiliant aussi pour moi. Il se retourne juste avant de franchir la porte… (Son fils ne le voit pas, il marche devant.) Il fait sa bouche en cul de poule et m'envoie un baiser dans le vide…
Je lui en renvoie un, plein d'amertume…

J'ai tellement mal que je ne sens plus rien, je suis devenue insensible à la douleur…Comme s'il m'avait arraché un membre. J'ai trop mal pour ressentir la souffrance. Je n'ai qu'une envie, c'est de partir loin, très loin, de plier bagage et rentrer chez moi avant la tempête annoncée. D'après mes voisines, nous sommes autorisés à remballer plus tôt, à partir de 17H30 à cause de l'alerte météo.

Je vais féliciter la potière et lui souhaite un bon retour. Elle a vendu un peu, heureusement car elle en vit. Elle a dû payer 2 nuits d'hôtel aussi mais elle est contente car elle a fait un peu de bénéfice.
J'annonce mon départ à la femme du photographe qui est désolée, sa nièce a vu la photo du sous-bois enneigé, elle n'aime pas…Elle veut un autre cadeau pour son anniversaire. "
" C'est pas grave. "
Je lui avais laissé ma carte la veille. Elle était étonnée que ce ne soit pas le même nom que sur le stand…Je lui avais répondu :
"Je me suis mariée récemment, je n'ai pas eu le temps de refaire des cartes."
Elle m'avait félicitée bien entendu…Nous nous sommes quittés en nous donnant rendez-vous au salon de la photographie en mai.
" On y sera ! A bientôt ! Bon retour !
" Bon retour aussi . "
J'embrasse mes voisines d'expo, je leur suis vraiment reconnaissante pour tous les conseils et tous les services rendus. En 15 mn, j'ai tout remis dans le coffre. Il est vrai que je n'ai jamais plié bagage aussi vite. Je laisse mon prénom et mon 3ème nom de famille sur la table, un format A4 plastifié, pas très classe. Je n'en veux pas en souvenir !

J'ai déjà dû le cacher quand Romain est arrivé sur mon stand...Mon nom ira à la poubelle avec les déchets de l'exposition... Je pense que c'est là sa meilleure place !

Je pourrais mentir et dire que j'ai gagné 600 euros avec la vente de 2 tableaux sur la fin...mais ça ne m'intéresse même pas ! Je ne suis pas une menteuse. Je ne mange pas de ce pain-là, moi. Je n'ai pas vendu aujourd'hui, mais demain qui sait ? Le vent tourne, la roue tournera un jour pour moi...

Les vents annoncés sont plus faibles qu'à l'aller, tant mieux car c'était quand même une certaine appréhension... Finalement le retour se passe sans ralentissement et 2 heures plus tard, je retrouve ma petite famille :

" Alors maman, tu as vendu ? "
" Non ma Puce..."
" C'est pas grave ! "
" Non, c'est pas grave ! "
" Tu avais oublié les marques pages ! Tu aurais pu en vendre ! C'est dommage ! "
" Oui, je sais, j'étais trop loin pour faire demi-tour, quand j'ai réalisé, c'était trop tard...Tant pis! On les vendra une prochaine fois ! "
" Oui maman, ils sont si beaux ! C'est sûr, on les vendra ! "
" Oui ma puce, c'est certain ! "

Je reprends le travail encore plus malade qu'avant le week-end.
Depuis que je n'ai plus de poème le soir, j'ai tous les matins une petite phrase gentille qui me donne la force de me lever, parfois même un mini poème de 3 ou 4 lignes qui m'encourage à me lever pour aller travailler.
Ce petit mot m'aide beaucoup. Sans lui, je ne sais pas si j'aurais l'énergie de me lever et d'aller travailler le matin.
C'est terrible de ne plus avoir de force comme ça ! Je prends des vitamines, des oligo-éléments mais je ne note aucun changement. C'est de pire en pire, je tousse tellement que j'ai mal aux côtes.

J'ai beaucoup de copies à corriger, j'ai pris du retard car je n'ai pas pu travailler le week-end dernier. C'est bientôt la fin du trimestre, j'ai toutes les notes à informatiser. En parallèle, j'ai les travaux de La Renardière à gérer à distance, les cadeaux de Noël à terminer d'acheter, d'emballer, de cacher. J'ai très envie de fêter Noël avec ma famille le 24 au soir mais j'ai aussi très envie de célébrer le 25 à Tours dans mon autre famille. J'aimerai tellement arriver à faire les 2, d'habitude le 25, c'est encore chez ma mère pour l'ouverture des cadeaux ! Alors, je ne sais pas comment faire...Et le lendemain du réveillon, je suis toujours très fatiguée. Nous rentrons chez nous vers 3 ou 4h du matin alors la nuit est très courte. Il faudrait que je sois capable de faire la route le lendemain pour me rendre en Sologne. Je préfère ne rien dire, mon Ange sera heureux de voir que finalement, j'arrive à toujours être présente pour les réunions familiales : tous les anniversaires et même Noël...Mais si je ne venais pas, il serait très déçu, c'est sûr...
En plus, cette année son fils est chez sa mère alors il faudrait vraiment que je puisse me libérer sinon il va être tout seul...

Je pense trop...J'ai trop de choses en tête. Mon esprit est confus. J'ai besoin de le clarifier, de trouver des solutions alors je décide de m'offrir un bracelet de petites pierres de

Tourmaline rose. Je les trouve apaisantes et je sens que je vais éclaircir quelques zones d'ombre.
            Dans l'après-midi, je fais ma recherche sur Lisa par internet. Et oui ! Avec le nom de famille bien orthographié je la trouve très facilement !
C'est pas trop tôt ! Je vois enfin son visage…Dire que je le cherchais depuis avril !
Elle est plutôt banale physiquement. Je n'ai rien à lui envier ! On est très loin de la créature de rêve que l'Ange m'avait laissée imaginer ! Elle possédait un magasin de déco à Romy mais elle a dû fermer boutique. Elle loue son local pour des célébrations à ce jour. Il est probable qu'elle a dû croire qu'elle était en partie responsable de sa faillite mais en réalité toutes les boutiques de déco ferment une par une dans ma région même si les personnes sont compétentes et courageuses. En période de crise économique, la déco n'est pas une priorité pour les consommateurs ! Pauvre Lisa ! L'estime de soi doit être en berne ! Elle ne le sait pas mais elle n'y est pour rien. Je lis aussi dans un article de journal, toujours sur le net,
qu'elle n'était pas désirée pour le poste obtenu à la Com Com de Romy. L'opposition aurait souhaité qu'une élue soit chargée de s'occuper du secteur
" commerce ". Le Maire a justifié ce choix par des arguments appropriés. C'est fou, de trouver tout ça sur le net ! C'est même dingue d'avoir autant de renseignements sur elle sans même passer par Facebook (Je n'en ai pas et n'en veux surtout pas ! Un journal intime en ligne ! Non, merci ! Jamais de la vie ! ! !).
En découvrant toutes ces informations, j'en veux terriblement à mon Ange. Je suis convaincue qu'il s'est servi de cette pauvre fille pour me faire du mal, pour me faire souffrir. C'est très méchant, c'est pervers même ! Je rumine quelques jours pendant qu'il travaille au commissariat et au moment où il retourne le mardi à la Com Com, je lui envoie ce petit SMS cinglant.(Depuis quelque temps, à travers ses messages, je suis une petite souris grise ! Pourquoi une souris ? Et pourquoi grise ? Il est tellement farfelu… Voici le message mûrement réfléchi et travaillé :
" Bonjour à Lisa, la Petite souris de Romy
Ni jolie, ni laide. Juste banale,
Et même un peu vieillotte…
La jeune créature du plan B,
N'aura finalement servi que d'outil
Pour humilier et faire souffrir juste pour le plaisir,
L'autre petite souris bien aimée,
Soit disant jolie, si seulement elle avait été laide,
Ou même juste quelconque,
La perversité l'aurait épargnée.
Un peu de laideur,
Lui aurait donné droit au bonheur…"

        J'envoie mon message en tout début de matinée. D'habitude, il n'a jamais le temps de me répondre, il est toujours débordé !
(Il est bien le seul dans cette équipe !) Ou en réunion bien sûr !
Mais là comme par hasard, il répond instantanément !!! :

" Voilà, ça y est ! Tu recommences encore avec ta jalousie ridicule ! C'est absurde, ça n'a aucun sens. Je te l'ai déjà dit, cette fille ne m'intéresse pas. "
" Ah, non, pas du tout. Je ne suis pas jalouse ! Ce n'est pas ça le problème. Le problème, c'est que tu l'utilises pour me faire du mal, me faire souffrir ! C'est ça le problème ! "
" Je ne vais plus perdre mon temps avec toi. Je vais cesser de m'évertuer à t'expliquer puisque tu ne veux rien entendre. "
" Je n'en veux absolument pas à cette fille ! C'est toi qui te sert d'elle pour m'atteindre ! "
" Tu ne m'apaises plus du tout, bien au contraire."

Je cherche à garder le contact mais la conversation s'arrête là.

LA VÉRITÉ

     Le dimanche suivant, c'est la date butoir pour la fin du trimestre. J'ai tout terminé : le calcul des notes d'oral, les appréciations de tous mes élèves sur tous les niveaux le samedi soir.
     Le premier dimanche de décembre, je suis enfin libre de faire une recherche sur le net…....Pervers….Pervers quelque chose… J'ai oublié le deuxième terme….Ah, oui, ça y est, ça me revient :
Pervers narcissique , c'est le terme que j'ai retenu en feuilletant le livre de Christel Petitcollin en magasin. J'en suis sûre, enfin presque...Je vais tout de même vérifier. Depuis, j'ai acheté le livre. Je n'en suis pas encore arrivée à ce terme dans " Je pense trop "...
Je feuillette mon livre...Oui, j'ai raison, c'est bien ça !
Je me méfie toujours parce que je trouve que j'ai une mauvaise mémoire ! Je déteste internet mais il faut bien reconnaître que parfois ça peut être utile quand même !
     Je tape les termes sur un des moteurs de recherche et là, je trouve la définition de Wikipédia pour commencer.

                  C'est un choc brutal :
                  L'Ange est un malade psychiatrique !

     Il souffre d'un trouble de la personnalité provoqué par un traumatisme infantile (mais pas systématiquement).
Il ment, fait passer ses propres besoins avant ceux des autres, c'est un grand manipulateur. " L'aspect narcissique du personnage veut qu'il soit toujours reconnu et apprécié par son entourage. "
Je n'arrive pas à le croire, c'est exactement ça !
Quel soulagement de découvrir enfin la vérité ! Enfin une explication rationnelle !
Enfin, des réponses aux nombreuses questions que je me pose depuis des mois !
Je prends des notes dans un cahier. J'écris toutes les informations importantes…
     " Il n'y a pas de médication utilisée spécifiquement pour traiter la perversion narcissique. Cependant en cas de symptômes de dépression ou d'anxiété, des

antidépresseurs ou des médicaments contre l'anxiété peuvent aider la personne qui en est atteinte. "

Je cherche encore plus d'informations...Je tombe sur une interview entre un psychiatre et un pervers narcissique qui a accepté de se livrer (un des rares sociopathes qui a cherché à canaliser son mal.)

Dans cet échange, je découvre que le " Pervers Narcissique " est d'abord victime de son passé, de son enfance, de ses parents (l'un d'entre eux est un PN)

Il apprend à tricher pour survivre. Le malade interrogé parle de " Vampirisme " et évoque le Mythe de Golem en précisant qu'il y a de quoi avoir froid dans le dos !
Je ne connais pas ce mythe mais je chercherai plus tard...J'ai un peu peur de ce que je vais découvrir car je déteste les films d'horreur, ça m'effraie au plus haut point, c'est pour cette raison que je n'en regarde jamais !

Il ajoute : " Tant que la perception du monde intérieur du pervers narcissique n'est pas mise en danger, troublée ou déréglée, celui-ci réussit et continue à gonfler son narcissisme pathologique et à se détourner de ses profondes blessures qui d'ailleurs sont anéanties par un système que j'aurais du mal à comprendre, d'extraction vers l'autre. " Le malade a une impression de toute puissance dans un monde irréel.

La dépression profonde peut amener le " Pervers Narcissique " à des soins alors le monde narcissique s'effondre. La kinésiologie peut aussi apporter une solution mais il n'y a pas de guérison possible.

Il faut rester vigilant avec un PN car il vit avec un esprit malin, maléfique. Il ne supporte pas la contradiction, il est envahi par une pulsion destructrice, une pulsion énergétivore (pulsion de l'esprit malin ou de l'être réel ?)

Voici ce que je découvre encore dans le témoignage du PN :

" Le Pervers Narcissique n'est pas conscient de rabaisser l'autre à ce point quand il attaque, tant qu'il est dans l'illusion de toute puissance sur le monde."

Sa pauvreté intérieure le guide vers un but unique :

" DÉTRUIRE TOUT CE QUI REPRÉSENTE LA VIE. "

(Ce que je découvre me fait peur...Mon cœur bat très fort...)

" Le pervers narcissique est habité par un esprit malin, un monstre (je croyais, que ça n'existait pas !), un corps étranger envahissant la partie saine de l'individu.
Cela engendre des troubles de la personnalité et un beau package de symptômes.

Par contre, il est tout à fait possible d'avoir des moments d'échange et de partage selon les périodes de troubles, voire un semblant d'adaptation parfaite à la société (d'où la difficulté de les identifier...), mais l'esprit malin se réveille par moment et là, il faut rester compréhensif mais ferme et solide. "

Je vois qu'il existe des aides :
La kinésiologie, la psychologie, la psychiatrie, l'acupuncture, le yoga et ses dérivés…
Le PN interviewé reconnaît que c'est une maladie comme le trouble bipolaire ou la paranoïa...Mais c'est affreux pour un PN de l'entendre.

" Un PN ne supporte pas que l'image qu'il renvoie de lui, y compris à lui-même, soit abîmée, donc il devient totalement hystérique lorsqu'on lui dit, qu'il est un pervers narcissique "...même si cela est vrai..."

Le sociopathe interrogé ajoute :
" Si vous êtes attirées par nous, c'est qu'il y a une raison ? " C'est méchant de dire ça mais en même temps, il a raison...Je vais garder cette question à l'esprit pour y trouver une réponse plus tard...
Je poursuis ma recherche ....Le PN est un manipulateur destructeur...

Aux USA, ils sont appelés " sociopathes".
Il y a une petite influence génétique mais on ne naît pas pervers narcissique, on le devient...Le narcissique doit admettre qu'il n'a pas reçu dans son enfance, l'attention dont il avait besoin, ni de la part de la mère, ni de la part du père.

Il protège la bonne image des parents...
Le PN a l'art de se faire passer pour " La victime de ses victimes ".
Lors des séparations, le pervers se pose en victime abandonnée, ce qui lui donne le beau rôle et lui permet de séduire une autre partenaire consolatrice.
" Le pervers absorbe l'énergie positive de ceux qui les entourent, s'en nourrit et s'en régénère puis il se débarrasse sur eux de toute son énergie négative. "
" Le PN est envahi par " un autre " dont il ne peut se passer, cet autre n'est même pas un double qui aurait une existence, seulement un reflet de lui-même. "
" Il fait souffrir l'autre pour annuler sa propre souffrance."
Si vous souffrez, il se sent bien, si vous ne souffrez pas lui souffre. "

Je découvre encore des informations importantes sur le PN :
Le choc émotionnel lourd qu'il a connu dans son enfance a interrompu le fonctionnement normal de ses émotions.
Il a pour mode de fonctionnement de rabaisser sa victime pour soulager son complexe d'infériorité dû à un blocage infantile, ce qui peut être très destructeur...

Il est donc émotionnel mais n'a pas une sensibilité altruiste, il est comme un enfant pour qui tout ce qui compte, c'est lui et son bien-être.

Il a des comportements infantiles :
Mentir, faire culpabiliser l'autre, ne pas ressentir la souffrance d'autrui, pleurer, faire des blagues puériles etc...

Qui peut être victime du PN ?
Je trouve d'abord le portrait de la victime type :
Une personne sensible à la culpabilité, à la critique, une estime de soi en berne avec de grandes qualités morales et humaines que le PN n'a pas.

Puis dans une recherche Américaine en anglais sur la pathologie, je découvre autre chose, que je traduis :
" Le PN a un DON INNÉ pour découvrir LA FAILLE en TOUT INDIVIDU "
Donc, toute personne peut être choisie pour cible....Méfiance !
Le PN a tout de même une préférence pour les surefficient(e)s (les gens qui pensent trop...) Je découvre une citation :
" Quelqu'un qui est névrosé, c'est quelqu'un qui a un problème et qui en souffre.
Quelqu'un de pervers, c'est quelqu'un qui a un problème et qui en jouit."

(Benjamin Lubszynski)
Décidément, j'ai beaucoup de chance ! Parce que mon pseudo-Ange, il est pervers et névrosé !!
Je trouve quelques conseils, des réactions à avoir :

- Ne plus raconter les détails de sa vie.
- Arrêter d'argumenter ou de se justifier et utiliser une communication d'extinction, des phrases courtes et flous ayant l'apparence de l'indifférence :
    " C'est ton opinion ! "
    " Ne t'inquiète pas pour moi ! "
    " A chacun son expérience ! "
    " En apparence ! "
    " C'est une interprétation ! "
    " Je n'en doute pas ! "

Éventuellement, lui dire qu'avec son attitude, il projette une mauvaise image de lui-même et comme son image sociale est sacrée pour lui, il risque d'être touché.

- Mettre de la distance
- Eviter tout contact
- S'il fait partie de votre famille dites-vous avant de le rencontrer " Je sais qui tu es, mais toi (bloqué au stade infantile), tu ne sais pas que je le sais...Pour l'observer...
(Attention, ne pas le sous-estimer, il peut être informé par votre regard que vous avez eu accès à la vérité concernant sa maladie...Portez des lunettes de soleil !)
- La meilleure protection, c'est la fuite et l'absence de communication.

Je vois qu'il existe un centre de Kinésiologie à Marseille...Des spécialistes ont élaboré les 20 points qui caractérisent le Pervers Narcissique.

La personne atteinte de cette maladie psychiatrique :

1- Vampirise l'énergie de l'autre : L'expression " se faire bouffer " prend tout son sens.
2- Elle est dénuée d'empathie, fait preuve de froideur émotionnelle.
3- Elle souffre d'insatisfaction chronique, il y a toujours une bonne raison pour que ça n'aille pas.
4- Elle use de dénigrement insidieux, sous couvert d'humour au début, puis de plus en plus directement.
5- Elle est indifférente aux désirs de l'autre.
6- Elle s'inscrit dans une stratégie d'isolement de sa proie.
7- Elle fait preuve d'égocentrisme forcené.
8- Elle fait culpabiliser.
9- Elle est incapable de se remettre en cause ou de demander pardon
(sauf par stratégie).
10- Elle s'inscrit dans un déni de réalité.
11- Elle joue un double jeu :

Le (ou la PN) se montre charmant, séducteur, brillant - voire altruiste- pour la vitrine, mais il est tyrannique, sombre et destructeur en privé.
12- Elle est obsédée par l'image sociale.
13- Elle manie redoutablement la rhétorique : le dialogue, pour dépasser le conflit, tourne à vide.
14- Elle alterne le chaud et le froid, maîtrise l'art de savoir jusqu'où aller trop loin.
15- Elle est psychorigide.
16- Elle souffre d'anxiété profonde, ne supporte pas le bien être de sa (son) partenaire.
17- Elle ressent le besoin compulsif de gâcher toute joie autour d'elle.
18- Elle inverse les rôles et se fait toujours passer pour la victime.
19- Elle use d'injonctions paradoxales et contradictoires : " La cible perd tous ses repères, son esprit devient confus même quand il est des plus brillants. " Paul Claude Racamier, l'inventeur de la notion Pervers Narcissique, parle d'un véritable détournement de l'intelligence.
20-Elle éprouve un soulagement morbide quand l'autre est au plus bas.

Mon pseudo-Ange obtient 20 / 20 !! Nul doute, j'en suis certaine maintenant.
Christel Petitcollin est citée dans ce domaine. Elle a écrit un autre livre qui s'intitule : " *Echapper aux Manipulateurs* ".
Dans un extrait, je vois : " Le PN porte un masque en public ".

J'ai déjà acheté " *Je pense trop* " et je vais me procurer ce second livre aussi, pour m'aider à comprendre ce qui m'est arrivé…
Je découvre plus loin que ces manipulateurs ont une stratégie précise :

1- La séduction
(Flatterie, promesses, mimétisme. Il se met en miroir, pense comme vous, dit ce que vous voulez entendre, est de votre avis, partage vos valeurs, aiment les mêmes choses que vous.)
Cette étape a durée 3 mois environ, pour ma part…

2- La victimisation
Il est dans la paranoïa haut de gamme :
Il est toujours la pauvre victime !

3- L'intimidation
Avec subtilité, il établit un rapport de force (Il prend son temps, prend des notes sur sa victime pour ne pas manquer une étape)

4- La culpabilisation
L'autre est coupable de tout et en souffre. Toute la responsabilité de la situation et de nombreux détails sont rejetés sur la vraie victime !
Je ressens un profond soulagement d'avoir enfin mis le doigt sur la vérité, aussi cruelle soit-elle !
Je me sens trahie, comme jamais je ne l'ai été…

Je suis triste, humiliée, abandonnée…Ma magnifique histoire d'amour n'était que mensonges...que poussière…

Depuis le début, il essayait de me prendre ma vie….De me tuer à petit feu pour moins souffrir…Un peu comme s'il buvait mon sang....Comme dans Harry Potter lorsque Tom (Voldemort) fait lentement mourir Ginny (La sœur de Ron). La vie quitte doucement la jeune fille pour donner des forces à l'esprit malin, la force du mal…

Le terme " Vampire " est souvent revenu dans ma recherche. C'est fou, parce-que lorsque nous étions dans ma région en novembre dernier, dans le fond du parc du château, je me rappelle avoir vu deux traits noirs dans son regard…

Sur l'instant, j'avais immédiatement pensé au vampire, à quelque chose d'inhumain...C'est pas un hasard.

J'avais trouvé la solution du problème mais c'était tellement irrationnel…
J'ai cherché une explication sur internet mais je n'ai rien trouvé...Pourtant, j'ai vraiment vu ce que j'ai vu...J'ai peut-être fait une découverte scientifique..

Lorsque la créature m'attaquait verbalement très violemment, personne ne pouvait entendre ce qu'elle disait et dans son regard, elle m'envoyait des aiguilles, comme s'elle avait voulu me tuer avec ses pointes noires…

Ce regard mortel a déjà été décrit par des victimes et même photographié. Quand le pseudo-ange envoyait ce regard, il souhaitait ma mort. Quand j'y repense, c'était très angoissant, c'est pour cette raison que je me sentais si mal après (comme après la première séance au Club de Sport…).

Son frère aussi m'avait envoyé un tel regard parce qu'à table j'avais éclaté de rire, maintenant je comprends...
Mon bonheur à ce moment précis, l'avait insupporté…

Mon " Aimant " est donc un grand malade qui relève de la psychiatrie.
Je pense que son frère et lui ont un cerveau émotionnel qui s'est fossilisé à la mort de leur père, lorsqu'ils avaient 6 et 12 ans, ils sont devenus aussi monstrueux, aussi tyranniques et pervers que leur mère pour survivre.

Quant à leur père, il est décédé jeune à une 40ène d'année je crois, peut-être un peu plus jeune même. Son cœur a succombé rapidement à la tyrannie de sa femme vampirique…Il saignait mais personne ne voyait…

Je crois à cet instant que le monstre n'est pas conscient de ce qu'il a fait, de tout le mal que j'ai dû endurer...Alors je ne lui en veux pas...Il est victime lui aussi de sa mère " vampire ".

Quel choc ! J'ai l'impression de revenir d'outre-tombe…
Je me vois dans un rêve semi éveillé, pousser la pierre tombale pour m'extraire du caveau comme s'il m'avait enterrée vivante…C'est comme si je renaissais...Je me vois pousser de toutes mes forces le couvercle de pierre et me hisser dans l'angle droit par la force des bras ! Quel soulagement de pouvoir à nouveau voir la lumière ! Je suis comme éblouie !
J'ai l'impression de venir au monde, de refaire mon entrée dans la vie...Comme une renaissance…
Je suis heureuse d'être vivante, mais j'ai très mal aussi…
La douleur est profonde…

Une très belle chanson française me vient tout naturellement à l'esprit, me traverse et me porte...J'en ressens toute sa force :

" Non, rien de rien....
Non... je ne regrette rien...
Ni le bien, ni le mal...
Qu'on m'a fait,
Tout ça m'est bien égaaaaal...
Non, rien de rien...Non...Je ne regrette rien...

Je ressens toute la puissance des paroles de Piaf, comme si ses mots et ses maux m' appartenaient...
Je sens la puissance des paroles sortir de ma gorge...Comme si quelque chose s'était débloqué...S'était libéré....
Je ne le sais pas encore mais je devais vivre cette terrible expérience pour accéder à la connaissance, au savoir...pour comprendre le sens de ma vie...
Je dois arrêter mes recherches et effacer mes traces mais je ne sais pas le faire ! Je dois me protéger...Le monstre ne doit pas savoir que je sais.
J'ai passé toute la matinée (3h) à chercher tout ce que je pouvais sur la perversité narcissique mais une fête importante se prépare chez ma mère et je dois partir...
Que faire pour aider le malade psychiatrique...Il y a bien des solutions mais pas de guérison possible...Alors, je lui envoie un SMS : " Pour tes problèmes d'insomnie, tu devrais essayer l'acupuncture ou la kinésiologie. "
Il ne répond pas...Il a compris que j'ai découvert le mal...que je l'ai démasqué...
La vérité est tout de même difficile à " digérer " et je ne peux en parler à personne.
J'aimerai voir mon médecin traitant mais c'est toujours complet, je n'arrive pas à avoir un rendez-vous.
J'ai besoin de lui parler...mais est-ce qu'elle va me croire ? Une histoire pareille ! Qui pourrait croire ça ? Personne !
Même moi, j'ai du mal à le croire : Le pseudo- Ange était un imposteur, un tricheur, un menteur, un enjôleur...Tout n'était que mensonge...C'est la pire trahison que j'ai jamais connu...Sans doute parce qu'elle est inhumaine...
Quel soulagement ! C'est quand même la fin du cauchemar...
Enfin ! Je vois la lumière et le bout du tunnel...
Mais qu'est-ce-que je tousse, la toux a repris de plus belle. Elle est incessante, c'est terrible...Je ne peux pas m'empêcher de tousser...
Comme si mon corps voulait se débarrasser de tout le mal que j'ai pu avaler...
La chanson de Piaf ne me quittera pas pendant plusieurs semaines.
Elle aussi avait perdu son grand Amour...
Je la fredonne, je la chante aussi très fort à haute voix lorsque je suis seule....Chez moi...Au beau milieu des champs, je monte haut... Très très haut...Je n'ai jamais chanté si haut, elle me traverse et me donne énormément de force...
Les ondes de ma voix me portent vers la lumière...

MON SECRET

Après avoir rencontré maintes difficultés, je finis par obtenir un rdv avec mon médecin traitant qui me suit depuis 25 ans. Je suis enfin prête à révéler mon secret à une personne de confiance mais allait-elle me croire ?

Je suis dans la salle d'attente…Il y a quelques jours, j'ai envoyé un message à une amie pour qu'elle me fasse une séance de Shiatsu même si je sais qu'avec la toux, je ne vais pas pouvoir tout de suite.

Son prénom commence par la même lettre que le monstre et je n'ai pas envoyé mon message à la personne que je croyais. Je ne voulais plus donner signe de vie.

Il a répondu :
" Je ne suis pas B---y (Avec le smiley " Clin d'œil ") Et pour le Shiatsu à voir (avec le Smiley qui tire une grosse langue !) "

Je suis dépitée…C'est pas possible…Je suis vraiment fatiguée pour m'être trompée de personne dans le répertoire !

Zut, alors. J'ai répondu " désolée ", puis 2 minutes après :
" Je ne voulais pas te déranger…Tu es débordé…sans doute…"

L'idée m'était venue de le compromettre…Je me doutais qu'il ne prendrait aucun risque par écrit, il est beaucoup trop malin (habité par l'esprit malin même…)
Voici sa réponse :
" L'Enfer… mais j'ai choisi. " Il ne digère pas d'être contredit parce que je lui ai dit qu'il était à la retraite et qu'il avait choisi de refaire 5 ans en tant que réserviste et de garder son mi-temps à la Communauté de Commune.

" Oui, c'est bien le terme juste…mais tu n'as pas choisi l'Enfer…
L'Enfer, c'est la maison du diable qu'est-ce-que tu irais y faire ?(Petit smiley clin d'œil)
" L'Enfer peut être n'importe où LOL "

Et oui, bien sûr, il plaisantait encore et jouait sur les mots comme le fou du roi, pour faire passer une vérité mais la double interprétation est possible. Je n'ai pas réussi à le compromettre et je m'en doutais. J'ai essayé encore un peu…
" Tu crois ? Qu'est-ce qu'il faut pour créer un Enfer ? "

" Être entouré au quotidien de connards qui ne respectent rien et ne respecteront jamais rien. "
Voilà, ça y est , il est entré dans la peau du justicier, du super héros qu'il rêverait d'être. Je l'ai provoqué encore un peu…
" Tu perds ton temps alors ? "
" Jamais...Désolé, il faut y aller (Avec un Smiley qui sourit de satisfaction) Le devoir m'appelle."
Il a mis un terme au dialogue et s'est échappé avec une pirouette... le devoir l'appelle...Superman doit y aller…J'ai ajouté : " Bravo ! Mais malheureusement, aujourd'hui La Police est devenue une cible alors c'est au citoyen de la protéger. "
(Je faisais allusion aux derniers attentats où les policiers étaient visés par les terroristes..)
Il n'a pas répondu à cette dernière provocation.
Je relis ce message dans la salle d'attente de mon médecin...
Bien sûr qu'il a compris ce que je voulais faire, il n'allait pas tomber dans le piège…
Il ne laisse jamais de trace matérielle...Jamais ! En cas de tribunal, il n'y a pas de preuve….C'est bien pratique.
    Le lendemain matin, j'ai eu un petit poème au réveil...Il revenait sur la pointe des pieds pour me ramener dans le cercle satanique !
    Je sais très bien ce qu'il veut essayer de faire ! Il sait que j'aime le temps froid et ensoleillé. Il arrive à se mettre dans ma peau, c'est quand même fou !
Il arrive même à être dans ma tête ! A penser ce que je pense ! C'est un truc de dingue !
Voilà ce qu'il m'a envoyé :

    " Une journée vient de commencer…
    Bien qu'il fasse frisquet
    Elle va être ensoleillée
    La petite (dessin de la souris grise) va adorer
    (Suivi de 3 smileys clin d'œil).

    J'ai gardé le contact dans l'espoir de le compromettre. Je n'efface plus ses traces. Je réponds en restant dans le flou, je ne donne plus d'informations. (Je ne veux pas qu'il sache que je suis malade, ça lui ferait trop plaisir, ça le remplirait de joie.)

    " En effet, c'est le temps rêvé de la petite (pictogramme de la souris blanche)
    Elle adore et va pouvoir aller se promener dans les prés (pictogrammes de feuilles vertes et marrons)
    Bonne journée (smiley clin d'œil.)
Il m'avait répondu 2 jours plus tard (Pour me faire attendre...C'est calculé ..Se faire désirer et créer le manque !) :
" La petite (souris grise, toujours)a dû profiter de son agréable mercredi… Car il était ensoleillé…Et elle aime se promener et s'amuser.
(Suivi de 3 pictogrammes : le Smiley qui tire la langue de côté pour savourer, plus une bouche rose et des lèvres rouges vulgaires…)

Il a tenté de me ramener dans le cercle infernal, mortel…Mais il rêve ! Il veut me faire croire qu'il s'intéresse à mon bien être mais je sais qu'il ne m'aime pas ! Mon bien être, il s'en fout ! Tout ce qu'il veut c'est me faire crever ! Me voler ma Vie ! Je n'ai pas répondu à ce dernier message qui date d'il y a 2 jours…Je referme mon téléphone.

Partout où je vais, j'ai ma bouteille d'eau pour boire quand la toux ne me lâche plus, avant que les larmes ne commencent à couler. Un peu de répit, ça fait du bien...

La porte du cabinet de mon médecin s'ouvre enfin ! C'est mon tour !
Je suis son premier RDV …Enfin quelqu'un de confiance, de bienveillant à qui je vais pouvoir parler...Et qui ne répétera rien … à personne.

J'entre avec ma pochette d'ordonnances, ma radio et ma bouteille d'eau.
Elle m'invite à m'asseoir :
" Qu'est-ce-que je peux faire pour vous ? "
" Je tousse depuis mi-octobre et ça s'est aggravé. Je ne peux plus travailler dans mon état depuis début décembre et je ne guéris pas…"
" On va passer à l'auscultation... Déshabillez-vous. " Il faut que je lui parle, je ne sais pas par quel bout commencer…Il faut que je me lance !
" Je ne suis pas tombée malade par hasard...Mon chemin a croisé celui d'un pervers narcissique…(Ma gorge est très serrée), j'ai découvert la pathologie sur internet.
J'ai trouvé les 20 points qui caractérisent le PN dans le rapport du Centre de Kinésiologie de Marseille. Il a 20 / 20 , c'est un PN à 200/100, je n'ai pas l'ombre d'un doute ! "

Je suis allongée, elle est à côté de moi, elle a retiré son stéthoscope des oreilles pour m'écouter.
Les larmes coulent sur mes joues...
" Racontez-moi. "
Quel soulagement, elle ne met pas ma parole en doute. Elle me croit, je n'ai pas à me justifier.

Ma voix est étranglée par le chagrin…
" Au début, c'était platonique avec de la correspondance et puis on est devenu de plus en plus intime…
C'était comme un conte de fée qui a viré progressivement au cauchemar…" Mon esprit est confus, mes idées s'embrouillent par moment...Je parle...Il faut que ça sorte…"
Quand je l'ai invité en Normandie, il a fait des remarques odieuses sur mes filles...Qu'elles, elles étaient libres et qu'il pourrait choisir l'une d'entre elles…" Je la vois pâlir, je comprends que c'est grave, même elle ça l'angoisse ce que je raconte, elle s'exclame à mi-voix :
" C'est un vrai malade ! ….Il faut protéger vos filles...Il faut vous protéger aussi. "
Je raconte encore et encore...Le mariage en Ecosse...Si je ne suis pas sage, je finirai dans la Loire...Il m'a dit ça sur le ton de la plaisanterie...Il a ajouté qu'il avait vu des cadavres dans le fleuve avec des pieds dans le ciment. Qu'il savait comment faire pour pas que le corps remonte…"

" Mais chez vous, votre famille ou des amis...personne ne s'est rendu compte de rien ? "

" Non, personne...Quand je maigrissais, je me forçais à manger pour que personne ne se doute de rien. Je mentais, j'inventais n'importe quoi pour le retrouver et personne n'a

rien soupçonné....Je pense que j'ai le profil parfait de la victime, je suis très sensible, morale, pleine de vie... "
" Non, n'importe qui peut être victime. "
" Il a souffert petit, sa mère était très méchante. "
" Il ne faut surtout pas chercher à expliquer. "
Moi, j'ai besoin de comprendre !
C'est comme si on me demandait de ne plus penser. C'est pas possible...J'ai besoin de savoir ce qui s'est passé. Comment j'ai pu en arriver là !
" Vous en avez parlé à votre mère ? "
" Non, à personne, c'était mon secret. Surtout pas à ma mère ! Elle ne voit que par ces gens-là. Ils ont de l'argent, ils sont bien élevés et puis elle répète tout. Toute la famille aurait été au courant...
    C'est pas pour moi que ça m'aurait gênée...Je ne voulais pas qu'on salisse mes enfants et mon mari. Je voulais les protéger et surtout pas qu'ils souffrent... "
" Vous avez rompu ? "
" Pas exactement..."
" Alors, maintenant c'est silence radio...Vous ne donnez plus de nouvelles. Avec un peu de chance, il va choisir une autre proie... "
    C'est terrible pour moi d'entendre ça ! Et ça me fait très mal aussi :
Pour que je vive, il va falloir qu'il prélève la vie sur quelqu'un d'autre !!! Qu'il tue quelqu'un d'autre pour ne pas m'achever ! Il va me lâcher pour faire la même chose à une autre personne...la vider de son sang, la pousser au suicide.
J'ai déjà une idée du nom de la suivante...La prochaine victime est déjà entrée dans le cercle avant même que j'en sorte ! C'est terrible...

    Combien en a-t-il tué avant moi ?
    Combien va-t-il encore en tuer après moi ?
    Arriveront-elles à s'échapper ?

Oui, mon médecin a raison, je dois me protéger...
Ils aiment l'argent, s'intéressent au pouvoir et aux personnes haut placées...
" Il faut que je change de carte bleue ? "
" Oui, c'est plus prudent. "
" Il a les clefs de ma maison de campagne, je dois changer les serrures au plus vite...Je dois changer mon code internet aussi...Il le connaît... "
" Oui, il faut vous protéger en priorité. "
" Je connais le nom de nombreuses victimes...J'aimerais pouvoir les prévenir... "
" Moi aussi, j'aimerais pouvoir sauver l'humanité mais vous devez penser à vous. Vous ne devez pas vous mettre en danger. Vous devez vous protéger et protéger vos filles. "
" Ma protection, au prix du silence. "
" Exactement, c'est à ce prix. "

    Si je veux vivre, je dois garder le silence...S'il sait que je sais, j'ai peur qu'il se venge...sur ce que j'ai de plus cher...Il sait comment m'atteindre.

C'est un lâche, il ne commettra pas de crime physique lui-même, il payera une " raclure ", il en connait plein...pour faire le sale boulot, lui il n'aura rien fait. C'est un ange blanc ! Il ne fait jamais rien ! C'est jamais lui !

Il peut aussi choisir de m'éliminer personnellement et de s'auto-détruire ensuite... Comme un vrai Samouraï, incapable de reconnaître l'échec ! L'assassin aurait l'impression d'être un héros !!

Je pense à tout ça pendant que mon médecin prépare mon ordonnance…

" A cause de l' antibiotique que vous avez pris pour rien en novembre, maintenant vous avez une mycose dans le larynx jusqu'à l'estomac. "

" Pas que là ! J'ai acheté une gélule désinfectante...Je dois la prendre ? " pour nettoyer tous les endroits qu' il a pu souiller…

" Prenez- là . J'ajoute un sirop antimycosique en plus à prendre 3 fois par jour et un traitement contre l'allergie avec de la cortisone par nébulisation. "

Je dois la quitter, d'autres patients ont besoin d'elle.
Au moment de la poignée de mains, j'ajoute :
" Comment j'ai pu me mettre dans une " merde " pareille ? Elle répond par un haussement d'épaule.

Je m'éloigne...Cela me fait du bien d'avoir pu parler…
Presqu'un an que je portais ce fardeau...Je suis heureuse qu'elle m'ait crue, de ne pas avoir eu à prouver, à justifier…
A aucun moment, elle a mis ma parole en doute...J'avais tellement peur de passer pour une dingue ! Le cinglé c'est lui, je ne dois jamais l'oublier !

J'ai une amie à Lille que j'adore, qui utilisait souvent cette expression :
" Une moitié de cinglé. "...C'est peut-être le PN qui est à l'origine de cette image populaire...C'est possible ?

Qu'est-ce qu'elle me manque mon amie !

LA GUÉRISON

J'achète mon nouveau traitement...Tout devrait rentrer dans l'ordre maintenant... et j'y crois.
Mais il ne suffit pas de vouloir guérir pour que la santé s'améliore.
Je commence mon nouveau traitement mais ma situation se dégrade, je tousse toujours. Je perds des forces, la cortisone m'épuise, je ne dors presque plus.
L'idée m'effleure que " L'Ange Blanc " essaie d'empêcher ma guérison !
Il détestait les photos et m'avait demandé un portrait...Il a un masseur Africain...mais il n'est pas médium ni gourou... Je ne pense pas, qui sait ? Il tenait des propos plutôt sains à son sujet, il ne peut pas l'aider à me faire du mal à distance...À l'aide d'aiguilles par exemple...Non, il ne peut pas faire ça ! Encore que !
Tout est possible !
Je sais que l'Ange Blanc veut ma mort et je suis très mal en point ! Pourtant je me bats mais je suis mal soignée et épuisée. Je me rends compte que mon état se dégrade et je ne sais plus quoi faire...Je jongle avec l'homéopathie parce-que je veux lutter contre l'angoisse sans prendre d'antidépresseurs (d'ailleurs mon médecin me connait bien et ne m'en a pas proposé, contrairement à la plupart de ses confrères qui auraient sauté sur l'occasion d'en prescrire.)
Je prends du sédatif PC et du Gelsemium en 4 CH et en 15 CH (le premier, pour que ça aille vite dans le sang, le deuxième pour que ça fasse effet sur la durée) et ça m'aide beaucoup, c'est difficile quand même...
Très difficile de supporter ce vide incommensurable...Je lutte, certains jours, j'ai envie de revoir mon ange quand même malgré tout le mal qu'il m'a fait !...J'ai mal...
Mon gros problème, c'est que mes bronches sont toujours encombrées. J'ai beau tousser, expectorer, les dégager...Rien y fait, elles se remplissent à nouveau. Je me sens très mal. J'ai une gêne respiratoire permanente et un chagrin énorme mêlé de peur. Mon médecin me dit que c'est normal, toutes les personnes allergiques ont des radios pulmonaires comme la mienne à cette saison.
Je suis très angoissée. Ma mère m'appelle et là, je craque, je n'en peux plus :

" Maman, je ne suis pas tombée malade par hasard ! Et j'explique pendant plus d'une heure, ce que je vis depuis un an. Ma mère ne comprend pas pourquoi je ne lui ai rien dit. Je ne veux pas qu'elle parle, j'ai peur pour mes filles. Il peut m'atteindre à travers elles. Je me vois dans La Loire, les pieds dans un bloc de ciment alors j'appelle mon père pour qu'il change les serrures de la maison de campagne, de peur qu'il soit déjà à l'intérieur quand je m'y rendrai. Il connaît toutes mes habitudes, mon emploi du temps, mes dates de vacances…Tout !

J'invente que mon mari a perdu son trousseau de clefs et qu'il faut tout changer, je suis paniquée et mon père le ressent. En moins de 48H, il a fait le nécessaire. Merci papa ! Tu as été très réactif !

Je change de code internet et je change de carte bleue sur les conseils de mon médecin traitant. Elle a raison, on ne sait jamais ! Elle a l'air de bien connaître la pathologie (Peut-être a-t-elle aussi été victime pour si bien savoir de quoi ils sont capables…)

Je protège les membres de ma famille. Je me protège aussi. Je me sens suivie, je suis méfiante alors je trouve une vieille bombe lacrymogène que je glisse dans mon sac à main, je me sens mieux, en sécurité et malgré les fouilles régulières engendrées par les attentats, personne ne la décèle. Moi, ça me rassure de l'avoir, car personne ne peut me protéger…

Je n'ai plus de fièvre, je peux conduire…La pharmacienne suspecte une pneumonie…En effet, je m'en pose des questions car personne ne sait ce que j'ai.

8 consultations en 1 mois avec 4 médecins différents : Antibiotiques, radio des poumons, 2 séries de cortisone et personne n'arrive à enrailler le flux de glaire que je ravale en continu et qui m'étouffe !

J'hésite beaucoup à partir en vacances. Il ne reste plus que 5 jours avant la reprise des vacances de Noël. Le pharmacien du centre-ville me conseille de partir :
" Au point où vous en êtes à votre place j'arrêterais tout traitement et je partirais au bord de la mer ! "

Mon médecin traitant m'a prescrit de la cortisone par nébulisation. L'appareil est introuvable, de plus les pharmacies sont dévalisées. Je finis par trouver un nébuliseur au bout de la 6ème pharmacie. Je suis fatiguée…400 euros de caution débitée sur le champ pour emprunter l'appareil, je suis donc à découvert ! C'est une honte ! Est-ce bien légal ? Je ne suis pas en position de négocier…J'ai besoin de ce traitement…Mais c'est quand même inadmissible !

J'ai encore des prises de sang à faire et bien sûr, je peux enfin faire le test du SIDA ! Je vais enfin savoir…Je ne sais même pas si ça va me faire plaisir de savoir que je ne l'ai pas….Et si je l'avais ?

Mon partenaire volage n'était pas du tout celui qu'il prétendait être…Ses 3 années d'abstinence avant ma rencontre étaient fictives. Et oui, si je l'avais attrapé ? Si j'étais contaminée ?

Je ne mange pas pour les analyses jusqu'en fin de matinée. C'est difficile, je suis tellement affaiblie, si épuisée…J'ai le résultat le soir même. J'appréhende un peu…beaucoup finalement avant d'ouvrir l'enveloppe remise :

C'est négatif néanmoins il faudra attendre un mois pour refaire le test pour être sûre. j'ai déjà une ordonnance que j'ai demandée à mon médecin lors de ma dernière visite...
C'est décidé, je pars en vacances. Mes enfants et mon mari vont pouvoir en profiter un peu et moi aussi. Je retrouve de l'énergie pour faire la route (4 heures de conduite).

Le lendemain de mon arrivée, j'emmène tout le monde à la mer et j'achète un anti reflux gastrique dans une pharmacie de Deauville parce-que je me suis souvenue que l'homéopathie : Petroleum et Nux vomica que j'avais utilisé quelques semaines auparavant, avaient réduit la gêne respiratoire alors que c'étaient des anti vomitifs, anti reflux.

Les filles et ma chienne s'en donnent à cœur joie sur l'immense plage. La lumière est superbe. Je fais des photos splendides... Les embruns de janvier sont vivifiants mais j'ai souvent envie de pleurer...Des souvenirs remontent à la surface...

Quand il disait qu'il m'aimait à la folie et qu'il me serait fort dans ses bras...

Je cache mon chagrin. Mon mari marche devant...Je croise des amoureux...

J'ai très mal...Je sais que moi ça ne m'arrivera sans doute plus jamais...

A 18h, les reflets sur le sable dans les flaques salées sont d'une douceur exquise...

Mais à mon retour, au moment de s'endormir, j'ai un bruit terrible dans les bronches. Mon mari ronfle depuis longtemps, moi je suis assise dans le lit tandis que les filles dorment, bercées par l'air marin de l'après- midi.

J'ai du mal à respirer mais l'air passe encore dans mon larynx. Le nez est toujours congestionné, la mer n'a rien amélioré…Et ça fait déjà 2 jours que j'ai le nouveau traitement qui me brûle les bronches...Et toujours pas d'amélioration…C'est même pire !!!

Je ne peux plus m'allonger...Je dois rester assise pour pouvoir respirer. Ce bruit que j'entends dans mes bronches (même en respirant doucement) me fait peur...Comme s'il y avait des languettes qui se soulevaient bruyamment à l'inspiration et se refermaient à l'expiration. C'est un son caverneux, comme c'est effrayant tout ce boucan ! J'ai peur, si j'appelle le SAMU ils vont avoir du mal à me trouver ici, si je prends la voiture, ça va être difficile surtout que j'ai déjà froid dans la maison. Dehors, il gèle, rien que d'y penser ça me fait encore plus mal...Et puis, qu'est-ce qu'ils vont faire de plus à l'hôpital ? J'ai laissé tout mon dossier à la maison, je croyais que j'allais guérir, donc ils vont tout recommencer depuis le début...J'en ai plus la force...Et ça servira à quoi ? A rien ! Encore des radios (C'est toxique), pour voir encore la même chose ! Je me lève pour aller me rincer le nez au sérum et respirer un peu mieux, je prends l'anti-reflux acheté l'après-midi...

Et là, quel soulagement ! Une heure plus tard, le flux qui m'étouffait ne coule presque plus dans ma gorge, le bruit dans le larynx s'est estompé et je respire mieux...Je m'endors épuisée mais soulagée ! Le lendemain, je poursuis le traitement et l'amélioration est flagrante, aussi j'arrête l'autre traitement mais pas le sirop anti mycosique prescrit par mon médecin traitant car je dois encore le poursuivre pour que ce soit efficace. La toux se dissipe mais ne s'envole pas comme ça ! En tout cas, je respire librement au bout de quelques jours.

C'était juste ça mon problème, un reflux gastrique démesuré à la hauteur du harcèlement que j'avais subi. C'est ça qui m' étouffait depuis des semaines...Une vérité que mon corps et mon cœur n'arrivaient pas à digérer…Enfin, j'ai trouvé !

Ma mère pense que je vais aller en maison de repos et que je ne peux pas reprendre le travail. C'est difficile, je suis encore fatiguée et très essoufflée. Il n'y a que 3

jours que j'ai trouvé le bon traitement et que j'ai réellement commencé à me soigner, je retourne travailler quand même, j'en ai besoin pour ne pas trop gamberger. Je commence à comprendre que j'ai été violée. Des scènes me reviennent à l'esprit…" Je vais te violer. Ah, non, c'est pas un viol c'est vrai puisque tu es consentante que je suis bête ! "
 Je comprends que c'est " un viol légal ", il a réussi à contourner la loi…J'arrive à travailler, à me concentrer…Beaucoup de scènes remontent à la surface et me font souffrir. Ah, c'est pas vrai ! Je repense à une phrase qu'il m'a envoyé par sms, début décembre il me semble :
 " Maintenant, il va falloir se reconstruire et s'éloigner des " turbillons ".
J'ai dit à mon médecin qu'il aimait jouer avec les mots et en inventer…Mais c'était pas " turbillons " mais " turpitudes ". Je regarde la définition exacte dans le Larousse :
 Laideur morale, ignominie qui résulte d'une action honteuse, infamie…
Il savait ce qu'il me faisait, il avait pleine conscience de tout le mal qu'il me faisait !!! Quelle horreur ! Cette phrase m'était destinée !
 Moi qui croyais qu'il parlait pour lui parce que je le faisais souffrir. Heureusement que je n'ai pas compris au moment où il me l'a envoyé…Je n'aurais pas supporté qu'il m'ait fait tout ce mal délibérément. J'aurais été hospitalisée, c'est certain ! Quelle ordure ! Quelle pourriture !!
 J'ai mal et j'ai besoin de comprendre. J'ai besoin de douceur aussi. Je vais dans un magasin bio pour m'offrir un parfum…
C'est celui de la rose qui m'attire…Loin devant toutes les autres fragrances.
Il s'appelle " Douceur de Rose ". Il est 100% naturel et qu'est-ce qu'il m'apaise.
 Je vais chez l'esthéticienne tous les mois (avant, c'était une fois par an pour me donner bonne conscience), pour qu'elle prenne soin de mon visage meurtri…
 J'ai besoin de porter la bague de fiançailles en diamant que mon papy avait offert à ma grand-mère. Il me l'a donné, il y a bientôt 30 ans. J'ai vraiment besoin de l'avoir sur moi, ça me soulage de le sentir près de moi…même si je sais qu'il est loin.
 J'achète le CD " Bleu Pétrole " que je voulais depuis très longtemps.
 En l'écoutant je m'envole très loin. Je suis portée par Bashung, son énergie, son amour et sa nostalgie de devoir partir…à cause de sa maladie…
 Moi, j'ai l'impression de renaître, de vivre une seconde naissance. J'apprécie le simple fait de respirer librement à nouveau, sans aucune gêne. Quel plaisir !
Je savoure cet instant…Je tousse encore un peu mais tellement moins. J'ai tellement toussé que je me suis décollé quelque chose derrière les côtes, sans doute la plèvre alors ma mère me conseille de consulter ! Non merci maman !!! C'est rien, j'ai déjà eu ça, il y a longtemps. Il faut 2 mois au moins pour que ça cicatrise. Du coup, j'ai mal à chaque respiration depuis mi-décembre, mais c'est tellement moins douloureux qu'avant et je respire tellement bien… Qu'est-ce-que ça fait du bien de respirer !
 Je redécouvre le goût et les saveurs. Ma vue s'agrandit car je ne voyais plus autour de moi. C'est comme si mon champ de vision s'élargissait, je peux à nouveau distinguer l'horizon. Mes idées s'éclaircissent…
 Sur la pause méridienne, je vais dans une immense librairie où je lis des informations dans le rayon " Sciences humaines " et " Développement personnel " sur la perversité narcissique. Plus je lis et plus je comprends le sens de comportements qui

m'étaient jusqu'alors inexplicables. J'ai déjà acheté : " *Echapper aux manipulateurs* " de Christel Petitcollin, c'est une vraie mine d'or et en lisant en diagonale d'autres ouvrages, je découvre davantage le monstre qui suçait mon sang, telle une sangsue.

    Je n'ai beau en lire que quelques pages 4 fois par semaine, je dois espacer mes lectures parce que mes découvertes me donnent la nausée et m'angoissent.

    Je dois prendre le temps de " digérer " toutes ces informations. Je dois donc me contenter d'y aller 1 à 2 fois par semaine seulement pour découvrir qu'il y avait plusieurs victimes en même temps que moi, dans le cercle infernal.

    J'ai eu la vision dans un rêve lucide (semi éveillé) d'un cercle au centre d'une étoile, je ne sais pas ce que c'est...C'est pas l'étoile juive...Je l'ai déjà vu...Je ne sais plus où...Peut-être en astrologie...
Je cherche sur le net...On dirait bien l'étoile satanique... Avec 5 pointes...Tiens ! Il y avait 5 victimes...Je dessine l'étoile et y inscris le nom des 5 proies sous les 5 sommets...Une ou deux autres gravitent autour...Prêtes à entrer quand une en sort...

    Ainsi, la bête peut manger à sa faim en prélevant la vie régulièrement sur plusieurs victimes à la fois...Je suis écœurée...Je pense que je ne pourrais plus jamais manger de palets Solognots ni porter ma 2ème alliance non plus...Cette bague offerte pour me tuer...je la déteste !

    Chaque semaine, je découvre de nouvelles horreurs...C'est terrible...
Je m'achète dans la même boutique , une bougie Anglaise " Senteur Rosier Grimpant ", elle m'apaisera lors de mon prochain bain...La pause terminée, je retourne travailler.

    Parfois, je vais déjeuner et discuter avec ma mère, j'en ai vraiment besoin...
Je dois faire sortir ce trop-plein d'horreur et d'angoisse...

    Je pleure aussi, ça fait du bien de pleurer...Je me suis si souvent retenue. Dans une voix étranglée, je confie à ma maman :
" Ce qui me fait le plus mal, c'est que j'y arrivais à me partager, même si c'était très difficile...Je sais, c'est contraire aux règles mais j'avais un cœur assez grand pour aimer deux hommes à la fois...Si seulement j'étais pas tombé sur un cinglé ! "
" C'est fou, t'as été attirée par un autre exactement au même âge que moi. "
(Une synchronicité ? Quelque chose de transgénérationnel ? Peut-être...) Elle compare le petit manipulateur avec qui elle vit, au sociopathe dont j'ai été victime...Elle ne se rend pas bien compte...
Moi, je ne peux pas vivre dans le silence comme si j'avais honte...Je dois faire quelque chose, je ne peux pas me cacher et me taire pour survivre...Je veux vivre et dire la vérité, mais comment ?

    Je veux écrire un livre pour que toute personne l'ayant lu puisse être capable de reconnaître ces créatures à l'aspect humain. J'ai parlé de mon projet à mon médecin lors d'un 2ème RDV, parce que je n'étais pas sûre que ce soit bon pour moi de revivre toute cette boue...
Elle m'a encouragée : " C'est une bonne idée de mettre des mots sur le mal selon Freud mais il faut le faire pour vous, après si votre livre peut servir à d'autres, tant mieux ! "
    Elle ne comprend pas. Je n'ai pas envie de le faire pour moi, je veux écrire parce que je ne veux plus que ça se produise sur d'autres personnes. Je ne veux plus que ces monstres tuent !!! Je veux dénoncer le mécanisme, la machination du machiavel si

secrètement gardée depuis la nuit des temps pour sauver l'humanité de la perversité narcissique mortelle. Elle fait plus de morts sur cette terre que n'importe quel virus ! Mais comme les scientifiques ne peuvent pas l'isoler au microscope, c'est un mal invisible et pour eux il n'existe donc pas !
Moi, j'ai pas l'impression d'avoir besoin d'écrire pour moi car je peux les identifier assez facilement mais quel prix j'ai dû payer ! Pour moi, l'acte d'écrire va être douloureux parce que je vais devoir tout revivre et m'efforcer de me souvenir de tous les détails et de tout ce que j'ai pu ressentir dans tous ces moments. Alors que j'ai envie d'oublier, de tout oublier et de tourner la page, je dois faire l'inverse, je dois faire remonter toute la pourriture à la surface avec toute la douleur qu'elle engendre...Je ne suis pas sûre que ça me fasse du bien...Mais si j'attends, je vais oublier des détails et mon histoire perdrait de son sens et de son utilité.

Je veux prouver que n'importe qui peut tomber dans cette toile d'araignée mortelle et s'y engluer dans la plus grande discrétion.
La rédaction de ce livre est secrète. Mes bourreaux doivent ignorer son existence...jusqu'à sa parution. C'est vital pour moi.

Fin janvier, je commence mon roman et je dors à nouveau très mal, je m'en doutais. Je revis des scènes en boucle comme un trouble obsessionnel compulsif, comme si je cherchais à comprendre un détail qui m'aurait échappé.
L'Ange Blanc mentait en permanence, il était aussi pourri que son frère et...je m'engouffre sur cette piste...Bozo avait une grande amie Léone, pauvre Léone ! C'est pas possible ! Il l'a fagotée bien sûr ! Tout comme son frère avec moi. Évidemment, il se plaint tout le temps d'être victime de son héritage...
" Ils sont toujours, la victime de leur victime ! "
L'héritage, il l'a provoqué. Il a trouvé la faille. Léone rêvait d'avoir un fils...Il lui a servi sur un plateau d'argent. Bozo a choisi sa victime : veuve, très riche et sans héritier, comme par hasard...Quelle malchance cet héritage ! Le pauvre !
C'est comme pour ses enfants...Il y a une chance sur un milliard pour qu'un couple ait 2 enfants handicapés ! Et bien lui, il décroche encore le gros lot ! Le pauvre ! J'ai fini par découvrir à travers des remarques maladroites de son frère que son cadet avait manqué d'oxygène à la naissance (Les parents ont toujours dit qu'ils ne savaient pas d'où ça venait). Mais pour quelle raison a-t-il manqué d'oxygène ? Je suis sûre que Bozo a pris tout son temps pour emmener Babette à la maternité.
Il a pu inventer un pneu crevé ou autre chose ! Les PN regorgent d'inventions machiavéliques... Inconsciemment, il souhaitait la mort de son bébé...comme tous les sociopathes....Ils souhaitent la mort de leur enfant avant la leur. C'est terriblement inhumain mais c'est comme ça. Quant à l'aîné, il est entré dans la sclérose en plaque en raison du harcèlement incessant qu'il subissait au quotidien. La violence perverse du père a forcé le jeune à se soumettre à l'âge de 14 ans et à vivre une vie imposée qui n'est pas la sienne.
L'absence d'amour du père l'a rendu très vulnérable et la mère vampirisée n'a pas rempli son rôle... Elle n'a pas su protéger son enfant par son amour.

La maladie est un signe qu'il doit comprendre pour en sortir. C'est une réaction face à l'agression ….Salvatrice si le malade l'identifie comme une aide et décide de vivre sa propre vie...Mortelle s'il n'arrive pas à sortir du schéma imposé…

Ce jeune a perdu le combat contre son père, pourtant il a lutté. Bozo le rouait de coups au sol...La mère s'interposait...impuissante. Il a perdu cette bataille...Il est devenu très narcissique, pervers et cruel envers certaines personnes mais je ne suis pas certaine qu'il soit complètement abouti...Je pense qu'il existe une partie saine en lui qui pourrait lui permettre de sortir du piège où son père l'a enfermé...Il doit lire les travaux d'Olivier Soulier au plus vite.

Heureusement, les fils de ce vampire ne se reproduiront pas...et ne feront donc pas d'autres petits vampires, c'est déjà ça !

Les 2 enfants ont les yeux bleus, hors statistiquement avec une mère aux yeux bleus et un père aux yeux noirs, il est quasi impossible d'avoir 2 enfants sur 2 aux yeux bleus, sauf si en réalité Bozo s'est fait remplacer par son frère. Rien de plus facile pour eux pendant le sommeil paradoxal, la victime ne se rend compte de rien.

Il a suffi que le frère soit resté dormir un soir et l'échange s'est fait dans le noir dans le plus grand secret. Les deux frères ont formé un noyau pervers pour leur plus grande jouissance, sans foi ni loi, rien ne les arrête sur cette terre. Bozo voulait que sa femme tombe enceinte au plus vite mais lui étant castré...la grossesse tardait à arriver...sa proie pouvait encore s'échapper sans enfant par contre avec des enfants, elle était prise au piège au moins jusqu'à leur majorité, voire même pour l'éternité...

Il y avait urgence, Bozo trépignait d'impatience après 3 mois de tentatives !!! Très vite, il a fait appel à son frère...qui craignant sa colère lui a rendu ce petit service au plus vite ! Entre frères, ils se doivent bien ça ! Les 2 enfants ressemblent beaucoup à leur oncle...comme par hasard...tous les 2 les yeux bleus aussi...Le narcissisme des pères se trouve comblé. Ces 2 enfants sont le fruit de viols nocturnes…pour cette raison la semence était pourrie. C'est une évidence...Quelle horreur !!!!

L'Ange blanc prétendait vouloir un fils de moi. Il s'était vanté de ne faire que des garçons alors qu'il n'a eu qu'un fils officiellement...Ce qui vient confirmer ma théorie des viols nocturnes.(Bozo m'avait offert les fameux petits grains bigarade aussi, le jour où à table j'avais fait la remarque que Max ressemblait beaucoup à son oncle...Il avait trouvé ce moyen pour m'empêcher de " trop penser "car ses graines ont la propriété de réduire l'intuition et il craignait que je découvre la vérité…)

La mère génitrice est maintenue dans l'ignorance, même pas besoin d'insémination artificielle...La perfidie atteint son paroxysme...C'est juste ignoble !
Pas de trace, pas de témoin ! Qui demanderait un test ADN ?

L'ange blanc a peur de son frère. Souvent je me disais, Bozo est son meilleur ami mais c'est aussi son pire ennemi, je ne croyais pas si bien dire !

Bozo est le bourreau de sa femme, de ses enfants mais aussi de son propre frère : Il lui a choisi son métier et lui dit constamment ce qu'il doit faire. Il en est jaloux, il l'envie et aimerait posséder sa vie, ses objets, ses conquêtes aussi (Pour eux, pas de différence entre " objets et êtres humains "). Parfois, il se prend pour l'autre !

Bozo a très certainement choisi la date de notre mariage en Ecosse, le 2ème samedi de juin comme sa date de mariage à lui avec Babette. Il s'est acheté une bague en même

temps que son frère a acheté nos alliances, comme si son frère était la projection de lui-même. Par moment, il s'identifie à son frère, il est cet autre parfait qu'il aurait souhaité être. Il se prend aussi pour un père, un maître...qui domine, humilie et écrase...
    Je ne suis pas psy, la relation est très complexe et destructrice.
Lequel des deux est le plus pourri, le plus machiavélique, le plus toxique, le plus mortel ?
    Je ne sais pas. Je pense qu'ils sont aussi pervers l'un que l'autre…Bozo est plus cruel, l'Ange blanc est plus meurtrier….Des anges blancs en société, satans en privé. Bozo se fond davantage dans le décor tandis que son frère est plus névrosé. L'aîné n'a plus de bourreau...Le deuxième est un bourreau lui-même sous emprise, qui a été écrasé, piétiné dès le plus jeune âge…

    La mère de Babette avait passé 2 mois de convalescence après une opération chez sa fille et son beau-fils Bozo, quand elle est rentrée chez elle, elle était décomposée, absolument pas reposée. Elle a simplement dit ceci :
" Je pensais que ma fille avait rencontré quelqu'un de bien, qu'elle était heureuse et ne manquait de rien parce qu'elle avait de l'argent...Je me suis trompée sur tout depuis le début et sur toute la ligne…"
Moi, je sais ce qu'elle a découvert...6 mois plus tard, elle était enterrée.
L'angoisse générée par des scènes terriblement violentes imposées par son gendre sociopathe a réveillé un cancer foudroyant.
    Elle a compris trop tard qu'elle avait fait confiance à un individu malveillant. En tant que spécialiste financier, il lui avait placé son argent...Elle a tout perdu...même sa vie... Il l'a vidée tout doucement de son énergie vitale, en toute discrétion...Sans même que sa propre fille ne s'en aperçoive...ni même son fils (le mari de ma mère).
Il frappait son petit-fils sous ses yeux ! Elle était impuissante devant ce monstre...
    Moi, je suis beaucoup plus jeune. La vérité ne m'a pas tuée mais elle m'a bien ébranlée. Je comprends enfin le philosophe qui a écrit :
    " Ce qui ne tue pas rend plus fort " et j'aurai la force de dénoncer le mal.
Je rendrai justice à tous ceux et celles qu'ils ont tués...J'en fais la promesse.
    Je parle à ma mère de mes dernières découvertes de vive voix car par téléphone, j'ai toujours peur d'être sur écoute. Elle a beaucoup de peine à comprendre qu'ils sont dangereux, que j'aurais pu perdre la vie…et personne n'aurait compris pourquoi. Elle a lu " Échapper aux manipulateur " entre temps, mais ne comprend pas vraiment ce qu'ils m'ont fait subir au quotidien...Le procédé de destruction lui échappe… Elle ne l'a pas vécu.
Elle ajoute quelque chose qui m'a fait beaucoup de peine :
" Pour toi maintenant c'est facile, c'est terminé, tu ne les reverras jamais plus mais pour moi, c'est compliqué…Je ne les supporte plus et je vais devoir les revoir ! "
Non, elle ne s'en rend pas compte ! Ils ont tué celle que j'étais...Ils m'ont détruite !
J'ai encore souvent envie de pleurer et j'ai personne pour me prendre dans ses bras, me consoler et me comprendre.
    C'est pas facile pour moi et la rédaction de mon histoire n'arrange rien...
Je dois faire l'effort de me rappeler et ça, c'est terrible...mais c'est mon secret, personne ne sait vraiment que j'écris...C'est mon silence qui protège mon œuvre…
    J'ai répondu à ma mère qui avait beaucoup d'admiration pour eux avant :

" Tu sais maman, ils ont essayé de me tuer alors tu ne leur dois rien, rien du tout à ces gens à l'apparence humaine. Ils ont voulu me prendre la vie et ils avaient presque réussi...Ne l'oublie jamais ! "
" C'est vrai, tu as raison, je ne leur dois rien... "
" Ils sont toxiques et ils détruisent tout autour d'eux, même sur un simple week-end. Ils ne peuvent rien apporter de bon à personne. Et le pire, c'est que rien qu'en te regardant, il verra dans ton regard que tu connais la vérité. "
" Le regard, c'est le reflet de l'âme ... " Je l'ai appris au lycée, je ne sais plus qui a dit ça. Le sociopathe lit naturellement dans les pensées, à travers le regard, c'est instinctif ou en se concentrant à proximité. Même à distance, il obtient des informations par télépathie. Bozo comprendra tout de suite et tu seras en danger alors il ne faut plus que tu voies ces ordures... "

Ce sont vraiment les pires pourritures que j'ai jamais rencontrées sur cette terre. Ma mère suit mes conseils et se tient à distance, trouve des prétextes et parvient à se maintenir à l'écart...Mais Babette, la marionnette de Bozo appelle presque tous les jours sur les ordres de son bourreau pour prendre soit disant des nouvelles et glaner des informations sur ma personne :
" Nous n'avons plus de nouvelles de ta fille. Serait-ce qu'elle n'aime plus la brocante ? "
Quand je la vois, maniérée et sarcastique comme ça, je me demande si pour survivre, elle n'est pas devenue " vampire " à son tour...

Ma mère ne leur dit rien...Elle fait comme eux, elle reste dans le flou...comme c'est amusant...chacun son tour !
Elle fait des cauchemars aussi...Elle veut tuer ceux qui ont voulu tuer sa fille et se réveille juste avant...Moi aussi, je fais des rêves horribles et je me réveille au milieu de la nuit. Je ne dors pas jusqu'au petit jour...Je pense...Et je pars travailler le matin. Je jongle avec l'homéopathie et les tisanes, le sport, le yoga, les livres et la connaissance...

Je finis par forcer ma conscience et je parviens à me rendormir la nuit. C'est moi qui commande et pour m'en sortir, je dois forcer ma conscience à cesser de penser et à dormir...Surtout que j'ai des pensées circulaires qui ne m'apportent rien d'autre que de l'épuisement. Les nuits m'apportent aussi beaucoup d'idées tout de même...

En écrivant et en faisant de la recherche, je clarifie mon esprit et j'accède à la vérité...C'est quand même dingue ce que j'ai pu découvrir sur les frères sociopathes.. L'héritage orchestré...Des enfants qui étaient finalement en bonne santé à la base...Elle a bon dos la génétique ! Un tyran qui réduit sa famille au silence et la détruit.
Un Ange Blanc qui évolue au Centre d'un cercle de victimes et prélève la vie...
Si je m'attendais à toutes ces découvertes !

Mon mari passe son temps à regarder des films et lire des livres de fiction. Moi j'ai pas besoin, ma vie est tellement riche ! La réalité que je découvre dépasse toute fiction...

Je pense à Julian en Ecosse. Dire qu'il m'avait donné la clef du mystère ! Pourquoi était-il sur ma route ? Pour m'éclairer ? C'était trop tôt pour que je puisse comprendre...Je ne voyais pas...Je n'arrivais pas à établir de lien entre son photographe sociopathe du 19e siècle et mon ange blanc ! C'est fou tout de même ! Je n'ai parlé que d'un livre avec lui :

" Doctor Jekyll and Mr Hyde ". Lui n'a écrit qu'un seul ouvrage sur un éventuel lien entre l'auteur Stevenson et un sociopathe photographe de l'époque qui habitait à Edimbourg, à deux pas de son appartement actuel, drôle de coïncidence tout de même !

    Je laisse la rédaction de mon roman de côté pour quelques heures. Il faut que je dise à Julian que le monstre imaginé par l'auteur de génie existe, qu'il n'est pas le fruit de son imagination...Ces créatures se cachent sur terre, elles sont criminelles et bien réelles. En 3 pages, je lui dis toute la vérité... et il me croit.

La semaine suivante, je reçois une très belle carte d'un peintre écossais, postée le 14 février, jour de la Saint Valentin...Dans laquelle Julian m'encourage à écrire mon histoire. Il me donne des conseils pour la publication de mon livre par internet et attend le résultat avec impatience...Moi aussi, j'ai vraiment hâte !

    Cette carte m'a fait un bien fou. Il dit qu'il va mettre mon courrier dans un endroit sûr, il prend grand soin de cette précieuse vérité...Je suis touchée par son respect.

    Je ne m'en étais pas aperçue mais ma toux s'est envolée depuis mi-février, depuis la Saint Valentin...Et oui, c'est un beau cadeau qu'il m'a fait mon ami Ecossais même s'il n'est pas mon amoureux…et ne le sera jamais.

    Et non, ce n'est pas un hasard...J'ai toussé de mi-octobre à mi-février…
La sortie d'emprise a été longue...Et oui, j'ai bien été vampirisée…La créature buvait mon sang délicatement, discrètement… Julian avait repris ses recherches sur Stevenson, juste avant de recevoir ma lettre...Rien n'est hasard… Nous recherchons tous les deux la même vérité...Et nous courons après le temps….Il y a urgence.

    Je continue à écrire régulièrement. Une fois par semaine lorsque je suis seule, pendant 3 heures, puis 2 fois, puis 3…Je fais des cauchemars mais ce n'est pas grave, j'avance de plus en plus vite...toujours, sans que personne ne s'en aperçoive.

    Comme je fais des recherches pour Julian en parallèle sur Stevenson, c'est tout naturel que j'écrive beaucoup, donc ça n'inquiète personne à la maison, c'est tout de même compliqué...Parfois je dois m'arrêter et je me sens frustrée. Je n'écris pas quand je veux mais quand je peux !

    A certains moments, j'ai vraiment besoin de silence...Et on me parle tout le temps...Pourtant, je dois rester très concentrée et ne pas perdre le fil de mes pensées, de mes ressentis et sentiments de l'instant…

LE PARTAGE

En mars, je retrouve enfin mon amie Clara que je tentais de voir depuis juillet dernier. Nous déjeunons ensemble samedi car en semaine nous n'avions pas un moment de libre ! Nous discutons " peinture "," Stevenson "…Elle est fascinée par mes recherches et trouve que ce serait une révolution dans le monde littéraire si j'arrivais à prouver qui a inspiré l'auteur de génie…Et puis, je me lance...Je lui raconte mon histoire…Elle me croit sur parole… Elle en a les larmes aux yeux :
" Je sentais de la colère dans tes tableaux envoyés cet été par sms mais j'étais bien loin de m'imaginer une chose pareille ! "
Elle est désolée de ne pas avoir été disponible, elle ne m'avait pas sentie en danger...
Elle est horrifiée…
" Mais comment tu t'en es sortie ? "
Elle a compris que j'étais rentrée dans une spirale infernale et que je n'avais pas conscience d'être piégée.
" Je crois que j'ai un instinct de Vie très fort."
" En effet, ça c'est sûr ! Tu as une force de vie incroyable ! Dire que j'envisageais de tromper mon mari ! Ton histoire me fait réfléchir ! "
On éclate de rire...Qu'est-ce-que ça fait du bien de rire !
La patronne du restaurant nous a entendues, je vois clairement qu'elle est intéressée par notre conversation, souvent je la surprends à tendre l'oreille tout en travaillant.
Parfois, prises par le fil de notre discussion, nous parlons un peu plus fort...Et il semblerait qu'elle entende parfaitement certains de nos propos...
Notamment quand Clara a parlé de Freud.
" Cette femme a été victime comme moi, c'est sûr. "
" Mais non, pas du tout, tu t'inquiètes pour rien ! "
J'ai remarqué aussi cet homme qui a pris un café au comptoir alors que tout le monde est en terrasse avec un temps pareil, sauf nous deux, nous avons préféré l'intérieur pour être plus tranquille et discuter…
Au moment de régler, la patronne demande l'auteur d'une citation évoquée par mon amie…En sortant, je m'aperçois que l'homme qui était au bar à prendre son café, est maintenant assis dehors dos à la baie vitrée. Cet individu m'intrigue à pianoter sur son téléphone pour se donner une contenance… Aussi, je glisse à l'oreille de Clara :

" C'est le même homme qui prenait un café au bar tout à l'heure, non ? "
" Mais non, c'est pas le même ! "
On dirait bien que c'était la même personne ! Il a pu nous suivre. On s'était donné rendez-vous par téléphone…Je traverse la place et me retourne juste avant le coin de la rue, pour m'assurer que l'homme ne nous suit pas...Il n'a pas levé les yeux de son écran.
 Je parle à mon amie de mes intentions et aussi de mon livre.
" Ecris ton livre après tu verras ce que tu décideras…Tu es dans la colère pour le moment. Prends le temps ! Réfléchis...Si tu tombes dans le fleuve...que fais-tu ? Vas-tu remonter le courant pour t'en sortir ? "
" Non. "
" Alors, qu'est-ce-que tu fais ? "
" Je m'aide du courant pour atteindre le bord. "
" Exactement ! Si tu remontes le courant, tu vas droit dans le mur ! Pense bien à cette image, n'oublie pas, et puis c'est pas parce-que tu n'as pas eu besoin de voir un psy que tu n'iras pas en voir un plus tard. "
" Je ne pense pas…"
" T'en sais rien, tu verras, je ne suis pas d'accord avec Freud ! Il ne suffit pas de mettre des mots sur la douleur pour guérir…"
 A sa voiture, elle me montre ses dernières œuvres en peinture. C'est du collage, du découpage, des formes géométriques…C'est coloré, très joli…Nous prenons congé…Merci Clara, merci !
Mon amie, elle est pleine de bons conseils...
 Si seulement j'avais pu la voir avant…Possible que ça m'aurait évité bien des souffrances…Mais est-ce-que j'aurais eu suffisamment de temps pour découvrir la vérité et percer le mystère… Et bien ça c'est moins certain…
Je me demande, si nous étions suivies…Je peux le savoir…J'ai une idée mais je dois attendre samedi prochain.
 La semaine s'écoule tranquillement. Je continue d'écrire régulièrement et je fais des recherches pour Julian, ce qui me permet de " sortir " de mon histoire tout en restant dans le thème.
J'ai commencé à lire un livre en lien avec Stevenson. Je suis sur une piste…
 J'ose enfin faire une recherche sur le " Mythe de Golem " qui effrayait tant le sociopathe interrogé par le psychiatre sur le net :
 Le Golem est une créature de glaise et d'argile qui a pour créateur des religieux Juifs et Dieu. Elle avait été créée pour protéger les Juifs de la Tyrannie et ne parlait pas. Son rôle était d'éloigner l'ennemi. Les débris de ce monstre sont entreposés dans une église à Prague où il est interdit de pénétrer.
 Le Golem a inspiré Superman, Frankenstein et bien d'autres super-héros…
C'est vrai que " La créature " dont j'ai été victime se prenait pour un super héros :
 Il trouvait du travail aux licenciés, apportait de l'eau aux séquestrés, volait au secours de la veuve et de l'orphelin, il s'était même spécialisé et portait une affection particulière aux femmes battues ! Il protégeait des personnalités contre les méchants, sécurisait les écoles contre le terrorisme !!!

Mais en réalité, c'est un Golem, un homme artificiel animé de Vie (prélevée sur des humains), une créature imparfaite et inachevée résultant de la Magie Noire. L'imaginaire, le légendaire, la littérature, l'exigence de perfection et le désir de dépassement de soi font partie intégrante du Golem et du sociopathe. Le PN, fruit de la magie noire, incarne à la fois l'esprit divin et diabolique mais c'est le diable qui prédomine…Le bien et le mal s'affrontent en lui, la partie saine de L'Ange accomplit Le Bien pour gonfler le narcissisme de la créature. Il est prêt à donner sa vie pour sauver le monde mais la partie maléfique qui habite le corps se réveille, elle a besoin de se nourrir. En faisant le mal, elle prélève la vie d'un autre être pour satisfaire ses besoins. Le sociopathe est bien une créature divine et diabolique, mi-ange, mi-démon qui utilise la magie des mots pour manipuler l'esprit d'autrui afin de servir ses propres fins.

Le Golem a vécu 350 ans et l'Ange maléfique rêve d'immortalité, de vie éternelle, tout comme les Dieux...Il ne supporte pas de vieillir, de devoir un jour disparaître et retourner à la terre...Pour cette raison, il choisit des proies toujours beaucoup plus jeunes que lui pour puiser la jeunesse éternelle…

Le sociopathe interrogé par le psychiatre avait posé une question...à laquelle je veux trouver une réponse.

Pourquoi ai-je été attirée par cette créature ?
Je suis" le Plus ", il est " le Moins "...Les contraires s'attirent mais il y a autre chose bien sûr…Ma pensée arborescente s'enflamme…

Quand j'ai rédigé la lettre pour mon grand-père maternel pour son enterrement, j'avais constaté de nombreux points communs avec mon " Aimant ". Étant tous deux du même signe astrologique de la Vierge, je trouvais ça normal.
Aujourd'hui, je suis capable de les comparer avec beaucoup plus de précision :
Une mémoire impressionnante, une capacité hors norme à décrire un lieu sans y avoir jamais été, rien que par les dires d'une tierce personne, égoïste, prétentieux, macho...Toujours humilier l'autre pour se valoriser, menteur, de mauvaise foi. enjôleur, dragueur, frimeur….une égocentricité surdimensionnée… " Crevard ", " Bouffe gamelle " et " Pique assiette ", faiseur d'histoires...Une admiration pour le pouvoir et l'argent…

Je réalise enfin...Sur 6 enfants, mon grand-père PN a fabriqué un sociopathe…Je ne connais pas suffisamment les nouvelles générations pour les identifier avec certitude mais je vois en certaines jeunes cousines, des symptômes très prononcés !

Si je regarde du côté paternel, je n'ai plus l'ombre d'un doute. Ma mamy, (tout comme son horrible mère) était une PN et mon grand-père a sombré dans la dépression en toute discrétion, il était tyrannisé et empoisonné avec un mélange de médicaments pour le cœur chaque jour de son existence et moi, je ne voyais rien.
Mon parrain (le frère de mon père) est un sociopathe aussi, Il a falsifié le baccalauréat de son frère, changé un "C" en "G" pour accéder au métier de Pilote de ligne mais n'a jamais passé de Baccalauréat en réalité. Ce faux, lui a permis d'entrer dans la plus grande compagnie aérienne Française en toute discrétion ! Des millions de personnes ont été transportées dans les airs, à des kilomètres dans le ciel par ce malade psychiatrique.

Il ne s'est jamais intéressé à moi. Lorsque je suis née, sa fiancée lui a demandé si son frère avait eu une fille ou un garçon mais il était incapable de répondre. Aucune importance pour lui ! Il était parrain d'une chose ! Quel prestige d'être parrain !

Adolescent, il ne supportait pas de marcher dans la rue au côté de sa famille, elle lui faisait honte, pas assez distinguée ! Il s'était même inventé une autre adresse dans des quartiers plus chics de la ville, alors il changeait de trottoir en costume cravate et parapluie fermé pour abandonner les siens. Il avait l'air d'un jeune et brillant aristocrate Anglais !
Il avait le look " Bellifontain", tout comme son fils aujourd'hui qui suit ses traces.

Au travail, il humilie le responsable de la sécurité au sol et le fait passer pour un incapable, ce dernier sombrera dans la dépression, ainsi " l'Ange Blanc " accède à ce poste dans la pure légalité !

En réunion, le fin manipulateur avec beaucoup d'adresse fait déplacer le couloir aérien qui passait au-dessus de sa propriété à Blandy-Les-Tours pour dévier sa trajectoire juste au-dessus de mon village. Merci Parrain !!! Il a été très convaincant et persuasif, en effet personne n'y a soupçonné un intérêt privé.

Je me souviens petite, il embrassait toujours ma tante sur le front et personne ne faisait ça, je croyais que c'était pour la protéger, en réalité c'était un faux baiser et elle était en danger. Sa femme finit par le quitter, l'instinct de survie l'a emporté sur le confort matériel. Le PN ne peut supporter l'humiliation publique et quitte donc son amante de rage...Elle buvait un alcool anisé qui ne faisait pas très " classe " !
Elle fait une tentative de suicide, dans la plus grande discrétion, je l'ai appris des années plus tard par ma grand-mère qui en se parlant à elle-même à haute voix tentait de se persuader que son ange blanc de fils n'y était pour rien.

Le PN joue " les piques assiettes " après le décès de sa mère...Il en est pitoyable. L'argent, le pouvoir prennent largement le dessus sur l'Amour fraternel, inexistant à ses yeux mais qu'il met en avant par stratégie pour dorer son image.

Depuis plusieurs années, il est rongé par l'humiliation de son divorce qu'il ne digère toujours pas 20 ans plus tard...Il développe donc une pathologie qui serait l'hémochromatose (trop de fer dans le sang)...Il pouvait être sauvé mais il refuse les transfusions...Je lui ai proposé mon sang, il y a 7 ans, il l'a refusé. Il n'a rien compris à sa vie…Il va le perdre bêtement...Mais la mérite-t-il ?

Très récemment, mon père m'a confié (plus de 25 ans après la disparition de mon grand-père) qu'il devait s'interposer entre son frère et son père pour l'empêcher de frapper mon papy. Aujourd'hui, je sais qui est mon parrain et je regrette d'avoir voulu le sauver...
Il ne méritait pas mon sang…
Les méchancetés qu'il me disait, je les interprétais comme des maladresses, je lui pardonnais. Je n'ai aucun bon souvenir partagé avec lui, il m'avait promis de m'emmener à New York, il ne m'a même pas fait faire mon baptême de l'air ! Il ne m'a jamais emmenée nulle part.

Il faisait du self défense, du karaté, du tir...Pour être le plus fort du monde, pour être invincible ! Il avait même fait dresser un chien d'attaque...Ses loisirs étaient les mêmes que beaucoup de sociopathes, ils sont choisis pour impressionner et dominer...Il n'avait pas hésité à pointer son arme du club de tir sur son ex-femme avant qu'elle ne s'enfuit…
Non, ce n'est pas une fiction, c'est la réalité ! Aujourd'hui sa perversion s'est retournée contre lui, il est rongé par l'orgueil, l'humiliation et les maladies qu'ils ont engendrés…
Il va bientôt mourir...Et ce n'est que justice...Les lois naturelles l'emportent sur la justice des hommes qui n'a pas su faire son travail…

Autour de moi, je parviens dans les semaines qui suivent, à identifier tous les PN, hommes ou femmes en dehors de ma famille aussi. En tout, j'arrive à en répertorier une vingtaine...

Je ne comprenais pas, comment une cousine lointaine avait pu pousser 2 de ses amants au suicide (Comment elle avait pu avoir autant d'amants avec un physique si hideux aussi !), cacher une grossesse et abandonner son bébé, une fille au Château de Bénouville. Tout ça, j'étais la seule de la famille à l'avoir déduit, en enquêtant discrètement. J'ai maintenant l'explication...un orgueil surdimensionné, maniaque...Elle possédait la voiture la plus chère de l'époque mais ne portait aucun intérêt aux automobiles !!! Elle était obsédée par son image sociale.

En fait, depuis ma naissance presque...La perversité narcissique était présente dans ma vie quasi quotidiennement comme dans de nombreuses familles.
Elle était la clef de toutes mes incompréhensions relationnelles...Avec cette découverte, c'est toute ma vie qui s'éclaircit...

Je pense aux victimes qui m'entourent...Je suis convaincue que la patronne du restaurant où je suis allée samedi dernier avec mon amie a été victime d'un PN, alors je retourne la voir vers 11H le samedi suivant, avec le livre de Christel Petitcollin : *Echapper aux manipulateurs*...Il est tôt, le restaurant est vide, elle ose parler. J'avais vu juste...L'enjôleur l'a piégée, il y a 2 ans...Je lui prête le livre, elle en a besoin...Elle a du mal à comprendre ce qui lui est arrivé, quant à l'homme qui était présent la semaine dernière, il avait effectivement un comportement étrange mais c'était pour elle qu'il était là...Il la trouve jolie et la regarde depuis des semaines...

Ouf ! Je suis soulagée ! Ce n'était pas un contact policier, son comportement était insolite...J'ai enfin l'explication ! Elle aussi après avoir quitté le PN, elle s'était sentie suivie dans les rues et se retournait sans arrêt....Aujourd'hui, ça nous fait sourire...

" Vous avez un mois pour lire ce précieux livre...Je viendrais le récupérer le samedi qui suivra le retour des vacances de Pâques..." Ce qui m'inquiète c'est qu'avec mon amie, on a choisi un restaurant dans toute la ville et on tombe directement sur une victime...C'est pas un hasard....C'est tout simplement parce-que ces meurtriers psychiques parfois physiques aussi, sont beaucoup plus nombreux qu'on le croit et qu'ils font énormément de victimes silencieuses autour d'eux...

L'ÉNERGIE

En avril, nous partons tous les 4 en famille dans les Alpes du Sud pour 15 jours, pour la première fois mon mari a obtenu 2 semaines de congés aux vacances de Pâques…Et oui, j'avais d'autres projets en d'autres temps…De toute façon l'Ange Noir ne viendra pas pourrir les lieux…il n'est pas courageux, je reste vigilante tout de même…On ne sait jamais, alors j'observe beaucoup et je me tiens sur mes gardes.
Il ne viendra pas….D'ailleurs, il n'avait pas l'intention de venir mais de m'utiliser comme " nounou " pour garder son fils à la montagne pendant qu'il aurait pu " s'extraire " sur une nouvelle victime, l'ancienne protégée de Chris pour déverser toute sa haine sur elle et lui prélever un peu de vie en toute discrétion !
Il se serait amusé à me frustrer en m' imposant son absence et il aurait affirmé sa suprématie en " baisant " quelques victimes enfermées dans le cercle satanique de temps à autre…
J'ai quand même encore de la peine lorsque je pense à tout ça…Je suis avec ma chienne, je suis plantée là devant la montagne tout au bout de la prairie…
Je devine ma petite famille dans le chalet chaleureux au loin et regarde le panorama, émerveillée sous un ciel bleu cobalt…Je suis heureuse et admirative devant cette carte postale bien réelle. Les larmes montent…Le paysage est d'une grande beauté ! Dire que j'ai failli ne plus voir toute cette splendeur…
Je réalise soudain que j'ai survécu, je suis vivante...Je suis heureuse d'être en vie mais ça me fait très mal aussi…
Je peins à l'encre, au bord de l'eau, je trempe mes feuilles dans le courant glacé de la rivière et j'utilise des galets pour maintenir mes créations sur le banc de bois. Je peins au milieu de la nature, le temps est exceptionnel, le soleil me recharge et le souffle du vent m'apporte une nouvelle énergie.
Je suis en robe noire, courte…Je me sens bien. J'écris aussi à cet endroit, un jour sur deux puis tous les jours, mon livre avance bien, j'ai tellement envie qu'il soit publié pour sauver des vies. Je profite d'un lieu d'une grande beauté, un endroit magique.
J'ai puisé suffisamment d'énergie pour me régénérer et pour aider les autres…

A mon retour de la montagne, je vais récupérer le livre prêté en fin de semaine, je suis toute bronzée, j'ai puisé beaucoup de force dans les randonnées...J'ai capté énormément de lumière aussi et d'amour partagé en famille.

La patronne du restaurant est occupée à préparer des entrées, en attendant, j'observe la déco qu'elle a choisie. J'y vois beaucoup de souffrance dans ces tableaux (Style Francis Bacon et Picasso), des corps déformés et torturés. J'étais dos à la salle, la première fois que je suis venue avec mon amie et très concentrée sur mon histoire. Je n'ai pas vu tous ces détails qui viennent renforcer les doutes que j'avais...Elle se libère quelques instants, me rend mon livre et me remercie en m'offrant un thé...Elle a particulièrement aimé les passages que j'avais " stabilotés " ce qui me surprend beaucoup car j'avais peur au contraire de gêner la lecture avec mes traces colorées ! A l'opposé, elle a adoré tous les points forts mis en relief.
Cette victime d'origine chinoise a apprécié que l'auteur se soit exprimée simplement car elle a souffert en lisant des travaux de psychologues sur le sujet. Là, la compréhension était facile mais elle n'a pas trouvé toutes les réponses à ses questions...Je la quitte :
" Maintenant, vous êtes armée...Vous avez tous les outils pour les identifier...Vous ne pouvez plus tomber dans le piège ! "
" C'est pas sûr...Quand les sentiments pour l'autre sont très forts..." J'ai l'impression qu'elle n'est pas complètement sortie d'emprise...Elle est suivie par un psychologue.
" Vous, vous avez trouvé les chemins toute seule pour vous reconstruire mais tout le monde n'y arrive pas..."
Elle pensait même que j'étais psychologue ! C'est drôle, non ? J'ai souri :
" Ah non, pas du tout...Je m'intéresse à la perversité narcissique parce-que j'ai été victime ! Qui d'autre s'y intéresserait ? "
" Ah, vous croyez...Je pensais que d'autres personnes pouvaient s'y intéresser..."
" Rien que le mot " *pervers* " est répulsif, dégoûtant et écœurant, même pour des personnes qui ignorent ce que cache véritablement l'expression complète.
Il faut malheureusement avoir été piégé pour se pencher sur ce " *spectre du comportement* " encore bien méconnu dans notre société ou règne pourtant la manipulation sous toutes ses formes. Si je n'avais pas été victime, je ne me serais jamais documentée sur ce trouble de la personnalité ! C'est certain ! "

Ma remarque semble l'étonner...Je la quitte en espérant que mon livre l'aura aidée. Elle ne doit jamais perdre de vue, la citation utilisée par Christel Petitcollin :
" *Donner une 2ème chance à un ami qui t'a trahi, c'est comme lui donner une 2ème balle pour pas qu'il te rate !* " Quelque chose comme ça...Je l'ai lu dans l'un de ses livres. Je suis heureuse d'avoir pu l'aider et soulagée aussi de ne pas avoir été suivie. Je suis très vigilante...Je me sens souvent traquée... Je suis censée avoir peur des gens, après ce que j'ai vécu. Je me méfie davantage, c'est vrai mais je vais toujours vers les autres et j'aide encore plus qu'avant même.

Je poursuis mes recherches sur cette maladie psychiatrique et je réalise qu'il a essayé de m'empoisonner avec les Sushis périmés !
Bien sûr ce midi-là, il était au travail, il était loin...Il aurait pu m'empoisonner en toute discrétion...Je me serais moi-même servie ! L' Ange Blanc n'aurait rien fait, à ce moment-là,

il était à des kilomètres de là, il faisait son devoir, il servait la nation, comme c'est judicieux, comme c'est rusé ! Alors que le soir, il était présent, il aurait eu une part de responsabilité, il aurait pu "*entraîner la mort sans avoir eu l'intention de la provoquer* ", ça il n'y tenait pas du tout, alors le soir quand j'ai voulu le servir, il m'a dit que les Sushis étaient périmés depuis très longtemps...Il ne tenait pas, à ce que je lui en serve dans son assiette non plus ! J'ai évité un empoisonnement prévu tout en finesse, en toute délicatesse ! Et oui, je dois bien me rendre à l'évidence...Depuis le début, il souhaitait ma mort et mettait ma vie en danger.

J'étais souvent seule au volant de ma voiture quand il me lançait des attaques doubles, j'aurais pu avoir un accident et lui encore une fois il était loin…

Il me poussait à bout, m'empêchait de dormir, me prouvait que nous ne pouvions être heureux que dans la mort… Que j'étais une source de souffrance pour lui sur terre. Il voulait absolument que je sache tirer avec le pistolet réformé...
Il m'envoyait la photo de son nouveau revolver (l'image et toute la galerie où elle était enregistrée ont disparu après mon dernier passage à La Balourdise en novembre...Il a tout effacé pendant mon sommeil paradoxal…)
En fait, il orchestrait mon suicide...en finesse, subtilement...sans laisser de trace compromettantes.

Comment j'aurais pu deviner une chose pareille...
J'étais " La prunelle de ses yeux "..." Sa petite hirondelle adorée ...
Les larmes viennent encore...Comment c'est possible de tricher, de jouer un rôle à ce point ! Mais, je n'ai pas été sotte et lui intelligent. Il a été habile et m'a plongée dans un jeu mortel où lui seul connaissait les règles qu'il avait lui-même établies.

C'est la ruse, celle transmise par ses ancêtres machiavéliques, ajoutée à celle qu'il a développée au fil des années qui pallient à son manque d'intelligence.

C'est ça, sa force. Il n'y a aucune intelligence dans son comportement. Il n'a pas un mode de pensé " surefficient " , " ni normo-pensant " mais machiavélique, basé sur une addiction à la haine !

Le PN n'aime pas les animaux, il jouit à les faire souffrir…
Je comprends que le petit hamster Russe devait mourir. Il avait refusé de lui acheter 2 boules en plastique, une allait suffire !

J'ai pu remarquer le film adhésif tout autour de la boule. Je pensais que c'était par économie, pour ne pas qu'elle se raye au sol prématurément mais en fait c'était pour le privé d'air parce qu'il n'arrivait pas à le faire tomber fou en le laissant des heures tourner dans sa boule, puisqu' il finissait toujours par se coincer quelque part.
L' Ange blanc avait étudié les failles du petit animal sur le net… Pas pour son bien-être, mais pour le détruire. Je pense que la petite bête n'a pas attrapé de bactérie. Il n'a pas été lui acheter des antibiotiques car il savait très bien ce qu'elle avait ! Il l'a privée d'eau… ou de nourriture...Il lui a fallu quelques jours pour la faire mourir...pour la faire souffrir aussi...et se faire plaisir !!!!

Comment j'aurais pu imaginer une chose pareille avec le vocabulaire utilisé : "décédée " comme s'il la considérait comme un humain et les " funérailles" organisées par la suite ne pouvait en aucun cas laisser présager un crime…
Seulement voilà ça m'avait choquée, parce qu'il en faisait beaucoup, beaucoup trop !

Il avait enveloppé le petit hamster, comme un enfant l'aurait fait en trouvant un oisillon mort…Il avait attendu le retour de son fils pour lui faire une peine qui aurait pu être évitée…

J'ai lu récemment que les PN sont cruels envers les animaux.
Mon oncle, le parrain de mon frère du côté maternel, a eu un nombre de chiens impressionnant, s'ils ne lui obéissaient pas comme lui le souhaitait, il les emmenait promener au bord de la rivière et lorsqu'ils étaient au bord de l'eau, il les tirait au fusil de chasse.

Le fidèle animal dans un dernier regard d'incompréhension tombait dans l'eau et disparaissait avec le courant sans laisser de trace…Aucun remord ne s'en suivait…Quant au sociopathe de Saint Pierre La rivière dans l'orne, le fou du village qui rôde autour de la propriété de mon père, il a pendu son chien parce qu'il se sauvait trop souvent !!! Il lui résistait et ne pouvait pas dominer son animal alors il a trouvé la solution la plus lâche et la plus répugnante. Bien sûr le chien n'était pas tatoué, ni vacciné, ni répertorié à La Centrale Canine alors vis à vis de la loi, son chien n'existait pas, légalement il n'y a pas eu de crime. Les gens le savent mais se taisent parce qu'ils ont peur. Un homme ou plutôt une créature capable d'un tel crime est capable de tout, même du pire…Alors la loi du silence l'emporte, pour un temps.

Avec son père, il a formé un noyau pervers narcissique. Tous deux règnent en maître sur des territoires locatifs et se croient invincibles. Leurs femmes sont des objets et les villageois les prennent pour des folles. Elles sont en constante dépression et prennent des traitements lourds qui les empêchent de réagir et d'agir…

D'ailleurs à ce sujet, j'essaie d'arrêter l'homéopathie ! Je ne veux pas dépendre des médicaments, j'espace les prises mais les réveils nocturnes et les insomnies à partir de 3h du matin sont difficiles à gérer. Je parviens à trouver un équilibre avec les tisanes aux plantes bio et les fleurs de Bach.

Je prends mon infusion le soir en contemplant mon petit poisson, mon Combattant, les 2 autres sont morts depuis longtemps maintenant." Rubis est le seul à vivre, il est en pleine forme.

L'Ange noir n'en voulait pas, il n'aimait pas sa couleur celle de la passion et de l'Amour. Mon poisson, c'est bien un combattant, un chevalier de la vie !
Il va battre un record de longévité ! C'est certain ! Il sera le doyen des combattants !

J'ai encore mal quand je repense au moment où l'Ange noir me serait très fort dans ses bras, tout contre lui.. Je poursuis mes recherches sur le PN et je découvre que le fait de serrer très fort, c'était stratégique pour que lors de la séparation, le manque soit insurmontable et la dépendance grandissante…Même ça, ça faisait partie du schéma, du plan diabolique, toute la relation était fabriquée, comme conditionnée…

Ma mère pense bien faire en me disant :
" Il ne faut retenir que les bons moments ! "
Elle ne comprend pas ! Comment peut-on se rappeler des " bons moments " quand on sait qu'on a eu à faire à un malade psychiatrique…

" J'ai pas de bons moments maman…"
Comment peut-on se remémorer des instants heureux quand on sait que la créature a la haine de l'Amour et l' Amour de la mort ! C'est impossible !

Cette pensée me traverse l'esprit au volant de ma voiture juste avant de reprendre le travail. Je force ma conscience à stopper mes réflexions sur ce sujet en franchissant la porte de mon établissement.

Mais dès que je quitte les lieux après les cours, je me remets à penser…
Il était étonnant de gentillesse et débordant de perversité masquée. Les larmes montent et coulent. Je suis déjà dans ma voiture…
Sa fausse jalousie n'avait qu'un seul but : celui de m'isoler. C'est pour cette raison que nos vacances ont eu lieu chez lui, loin du monde civilisé, loin d'éventuels témoins...

Par la suite, tout ce qu'il avait mis en place (comme la privation de sommeil avec l'alarme toutes les heures, par exemple... Les agressions verbales, la dépréciation, les humiliations, le stress finement imposé au quotidien, distillé au goutte à goutte …) ont engendré des troubles qui se sont installés :
Palpitations, fatigue, insomnie, sensation d'oppression, troubles digestifs, douleurs abdominales, anxiété, nervosité, irritabilité, vertiges...Un beau panel lié à l'isolement physique et psychique.

Mon mal-être équilibrait " les deux anges blancs ". Bien entendu, les 2 frères ne visaient que mon bien- être ! Ils insistaient lourdement pour que je me confie à quelqu'un. Ils savaient pertinemment qu'il n'y avait plus personne pour entendre ce que j'avais à dire. C'était là encore, une forme de harcèlement déguisé, une mascarade dont ils jouissaient pleinement. Ils auraient souhaité que je me confie à l'un d'entre eux, mais qui allait être l'heureux élu ? Le noyau pervers se réjouissait à l'avance ! Le dominant jubilait ! Aucun des deux !
Je sentais le danger même si à ce moment-là, je n'avais pas la preuve que j'étais en danger...Je sentais la mort roder…

Au fait, à la montagne, je suis allée au cinéma en famille voir :
" LA BELLE ET LA BÊTE " revisitée par Walt Disney.
Moi, j'ai connu l'inverse du conte légendaire, la magie a vite tourné au cauchemar. Derrière le Prince se cachait une bête cruelle, machiavélique, satanique au cœur de pierre. Dans le conte de fée, la laideur cache une vraie beauté alors que dans ma réalité, une beauté fabriquée cachait l'horreur, la noirceur et la vraie laideur.

En fait, l'image que le PN renvoie n'est même pas un double, c'est une projection de lui-même, la belle personne qu'il aimerait être mais comme il n'a aucune qualité humaine, c'est un rêve inaccessible et complètement utopique...

LA VIE, L'AMOUR, LA LIBERTE…

    J'ai besoin de déconnecter avec mes recherches, avec le travail aussi…
J'ai envie de voir de vraies belles choses. J'ai envie de vivre, de voyager et de profiter vraiment, en dehors des vacances. J'organise un week-end avec ma mère et les enfants (mon mari travaille encore le samedi). Une escapade chargée, avec le zoo de Beauval le samedi, Chambord en soirée et une partie de pêche à Châteaumeillant dans le Centre de la France le dimanche.
    Quel régal ce zoo ! Les animaux prennent la pause, le temps des photos, ils sont drôles et en bonne santé dans un bel espace, la pluie était annoncée mais il fait un temps magnifique. Nous déjeunons au restaurant pour le plus grand ravissement des enfants.
    A 19h, nous quittons les lieux (7h passées sur place, nous avons bien profité même avec une arrivée tardive à midi). Le soleil descend vite, le temps d'arriver à Chambord il sera très bas et nous risquons de manquer de lumière pour observer les cervidés car nous ne sommes que fin avril. Au bout de l'allée de chênes, le château apparaît, il bénéficie d'une lumière assez exceptionnelle et les photos sont surprenantes à toute heure, en particulier à 20h. Finalement le pique-nique prévu dans le mirador se déroule à merveille. Nous dînons tranquillement, deux couples d'Allemands nous rejoignent et attendent patiemment…
    Aucun animal en vue…Les étrangers prennent la parole en Anglais et me demandent en chuchotant si c'est le bon moment pour voir des biches et des cerfs.
    " Oui, je pense qu'ils vont se montrer d'ici peu…" Je les sens tout prêts mais pas encore visibles…je réponds en Anglais et nous bavardons un peu à mi-voix quelques instants.
    Un véritable concert est mené par les oiseaux de la forêt dans le silence de la soirée entre chien et loup, le vent est tombé.
    Il y a un chant bien reconnaissable qui se dégage de l'ensemble : celui du coucou. C'est le plus pervers et le plus paresseux des oiseaux. Il commence par pondre dans le nid d'un autre, à l'éclosion les parents d'adoption nourrissent un petit monstre, un géant qui tuera ou se débarrassera des petits légitimes dans la plus grande discrétion, en toute

impunité. Le comble de l'injustice, c'est que cet oiseau est mis à l'honneur. Il porte bonheur et vous apportera chance et fortune, si vous l'entendez avec quelques sous sur vous ! Sans commentaire !

    Enfin, ça y est ! Ils sont là ! Les cervidés sont au rendez-vous !

    Le découvert devant nous commence à se remplir et c'est vraiment magique ! Les enfants observent la nature, le film de la vie qui se déroule sous leurs yeux. Les biches et leurs faons sont au rendez-vous, le cerf aussi...Mes filles sont captivées, enchantées par cette scène, sans aucun doute, le décor et les acteurs de ce soir sont assez insolites...

    " Maman, finalement c'est mieux que le programme télé qu'on voulait absolument voir ! "

    " Tant mieux ! " Je ne m'attendais pas à une telle remarque...Elles étaient si déçues de manquer l'émission qui élit la plus belle voix du monde !

    Nous sommes tous enchantés par les scènes animalières qui défilent sous nos yeux, la nuit est claire, aussi nous pouvons distinguer parfaitement les rois des forêts de Sologne...

    Bien sûr, il n'y a plus suffisamment de lumière pour faire des photos mais ça n'a pas d'importance, j'en ai de très belles prises en novembre dernier...du même mirador...J'ai lu qu'il fallait éviter les lieux où j'avais pu aller avec le PN. Inévitablement j'ai repensé au passé mais je pense que j'étais prête à l'affronter et à revenir ici, je n'ai pas souffert. J'ai apprécié ce moment en famille à sa juste valeur et j'ai fait découvrir à mes filles un monde magique bien réel en ces lieux, loin de la perversité narcissique ! Si les boutiques avaient été ouvertes, j'aurais même pu déguster des glaces et des biscuits Solognots ! Moi qui pensais ne plus jamais pouvoir les digérer !

    Pendant ce week-end, je roule beaucoup mais je ne ressens pas la fatigue. Dans la maison de campagne, je dors dans la longère qui appartient à ma mère et à son mari, même si les travaux ne sont pas totalement achevés. Je refuse de passer la nuit dans la partie de gauche qui appartient à la sœur de mon beau-père et à Bozo. Plus jamais j'irai chez ces gens-là !

    Je passe une excellente nuit. Quelle partie de pêche à la truite le lendemain ! Avec une prise record pour ma cadette : 48 cm...Elle n'en revient pas ! Nous non plus d'ailleurs ! Quel week-end ! Que de rires, de joie et de beaux souvenirs !

    La semaine suivante, j'espace mes recherches mais je découvre encore beaucoup de choses...

J'atteins le domaine de l'inceste...avec les enfants.

Il ne s'agit pas d'un inceste classique comme on a pu en entendre parler. C'est plus subtile, si on peut dire !...

Je me souviens que dans la chambre de son fils, il y avait un grand lit qui servait de débarras. Je ne comprenais pas ce que ce lit faisait dans la chambre de l'enfant et j'en ai fait la remarque.

" C'était là pour quand il était malade, quand il était petit..."

    Maintenant, je comprends qu'il avait des relations avec sa compagne dans la chambre de l'enfant alors qu'il avait au moins 8 ans !!! Un peu grand pour dormir dans la même chambre que ses parents, non ? Voilà le genre d'inceste instauré par le PN ! Et oui, c'est pervers ! Cela explique aussi le fait que le père ait été convoqué à l'école parce-que

son fils embrassait et tripotait des petites filles sur ses genoux à 9 ans ! Le père a eu juste honte d'être convoqué mais il n'a pas eu de discussion avec son enfant.
Ce dernier s'est contenté de dire que ce n'était pas vrai...que la jeune fille était simplement sur ses genoux !
Bien évidemment, la maîtresse est une menteuse !!!!

    Avec les enfants de ses victimes, le PN met en place le " fagotage ". Il ne peut pas s'en empêcher, s'il sait qu'il n'y a pas de danger pour sa personne. J'ai compris avec certitude pendant les vacances d'avril quand Ness m'a dit en ouvrant un livre qui s'intitulait " La Cité " :
" Maman, ce titre ça me rappelle quand le cousin était venu en Normandie : comme je mettais ma casquette à l'envers, il m'a dit pour rire que je ressemblais à une fille de la cité et qu'il en mettait tous les jours en prison ! "

    Cette remarque n'est pas anodine...Et oui, en effet, en moins de 48H il l'avait flattée, dépréciée et intimidée avec beaucoup de ruse et de malice. Ma fille croit qu'il plaisantait mais moi je sais ce qu'il avait commencé à faire en moins de 2 jours …

    Il a fait la même chose avec Amélie, la fille de Tania...Nina, la fille d'Aléna et bien d'autres...Même à distance, il utilise les sms et ses mots font des dégâts considérables.

    C'est une arme redoutable mais nous sommes nombreux à sous-estimer la destruction, les massacres que de simples mots utilisés et sélectionnés avec soin par le PN peuvent engendrer...C'est une violence perverse, un harcèlement moral très fort.

    Mal-être...Dépression. Parfois même suicide auront pour cause la " toile d'araignée " élaborée par le PN.

    Avec un simple fagotage minutieusement ficelé, il peut vous noyer dans les eaux troubles dans le plus grand secret…

    D'ailleurs, je suis convaincue qu'il a un mode de pensée arachnéen, tout converge vers le centre de la toile pour satisfaire le bien être de sa petite personne.

    Aujourd'hui nous célébrons la vie, ma naissance. C'est mon anniversaire !
Nous sommes au restaurant, tous les quatre et pour cette occasion spéciale, c'est mon homme qui nous invite, nous sommes heureux d'être ensemble.
J'ai ma copine d'enfance qui n'arrête pas de m'envoyer des messages :
" Alors, le demi-siècle, c'est pour l'an prochain ! "
" Ah, non...encore 2 ans ! "

    Elle est avec ses parents mais ils se sont trompés d'une année...Nous avons une conversation par sms. Oui, ça faisait longtemps que je n'avais plus de nouvelles et ça me fait très plaisir…
Le gâteau est là...Je viens juste de souffler mes bougies...Les parts sont déposées, délicatement dans les assiettes. Je suis très heureuse, m'apprête à mettre la première cuillère de fraisier dans la bouche quand soudain, un nouveau message me parvient...Je sais qui c'est…
Après 6 mois de silence, il ose s'inviter à mon anniversaire par sms pour me pourrir ma journée ! Il a cette audace ! Je ne vois que le début du message :
    " Avec ton autorisation..."

Bien sûr que j'ai de la peine, bien sûr que je n'ouvre pas son message à table. J'ai plus faim. J'ai avalé la bouchée de fraisier déjà déposée en bouche avec beaucoup de difficulté, il m'a coupé l'appétit ! Je retiens mes larmes…
Je ne peux plus manger et prétexte que je viens d'engloutir une coupe de fruits frais et que je n'ai plus faim. J'observe autour de moi…J'ai l'impression qu'il me voit, qu'il savait que c'était le bon moment pour m'envoyer son sms…
Je regarde par les baies vitrées…Sa voiture n'est pas sur le parking…pourtant il ressent ce que je ressens…Il ne pouvait pas choisir meilleur instant pour réapparaître dans ma vie ! Me pourrir la fête, c'est ce qu'il veut ! Je le sais bien ! Et il y parvient tout de même ! Tout ce qu'il cherche à faire, c'est me faire du mal ! Et ça marche ! C'est ça le pire ! Je le déteste ! Je le hais !
J'emmène ma part de gâteau et le fraisier restant dans une boîte en carton ! Je le mangerai plus tard ! Pour le moment, je ne peux pas et ça ne choque personne !
Mais je me vengerai et dès que je pourrai, j'engloutirai ma part de fraisier, je ne jetterai pas mon gâteau d'anniversaire !
Arrivée à la maison, j'ouvre le message :
" Avec ton autorisation, je me permets de te souhaiter un bon anniversaire…"
Je n'ai pas donné mon autorisation ! Il l'a prise de force ! Comme s'il y avait eu un message préalable…Légalement, c'est pas du harcèlement. Il n'est pas intelligent, juste rusé !!! Je sais que ce n'est pas par gentillesse qu'il me souhaite le jour de ma naissance, il n'en a rien à faire ! A ses yeux, il n'y a qu'une naissance qui compte et qui a de l'importance : la sienne !
Ma date de naissance figure sur son tableau blanc, dans son bureau avec celle de Lisa et d'autres victimes. Il n'a que 2 neveux dont un filleul mais il ne connaît même pas leurs dates d'anniversaire, alors eux aussi sont inscrits !
C'était surprenant : Maniaque et méticuleux comme il est de ne pas avoir d'agenda, l'explication est simple, c'est pour se protéger de la justice qu'il n'en a pas. En effet, un agenda l'enverrait tout droit en prison ! C'est pour cette raison qu'il a opté pour un tableau blanc effaçable. Ce n'est pas très intelligent (parce-que j'ai réussi à le voir), mais c'est très rusé !!!
Si je n'avais pas essayé de comprendre ce qui m'était arrivée, je me serais dit :
" Mon Petit Ange, il pense encore à moi 6 mois plus tard, c'est qu'il a des sentiments pour sa Petite Hirondelle ! " Et je serais retournée dans le piège, les mailles du filet se seraient resserrées sur moi sans pitié…Mais voilà, pendant 6 mois j'ai lu, j'ai eu accès à la connaissance et à la vérité !! Pour lui, il est beaucoup plus facile de faire entrer à nouveau une ancienne victime dans le cercle infernal que d'en fabriquer une nouvelle puisque ça prend des mois, voire même des années !
Pour mon anniversaire, il tire sur les ficelles de la marionnette…Mais surprise, ça ne marche pas ! Il n'y a plus de pantin ! Lui n'a pas pu contrôler mes lectures, il ignore ce que j'ai pu découvrir ! Normalement, j'aurai dû répondre à ce sms avec les données qu'il possédait, dans sa logique à lui…C'est ce qui aurait dû se produire ! Il ne va pas insister sur cette voix, ça laisserait des traces visibles et je pourrais le poursuivre pour harcèlement. Néanmoins, je ne veux plus jamais de surprise désagréable comme celle-là ! Je me donne la nuit pour réfléchir…Ma décision est prise : Je change de numéro !

Tant pis, je vais devoir prévenir un bon nombre de personnes, apprendre un nouveau numéro par cœur et oublier le précédent ancré dans ma mémoire depuis 15 ans au moins, surtout que mes filles commençaient seulement à le mémoriser…

    C'est pas grave ! Je veux que la créature sorte de ma vie …Dans l'après-midi, j'ai abandonné mon ancien numéro, avec l'aide de mon mari, j'en ai un nouveau !

    " Je ne veux plus être dérangée ! " C'est le prétexte que j'ai donné. A 16h, je dévore ma part de gâteau d'anniversaire...Et je l'apprécie…(Même l'heure de l'envoi de son sms avait été calculé, pile pour l'heure du dessert et l'entrée de la première bouchée de fraisier sous ma voûte palatale...Et non, ce n'était pas un hasard...Le hasard ça n'existe pas !)

    En juin, je décide de porter à nouveau la bague qui était destinée à me tuer et qui finalement n'a fait que me renforcer…Je ne la vois plus de la même façon. Au lieu de me détruire, elle m'apporte force et énergie. Cette petite améthyste facettée m'a aidée, elle m'a finalement sauvée ! J'ai rencontré un lithothérapeute aux dernières vacances qui m'a expliqué que lorsque le pendule tournait dans le sens des aiguilles d'une montre ça voulait dire " oui ", et dans le sens inverse, ça signifiait " non ".

    Alors, les cœurs dans l'obsidienne n'ont pas menti...Le pendule tournait mais certainement pas dans le bon sens quand il s'agissait du monstre. Lorsque la créature avait essayé, la petite pierre transparente semi-précieuse en cristal de roche du pendule avait refusé de tourner parce-que sa question n'avait pas de sens...Ou tout simplement parce qu'il n'avait pas posé de question ! J'ai encore beaucoup à apprendre dans le domaine des pierres…C'est un monde passionnant…

Les pierres sont utilisées depuis la nuit des temps, pas seulement pour leur beauté mais aussi pour leurs propriétés, oh combien efficaces ! Il y a déjà beaucoup de personnes qui ont compris que l'allopathie faisait souvent des ravages...Elles se soignent beaucoup avec les pierres et ne se sont jamais senties aussi bien !

    La musique aussi a la capacité de guérir, de refermer des blessures...Ce métier existe...Il est encore méconnu du grand public et beaucoup pensent que ça relève de la croyance...Il faudra des siècles pour qu'il se développe et soit reconnu…

    Comme l' homéopathie...Il faudra beaucoup de temps…Cette pratique faisait tellement d'ombre au système capitaliste qu'elle est à présent déremboursée par la sécurité sociale.

L'homéopathe passe encore pour un charlatan aux yeux de bon nombre de personnes, il en est de même pour le psychologue et le psychiatre…Bien sûr il y a des imposteurs, comme partout.

    J'assiste à l'ouverture du Festival de Jazz Django Reinhardt , il pleut mais qu'est-ce-que c'est beau….

Je ressens les vibrations et la douceur des instruments à cordes, en particulier la basse…Étant sureficiente, je ressens cette force avec beaucoup de puissance.

    Bien plus que " les normaux pensants " qui la ressentent quand même mais en beaucoup moins fort.

    Quant aux PN ils ne ressentent rien, ils ne peuvent même pas être sensibles à l'art…Ils ne ressentent rien, ni la musique, ni l'art, ni la beauté, ni l'amour…même pas la lumière…La lumière, c'est la vie...Ils la craignent et la détestent tout comme le soleil (sauf pour bronzer et soigner l'apparence).

C'est dans le noir, dans l'obscurité qu'ils aiment se tapir...
Alors c'est là leur place, c'est là qu'il faut les laisser, dans ce vide, ce trou noir qu'ils ont choisi...

L'ICEBERG

Souvent, les victimes comparent les PN à une araignée, une pieuvre, un chat, un cancer, un vampire...
Je suis d'accord avec tous ces comparatifs mais moi, je vois aussi un iceberg.
Il est désarmant de sincérité et suscite la fascination. Seul le PN possède cette force de persuasion, aucun " être humain " ne détient ce pouvoir. Mussolini, Hitler, Pinochet...étaient des êtres " inhumains ", des sociopathes profonds, des géants de glace !

L'Iceberg présente 2 visages :

Une partie émergée, visible, trompeuse qui évoque la lumière, la surface, la dextérité, la perfection, la fraîcheur, l'énergie, la clarté, la limpidité, l'élégance, l'attirance, la connaissance, l'apparence, la bienveillance, la blancheur, la douceur, la protection, la transparence, la pureté, la beauté, l'honnêteté, la sincérité, la liberté....

La Vie.

La partie immergée, cachée, représente la noirceur, la profondeur, l'obscurité, le fond, le flou, l'imperfection, l'ignorance, la méconnaissance, la malveillance, le danger, l'emprisonnement, le piège, l'inconnu, l'opacité, la laideur, l'horreur.
Le naufrage, la noyade...

La Mort.

L'AVENIR

Selon des statistiques, un couple sur 5 cacherait un manipulateur ou une manipulatrice...10 pourcent de la population serait sociopathe.
Il me semble difficile voire impossible de proposer des chiffres...
Autour de moi, j'ai réussi à identifier 20 PN dans 6 familles différentes, qui présentaient des cas pathologiques. Ce qui m'interpelle et m'inquiète, c'est que même si le PN ne naît pas pervers narcissique (et ce n'est pas certain, il existerait des PN primaires), il hérite tout de même de 20 pourcent (au moins) d'un parent PN.
Il y a une transmission transgénérationnelle par l'inconscient, une sorte d'engrammation, une trace laissée en mémoire dans le fonctionnement bioélectrique du cerveau d'un (ou plusieurs) membre de la descendance.
C'est un secret familial qui n'est jamais " parlé " qui est tu, caché...pour l'éternité. Ensuite, l'éducation perverse narcissique fait le reste...
Je constate qu'à chaque génération 1 à 2 enfants deviennent des PN qui transmettent à leur tour...La maladie psychiatrique.
La survie de ces monstres est non seulement assurée mais en constante augmentation. L'alimentation avec la production intensive, est de plus en plus pauvre sur le plan nutritionnel et n'apporte plus l'énergie nécessaire à la survie de l'être humain, ce qui accentue encore davantage le phénomène de " vol d'énergie ".
Si rien n'est fait, à long terme l'esprit malin va dominer le monde. Le Bien va disparaître au profit du Mal...
Les 20 personnes que j'ai pu identifier n'entrent pas dans les statistiques. Je suis la seule à les avoir démasquées... La plupart d'entre elles, ne reconnaissent pas leur pathologie et n'ont aucun suivi psychiatrique, elles ont cette faculté de détruire par instinct pour soulager leurs propres souffrances, pour elles les maladies psychiques n'existent pas ! Ce sont des maladies imaginaires !
Parmi ces cas : 2 d'entre eux sont complètement fous et un s'est auto détruit.

L'un d'entre eux a commis un meurtre physique dans la plus grande discrétion et d'autres sont responsables de suicides…sans avoir jamais été inquiétés.
Une PN a fait sombrer sa propre fille dans la folie, à défaut de pouvoir la transformer en vampire, cette mère monstrueuse passe pour une belle personne aux yeux de tous ! La pauvre, elle n'a vraiment pas de chance d'avoir une fille cinglée !!!
    Dans un monde où la manipulation est de plus en plus pratiquée, le courage de plus en plus rare, il va bien falloir trouver une solution pour assainir notre belle planète ! Au travail, en politique, dans le domaine de la consommation et même dans le milieu familial où les enfants manipulent de nombreux parents et les dominent, la manipulation est à l'honneur !!!
L'intelligence, la connaissance, la diffusion de l'information peuvent anéantir les sociopathes en les démasquant tout simplement, en imposant le respect et l'obligation d'un suivi psychiatrique et kinésiologique.
    Les bourreaux se sont depuis longtemps amusés à isoler leurs victimes, le nombre des PN a doublé en un siècle ! Il est grand temps d'isoler les bourreaux en les démasquant, ils deviendront de plus en plus célibataires et surtout de moins en moins reproductifs, ainsi ils ne pourront plus imposer leur pathologie de génération en génération…Le PN sera une espèce en voie d'extinction et l'éducation perverse narcissique disparaîtra…

    Alors, ne perdons pas de temps :

        Diffusons l'information autour de nous…

PORTRAIT

Comment reconnaître le PN sur le terrain, dans la vie quotidienne ?

Dans la vie sociale il est " TOO MUCH " !
Il est " trop tout " !
Trop parfait, trop beau pour être vrai.
Il sait tout sur tout !
Il travaille plus que tout le monde, il obtient les meilleurs résultats (selon lui...), il est posé, très brillant, très compétent.
En sport, il est le meilleur, si performant qu'il peut enseigner la discipline.
Il est le plus endurant, le plus sécurisant et le plus fort (il peut aller jusqu'à prendre des hormones de croissance pour mettre en valeur ses petits muscles !)
  Il n'a peur de rien, de personne. Il s'exprime mieux que tout le monde, quand il prend la parole, il est impossible de la lui prendre ! Il apprend des termes spécifiques par cœur pour en mettre plein la vue le moment venu.
  Il est le plus respectueux des convenances en apparence...le plus cultivé. En réalité, il maîtrise très peu de domaines mais il a appris des données par cœur qu'il injecte dans la conversation qu'il a pris soin d'amener.
Il détient la vérité universelle !
  Il est le plus attentif aux autres, pour paraître plein de qualités humaines.
En fait, il déteste les gens, il ne peut aimer que lui.
  Il veut donner l'image d'un père parfait et fait mieux que tous les parents, vu de l'extérieur, c'est l'image qu'il renvoie.
Il semble très attentif aux devoirs, aux activités sportives (il est présent à tous les entraînements de football, par exemple).
  Il veille particulièrement au bien-être de son enfant, l'emmène chez le médecin mais n'achète pas les médicaments et suit les recommandations qui l'arrangent. Il néglige les radiographies demandées etc...En réalité, son enfant n'a pas de suivi médical.

La triste vérité, c'est que le PN souhaite inconsciemment la mort de son enfant avant la sienne ! D'où les mises en danger régulières de sa descendance et le paradoxe c'est qu'il passe pour une personne qui adore les enfants . Pour couronner le tout, il veut, il exige une vie éternelle comme les Dieux car il est convaincu d'être un Dieu tout puissant ! C'est " l'enfant Roi ", tout lui est dû ! Il veut des cadeaux tout le temps et fait des caprices pour les obtenir.
Il est le plus généreux en société, il offre toujours le repas " aux dames " au début et surtout s'il connaît les restaurateurs pour dorer son image sociale...
C'est lui qui fait les plus beaux cadeaux...Il est le plus généreux !
En privé, il est pingre et son avarice dépasse toute norme.
    En société, il est " le meilleur " et en privé, il est " le pire ".
Même dans " le pire ", il est " hors norme " !
Ses défauts sont démesurés...Il est le plus sale, le plus mal alimenté, le plus irresponsable, le plus mal élevé, irrespectueux, maladroit, vulgaire, médiocre, le plus " beauf ", le plus puéril, insouciant, le plus avare, le plus égoïste, peureux, le plus paresseux, le plus capricieux, le plus maniaque, prétentieux, tricheur, le plus menteur, le plus malhonnête, nerveux, névrosé, hyperactif, égocentrique, paranoïaque, impulsif, contradictoire, paradoxal...Le plus manipulateur, le plus agressif, méchant, abjecte, pourri, cruel, tyrannique, sadique, inhumain...
    En résumé, le " pervers narcissique " (le sociopathe), est un homme ordinaire, très souvent au QI peu élevé. Il se fond dans le décor, en distillant la mort.
En public, il est serviable, aimable, joyeux, dévoué, poli, très bien élevé, raffiné.
Il est apprécié et vénéré par son entourage donc très charismatique.
Il inspire la confiance et devient rapidement un confident qui semble cultivé. Son humour sarcastique dérange un peu mais il sait parfaitement doser. Hyperactif, souvent sportif, il œuvre dans le social. Autoritaire, maniaque et organisé, il exerce un métier où il va obtenir du pouvoir pour exceller en manipulation...Dans les domaines de la justice (Avocat, policier, gendarme....), de l'éducation nationale (Chef d'établissement, enseignant, personnel éducatif...), toutes les professions liées à la communication, le domaine politique en fait partie...
    Il s'arrange aussi pour avoir des relations avec des personnes de ces milieux pour servir sa cause. Elles lui permettent de se valoriser et en cas de coup dur, elles sont très utiles ! Le super héros est un homme parfait et irréprochable.
On lui donnerait le Bon Dieu sans confession.
    En privé, l'enjôleur fagote sa proie minutieusement choisie pour sa sensibilité, sa beauté et sa joie de vivre, ensuite il la frappe avec des mots, la traverse avec la pointe de son regard et l'achève par des gestes.
    Toutes ces étapes se font dans la plus grande subtilité, en exerçant avec raffinement la manipulation mentale, l'hypnose, le chaud et le froid, les compliments et les humiliations.
    Quand le doute et l'angoisse envahissent la victime, elle est déjà sous emprise et la destruction de son être a commencé depuis quelques semaines, quelques mois...
Il humilie sa proie avec une grande finesse, se moque de tout, même de la mort.
    D'une hygiène douteuse, il peut transmettre la maladie mortelle.

Il doit ses performances sexuelles (quand il a une vie sexuelle) au Viagra et la qualité de sa musculature, aux farines hyper protéinées.
D'une grande propreté en apparence, il est en réalité aussi sale que son âme.
Sadique, tyrannique, toxique, il puise la vie en l'autre et le vide de toute son énergie.
Il est habité par la haine, la rage, la noirceur et la jalousie qu'il déverse sur sa victime avec une grande jouissance.
En la privant d'un sommeil bénéfique et réparateur, le tueur finit d'achever son œuvre.
Usurpant l'identité du gentleman, il viole corps et âmes en toute légalité.
Il veille à ne laisser aucune preuve matérielle derrière lui, pas même un message en absence ainsi, il se rit de la justice.
Ce vampire schizo-affectif est mégalomane, mythomane, paranoïaque, paradoxal et pervers bien sûr.
Il est le fruit pourri du diable, une créature maléfique, machiavélique qui vole l'existence de l'autre en toute discrétion pour survivre.
Flatteur, menteur, frimeur, l'enjôleur est un grand destructeur, un imposteur, un pourrisseur d'existence.
Il a un égo surdimensionné, un narcissisme hors norme et ne peut aimer que lui.
Il se fait toujours passer pour la victime de ses victimes. Le silence a fait de cette créature un Dieu qui règne sur cette terre en toute puissance. Son enfant, (1 ou plusieurs) poursuivra le massacre générationnel en toute impunité.

L'Amour de la Vie épaulée par le courage, l'intelligence et la patience peuvent le détruire en utilisant des mots choisis pour faire éclater la vérité et révéler sa véritable identité.

Les MOTS ont le pouvoir de TUER (Harcèlement moral / Violence perverse), mais aussi de SAUVER.

IL NE FAUT JAMAIS L'OUBLIER...

LES PREMIERS SIGNES

Jusqu'à ce jour seules les victimes savent identifier les vampires et encore, pas toujours. Certaines peuvent encore tomber à nouveau dans le piège quand elles ont des blessures d'âme trop importantes ! Il faut que cela change !
Il est urgent d'être capable de diagnostiquer le PN au tout début de la vampirisation, c'est-à-dire au cours des premières semaines, dans la phase de séduction machiavélique puisqu'elle n'a rien à voir avec un schéma de séduction classique sain entre 2 êtres.
A " cause " ou " grâce " à une nouvelle attaque de PN, j'ai pu affiner et décortiquer la mise en place de " La Toile D'Araignée " pour que la proie puisse identifier, démasquer le malade psychiatrique au plus vite et lui faire comprendre
" subtilement " qu'elle sait ce qu'il est en train de faire et qu'elle ne l'accepte pas !
Dans un premier temps, il entre dans votre vie sur la pointe des pieds.
Vous avez entendu parler de lui…Puis il devient de plus en plus présent.
Tout d'abord, c'est son *ORIGINALITÉ* qui vous séduit. Il est incroyablement
" *HORS NORME* ", très bien élevé quel que soit son niveau social. Il est " *COMPLEXE* " donc il a tout pour plaire à votre cerveau de " Pense trop " qui s'ennuyait avant son arrivée.
Il métamorphose votre vie, votre quotidien : C'est le " magicien " que vous attendiez. Tout ce que vous ne faisiez pas pour vous et votre milieu, lui il le fait ! Il modifie en bien, votre aspect physique et (ou) votre environnement.
De plus, il est d'excellents conseils. Il y avait un certain laisser-aller dans votre vie, lui il remet de l'ordre en quelques semaines et le résultat est très positif, vous ne pouvez que constater son efficacité.
Il veille à VOTRE BIEN ÊTRE, votre univers est métamorphosé grâce à ce magicien, ce ménestrel…
Il y a bien des signes inquiétants mais vous ne les voyez pas, vous ne les entendez pas…Vous trouvez une explication cartésienne acceptable et cohérente à tous ces avertissements : rêves, cauchemars sont le fruit de votre imagination !

Il est très disponible au début, très présent, il donne beaucoup de son temps, vous êtes " La Prunelle de ses yeux ", " Le centre de son univers " et il vous aime à la folie. Une seule chose compte pour lui :
VOTRE BONHEUR et VOTRE BIEN-ÊTRE.
LES RETARDS font partie du plan stratégique de " fagotage " pour se faire attendre, se faire désirer.

Il se lève TRÈS TÔT, se plaint D'INSOMNIES mais il est toujours en retard pour vous, comment est-ce possible ? Il a toujours un bon prétexte, une bonne excuse ! Ses retards vont modifier le déroulement de la journée préétablie par
les " Penses trop " que nous sommes et nous faire perdre un temps précieux.

Ses retards vont nous frustrer, nous désorganiser et nous obliger à supprimer des activités prévues, voire même d'abandonner des projets.
Il installe le désordre qui va dégénérer en CHAOS .

Tous ces grains de sable pourris de natures diverses, vont générer une certaine angoisse puisque le " pense trop " va devoir au pied levé organiser à nouveau en catastrophe tout ce qu'il avait prévu.

Il DÉSTABILISE dans un premier temps, ensuite vous allez très vite
" DEVENIR REDEVABLE " car il vous fait des cadeaux ou des faveurs que vous ne pourrez pas rendre.

L'arme mortelle qu'il utilise depuis la nuit des temps c'est le LANGAGE :
- Le langage verbal direct ou indirect 70 %
- Le langage du corps : les gestes 10 %
- Le langage du regard 20 %

Le pourcentage varie sensiblement selon les périodes.

Il utilise les mots écrits aussi pour valoriser votre personne et distiller la culpabilité très subtilement avec différents niveaux de compréhension pour jouer sur la double interprétation et donc se protéger de la justice. En faisant des nœuds à votre cerveau, il sème également la confusion dans l'esprit et la perte de confiance en soi en découle automatiquement.

Les lettres, les courriers électroniques mais surtout les sms vont amener des mots, des images qui vont vous atteindre instantanément et vous impacter pour faire peu à peu des dommages.

Il se renseigne sur votre personne par tous les moyens, pour vous connaître au mieux. Vous lui fournissez aussi beaucoup de renseignements sur vous-même.

Vous lui faites confiance alors inconsciemment, vous lui donnez des informations sur votre vie affective, même sur votre emploi du temps qu'il connaît par cœur. Il sait tout de vous !
Il injecte des paradoxes avec subtilité, il fait des promesses anodines(au début) qui ne sont pas tenues, des horaires non respectés, des croissants, des paroles oubliées…

Tous ces manques sont pardonnés par la mise en avant de L'AIDE SOCIALE : Il a dû " donner de son temps " et " aider " d'autres personnes qui avaient besoin de lui. Et là, vous êtes sidéré puisqu' (en apparence) il donne beaucoup de son temps aux autres, il aime la nature humaine plus que vous ne pouvez le faire !
Il est extraordinaire !

Peu à peu il gagne votre CONFIANCE, vous êtes convaincu d'avoir à faire à une très belle personne, il devient très vite un ami à qui vous pouvez tout confier.

Ensuite, avec subtilité, il va vous rendre jalouse , il consacre de plus en plus de temps aux autres et vous qui n'enviez jamais les autres qui ignoriez le sentiment de jalousie, il va parvenir à vous rendre presque jalouse dès les premières semaines.

Il est présent au quotidien par les mots et tout à coup, il CESSE DE COMMUNIQUER. Cette stratégie est la marque la plus facile à identifier pour quelqu'un qui n'a jamais été victime. C'est très concret, par rapport aux autres signes et donc facilement repérable(cette pratique sera répétée par la suite par le PN). Cette rupture dans le discours que vous avez avec lui comme s'il était présent au quotidien va vous faire beaucoup de peine, énormément de mal. C'est incompréhensible, complètement irrationnel, ça n'a pas de sens...Vous" gambergez " et plus vous réfléchissez moins vous comprenez. Il vous fait CULPABILISER et vous DEVALORISE car lui il est parfait alors s'il y a un problème, c'est forcément de votre faute !

Le vide ressenti est insupportable alors vous relancez la conversation...Il fera comme si " DE RIEN N'ÉTAIT " et si vous demandez des explications, il aura un alibi en béton.

Auparavant, il aura pris soin de vous" débaptiser " avec des surnoms en lien avec le romantisme, car inconsciemment la victime rêve encore du Prince charmant : " Princesse ", " Petite hirondelle ", " Libellule ", " Colombe " etc…
Des surnoms en lien avec la nourriture aussi car la proie représente bien une nourriture, une douceur, une friandise pour cet enfant pourri gâté dont il va se délecter. Il vous appelle :
" Chouquette ", " Sucre d'orge ", " Bonbon acidulé "... Vous êtes le bonbon interdit, qu'il veut s'approprier. En vous rebaptisant, il vous fait perdre votre identité initiale et c'est lui qui choisit ce nouveau nom… Il est le parrain tant attendu et fait son entrée dans votre intimité…

Les premiers PARADOXES font leur entrée !
Comment peut-il être à la fois si bien élevé, si réservé et si familier ?

Tout doucement, il prend le pouvoir et va essayer de dominer de plus en plus, de se rapprocher de vous : physiquement et géographiquement mais aussi par la connaissance. Il sait que vous avez soif de découvertes alors il va apprendre des choses par cœur sur le net pour vous épater. Par contre vous, si vous avez envie de lui apprendre quelque chose, il ne réagira pas. (Lui c'est le maître, vous n'êtes qu'un élève, alors restez à votre place !)

Il intimide avec finesse et impressionne aussi, tout cela dans un souci d'équilibre.

Il vous VALORISE et vous COMPLIMENTE indirectement. Vous êtes belle, intéressante, intelligente, vous avez toutes les valeurs qu'il recherche pour vous flatter, vous faire souffrir aussi et vous détruire dans les prochaines étapes du jeu meurtrier qu'il a concocté rien que pour vous !

Il s'arrange pour que vous culpabilisiez légèrement tout en partageant vos idées et vos avis. Il sait parfaitement doser…

Il possède les mêmes valeurs que vous et pense comme vous : C'est la stratégie de L'EFFET MIROIR. Il est champion dans ce domaine et vous renvoie tout ce que vous appréciez, tout ce que vous avez envie d'entendre aussi.

Avec humour, il fait des remarques sur votre ligne, votre corps, votre alimentation…
Dans un premier temps, il avait pénétré votre esprit, vous pensiez terriblement à lui, maintenant il s'immisce dans votre corps et bientôt il va faire des remarques sur votre ressenti (par rapport au temps que vous appréciez par exemple). Il entre dans votre intimité profonde et là il cherche à pénétrer votre conscience par les sens. Il sait, il connaît le plaisir que vous ressentez en présence d'un climat particulier par exemple.

Grâce à des traceurs, des fils invisibles, des sortes d'ondes magnétiques, des " aimants ", il ressent tout ce que vous ressentez : si vous êtes bien ou si vous êtes au plus bas. Ces " traceurs magnétiques" sont matérialisés dans les livres anciens sur la " Magie " par des petits pointillés qui partent du sommet de la tête d'un être pour atteindre le sommet de la tête d'un autre être vivant, en formant un arc de cercle. Des personnes victimes de PN ayant vécu ce phénomène sans avoir rien lu, parlent d'une sorte de télépathie .

Si vous envoyez des photos par sms, il sait lire dans votre rétine et vous lui donnez encore de nombreuses informations très précieuses car il peut lire dans votre âme, votre inconscient. Il entend ce que vous pensez, malheureusement il faut l'avoir vécu pour savoir que c'est vrai ! A cet instant il faut réagir, lui faire comprendre que vous savez qui il est et ce qu'il est en train de faire. Ne le laissez pas pénétrer !

Comme lui, il ne faut pas mettre de sujet précis dans vos phrases pour vous protéger mais il faut être suffisamment clair tout en jouant sur la double interprétation. (Il pourrait s'en servir pour vous faire passer pour une fabulatrice et vous traîner au tribunal, alors pruden-
ce !) Ne doutez pas ! Vous avez raison ! Si vous ne l'arrêtez pas maintenant, il va vous emmener dans la " Noirceur de ses eaux profondes " d'où vous pourriez ne jamais revenir. Voici le genre de propos que vous pouvez tenir dès que vous l'avez démasqué pour mettre un terme à la mascarade mortelle :

" Aujourd'hui, j'ai une grande force, je suis capable d'identifier n'importe quel sociopathe sur cette Terre...parfois, il me faut un peu de temps...mais je finis par le démasquer…Personne ne pourra m'empêcher de savourer un ciel bleu comme aujourd'hui ! "

Il mettra 5 bonnes minutes pour répondre un " L.O.L " à ce sms.
Toute personne " saine d'esprit " aurait cherché des explications à ce message ! Pas lui ! Lui, il a compris...Il est démasqué...et vous avez le pouvoir de le détruire par une humiliation publique…alors, il va vous fuir...éviter une confrontation et surtout une humiliation qui ferait éclater la vérité et qui détruirait ses belles apparences.

Le héros est un imposteur, un menteur, un voleur de vie...Il est possible que malgré tout, il tente à nouveau de tirer sur les fils de la toile d'araignée pour vous ramener à l'intérieur du piège mortel dans les mois à venir...

LE SILENCE est la seule réponse à lui donner et c'est ainsi que LE MANIPULATEUR ENJÔLEUR SE MEURT.

LE BOUT DU CHEMIN...

Aujourd'hui, 6 mois après " ma rupture silencieuse " je ne prends plus aucun médicament homéopathique, simplement des tisanes, des plantes sous formes de gélules et des élixirs à partir des pierres...
Je peux dire que j'ai été sauvée par des livres par de simples mots...Ils ont été mes seuls amis. J'ai pourtant tendu la main vers des personnes de confiance qui pouvaient entendre mon secret mais elles n'étaient pas disponibles et n'ont pas senti que j'étais en danger de mort...
La peinture et le sport ont été des aides précieuses, sans oublier le yoga.
En un an, j'ai peint une cinquantaine de tableaux, bien plus qu'en presque un demi-siècle de vie !
Et en 6 mois, j'ai écrit ce roman tout en exerçant ma profession initiale.
Finalement, ça m'a fait du bien de mettre des mots sur ma souffrance.
J'ai découvert que j'avais été hypnotisée par 3 fois au moins et que le hasard n'existe pas !

LE STRESS C'EST LA VIE a été le déclencheur. Cet ouvrage a mis le doigt sur la cause de mon problème et m'a aidée à élaborer des stratégies pour éliminer au maximum le stress responsable de mes angoisses.

JE PENSE TROP a été une révélation et a restitué une partie de " l'estime de soi " que la vie m'avait volée et que le monstre avait détruite. Il m'a donné la clef du problème avec le terme " PERVERS NARCISSIQUE " inventé par Paul Claude Racamier.

INTERNET ensuite m'a fourni toutes les informations et presque toutes les réponses aux questions que je me posais depuis des mois, en tapant le terme sur le moteur de recherche.

ECHAPPER AUX MANIPULATEURS m'a aidée à sortir de l'emprise, à ne pas culpabiliser et à ne pas chercher à aider " le bourreau " (car il ne peut guérir et dans 99 pourcent des cas ne souhaite pas canaliser son mal), à ne pas attendre d'excuses et à ne pas chercher à communiquer avec lui.

Je souhaite que mon livre sauve lui aussi des vies. J'ai mis tout mon cœur dans cet ouvrage.
Je veux qu'il évite de nouvelles victimes.
J'espère qu'il ne sera plus nécessaire d'être *vampirisé* pour les démasquer.
Je désire ardemment que toute personne ayant lu : LES ANGES BLANCS soit capable de les identifier et de transmettre autour d'elle le schéma du piège. Il est simple et si facilement reconnaissable quand on le connaît.
Mais en effet, on ne peut reconnaître que ce que l'on connaît. Moi, j'ignorais les symptômes de la pathologie psychiatrique alors il m'était impossible de la déceler.
Mais vous, maintenant vous êtes armés et protégés. Vous allez pouvoir diffuser l'information, aussi souvent que vous pouvez.
Echangez ce livre, prêtez-le, partagez-le, revendez-le quatre sous sur les brocantes…mais surtout ne le détruisez pas !
Vos enfants ne doivent pas tomber dans un piège mortel comme celui-là.
Personne ne doit mourir pour le plaisir de ces sociopathes.
Je pensais ne pas être raciste. En fait si, je le suis ! Je veux éradiquer notre belle planète bleue de ces " crevures ".
Si seulement identifiées, elles pouvaient être castrées pour ne plus reproduire.
A long terme, elles disparaîtraient...
Car même si elles ne naissent pas " pervers narcissique ", l'un des parents les y aident fortement en les formant.
Il est même possible qu'ils paient une dette familiale transgénérationnelle, mais étant limités cérébralement et bien trop occupés à " manipuler " aucun d'entre eux n'en cherche la cause pour annuler la dette, en la révélant par des mots. Ainsi, elle est perpétuée de génération en génération.
Le pervers narcissique (homme ou femme) est quelqu'un de pauvre intellectuellement, très peu cultivé. Il est rusé et paresseux et n'excelle que dans un domaine : La manipulation mentale, il n'y a que là qu'il est très fort.
Il a hérité de pratiques ancestrales ! Il s'intéresse même parfois aux livres de psychologie et de développement personnel pour améliorer le processus mortel, pour commettre ses meurtres psychiques, physiques aussi, mais la transmission du savoir-faire transgénérationnel peut lui suffire.
Ah, oui, j'oubliais, il a un don inné pour découvrir la faille dans tout individu. Les surefficients sont ses premières cibles puisqu'ils donnent tout l'amour qu'ils peuvent et lui n'est jamais rassasié. C'est un grand consommateur insatiable, en effet, il en veut toujours plus et n'en aura jamais assez, par contre, lui ne donne jamais rien. Il est très friand du surefficient, mais " à défaut de grives, on mange des merles " alors toute personne peut être choisie par le prédateur.
J'ai toujours cru que les personnes faibles se faisaient avoir, qu'elles prenaient des médicaments, de l'alcool ou de la drogue, qu'elles étaient influençables ou qu'elles avaient des problèmes psychologiques…Il n'en est rien !
J'étais en pleine forme lorsque cette ordure m'a prise pour cible. Je ne bois pas, ne fume pas et ne prends aucun médicament. Avec son frère, ils avaient pris des notes sur moi pendant dix ans. Ce repas de l'été 2015 était un piège, un traquenard. Pendant 6 mois

l'enjôleur ne parle que de moi et s'arrange pour que ses paroles et ses états d'âmes me soient transmis par l'intermédiaire de membres de la famille. Il assure doublement son coup, en faisant des éloges de ma personne directement à ma mère, là il est sûr et certain que l'information va me parvenir.
Quand je crois être libre de mon destin, de mes faits, de mes gestes, je me trompe !
Je crois avoir pris seule la décision de poster ma carte de vœux mais en réalité, j'ai été conditionnée en amont, pendant les 6 mois qui ont précédé. Il connaît les règles psychiques par cœur, moi pas ! Il sait que lorsque le rêve et la volonté entrent en conflit, c'est toujours le rêve qui l'emporte ! Pendant 6 mois, il m'a vendu du rêve avant même que j'entame une correspondance. Quand je crois pouvoir brûler la carte de vœux, en fait il est inévitable que je la poste, mais moi je crois être libre de mes actes. En réalité, j'ignore de nombreux mécanismes psychiques, des règles fondamentales m'échappent.

    Le danger de la spirale mortelle dans laquelle le sociopathe nous entraîne, c'est que la victime a une sensation de complète liberté. Elle ne sent pas qu'elle est enfermée dans une cage mortelle. Hors, pour chercher la clef et s'échapper, il faudrait déjà avoir conscience d'être retenue prisonnière ! Tout le problème est là !

    La mise en œuvre du processus est très fine, très subtile. La victime glisse très lentement vers la mort, sans même s'apercevoir du danger. Si quelqu'un prélève régulièrement un grain de riz dans un bocal transparent, vous aurez beau observer, être attentif, vous ne verrez pas le niveau baisser. Quand vous vous apercevrez qu'il en manque, il sera trop tard. A cet instant vous pourrez toucher le fond du bocal mais aurez-vous assez de force pour réagir, suffisamment d'énergie, de vie pour lutter et vous battre ?

    Comme tous les surefficients, je suis hypersensible, hyper empathique et possède aussi une capacité de résilience impressionnante qui me permet de me battre et de trouver au plus profond de moi des ressources insoupçonnées et cette force cachée, j'en ignorais moi-même son existence même si au cour de ma vie, je trouvais toujours l'énergie nécessaire pour remonter à la surface, après avoir vécu des situations difficiles. Celle-ci aura été de loin, la pire de toute mon existence.

    Avant d'en arriver à ce cas extrême, mieux vaut identifier le mal au tout début, le schéma est si basique, si simple à repérer quand on le connaît :
Tout d'abord, il faut s'imaginer un cercle car le principe est bien cyclique.
J'ai lu en diagonale des témoignages de victimes et c'est toujours la même chose, alors apprenez le par cœur et n'hésitez pas à le transmettre.

    Souvent, il y a des vacances dans l'air et un début de correspondance. J'ai lu des lettres envoyées à des victimes. C'est toujours pareil !

    Il manie le verbe comme personne(selon la classe sociale ça peut être truffé de fautes d'orthographe mais il y a tout de même une maîtrise du langage). Souvent, il rédige dans un français parfait, il est très littéraire et très précis dans le choix de ses mot (attention, certains n'ont pas été longtemps à l'école !) Il en met plein la vue avec beaucoup de modestie, ensuite il y a les retrouvailles.

    Il joue beaucoup sur le mimétisme, il est passionné par votre personne. Vous êtes unique et extraordinaire, il vous ressemble beaucoup et semble même vous connaître mieux que vous même. C'est très impressionnant !

Une fois qu'il a gagné votre confiance, il vous propose très vite le mariage, un enfant, la passion est à son comble. C'est le " Love-bombing ", il est prêt à tout pour vous, même à dépenser des sommes folles et il vous le prouve. Il fait des cadeaux très onéreux pour vous séduire, prouver qu'il est sincère et surtout pour que vous soyez redevable. Vous ne pourrez jamais rendre financièrement ce qu'il investit pour vous au début. Il est prêt à tout pour que vous ayez une confiance aveugle en lui et vous convaincre qu'il est fou amoureux de votre petite personne et il met le paquet !

Ensuite une fois, qu'il vous a " fagoté ", il met en place un dialogue flou, souvent contradictoire, un discours paradoxal qui ne va pas du tout avec le personnage.

Il glisse de l'humour sarcastique à la maladresse et pour finir à la méchanceté.
Il use les nerfs, vous fait douter de tout et pousse au " clash " mais c'est voulu.
Il se nourrit du conflit qui lui procure une immense jouissance.
C'est lui qui provoque la rupture, pour ensuite récupérer sa victime, la consoler et redevenir doux comme un agneau.

Chaque désunion provoquée va renforcer la dépendance affective par 10 au moins, au moment de la réunion.

Il redevient gentil, charmeur, c'est le retour à la case départ . Il va à nouveau être adorable, très amoureux comme si de rien n' était (jusqu'au prochain " clash ").

Ses incohérences répétées deviennent une norme.
En installant la dépendance de sa victime, il diffuse la peur et la crainte, très subtilement.
Ses colères sont démesurées, toujours dans l'excès...

Le manque est insurmontable au moment de la rupture et à chaque fois, il récupère sa proie, convaincue qu'elle ne peut pas vivre sans lui et lui sans elle.

L'Amour est divin, diabolique aussi, des envies de mort se mêlent.... Le grand plaisir n'a pas été surnommé " petite mort " par hasard…

La victime reste des heures en suspension sur le fil du grand plaisir, sans jamais l'atteindre...Le plaisir n'a jamais de fin pour elle...alors que pour lui, la jouissance est une fin en soi…

Lorsque le bourreau n'a plus besoin de rattraper sa victime, c'est parce qu'il l'a vampirisée. Elle est totalement dépendante de lui, lors des ruptures c'est elle qui revient vers lui, il n'a plus rien à faire...Juste à tirer sur les ficelles de la marionnette.

La victime est comme droguée, elle a besoin de lui pour vivre. C'est je crois, le syndrome de Stockholm : La victime tombe amoureuse de son bourreau et lui trouve des circonstances atténuantes. De nombreuses victimes n'arrivent pas à sortir du cercle infernal.

Certaines personnes vont résister toute une vie et vont accepter de n'être qu'un objet, elles vont oublier qu'elles existent, donneront leur chair et leur sang pour leur roi. Ce don s'appelle un sacrifice…

D'autres vont prendre des antidépresseurs pour supporter l'angoisse et les humiliations constantes. Combien de personnes prennent des antidépresseurs à cause des sociopathes ? Plus elles en prennent et moins elles peuvent résoudre leur problème. Il y a des victimes qui ont tellement été affaiblies qu'elles se suicident.

Quelle jouissance pour le pervers ! Il a provoqué la mort sans laisser aucune preuve matérielle. Il est au comble de la joie ! Il a gagné la partie !

Quelques victimes découvrent la pathologie avec stupeur ! Quel choc ! Le diable existe ! Ce n'est pas une légende ! Il est bien réel !
Le vampire prélève le sang de sa victime sans même qu'elle s'en aperçoive !
Quelques victimes entament des procédures en justice mais c'est très dur de réunir des preuves et très éprouvant. Ils ne peuvent être attaqué que pour harcèlement moral et choisissent d'excellents avocats, des manipulateurs hors
pair, des confrères...
Celles qui parviennent à s'échapper de la cage se sauvent souvent très loin, elles veulent oublier et surtout vivre. Elles pensent retrouver leur liberté au prix du silence.
Seulement peut-on vivre en protégeant un criminel ? Des criminels ?
Personnellement c'est comme si je savais où était la bombe qui va exploser pour faire des millions de morts et que je refusais de dire où elle se trouve !
Comme le disait si justement Albert Einstein :
" Le monde ne sera pas détruit par ceux qui font le mal, mais par ceux qui regardent sans rien faire ."
Alors moi, j'ai choisi de faire éclater la vérité. J'ai décidé de faire sortir
" Le pervers narcissique " du rayon " développement personnel " où il était si bien caché car seules les personnes victimes vont chercher des explications dans cet endroit, tout au fond des grands espaces culturels. Qui d'autre aurait envie de lire un livre avec en son titre " pervers " ou " manipulateur ". Rien que le terme effraie, " répulse "...
J'ai donc choisi d'écrire un livre à la portée de tous, pour informer le plus grand nombre. Il faut bien avoir à l'esprit que l'enjôleur, le saboteur de vie ne va que jusqu'où la victime lui permet d'aller car pour se protéger de la justice, la personne choisie doit toujours être consentante. Les risques qu'il prend sont calculés au millimètre près, il ne se met pas en danger puisqu'il le flaire à des kilomètres.
Le sociopathe n'a pas peur de la mort, il s'en moque totalement. Il a conservé l'insouciance de l'enfant pour qui la mort n'est rien !
Il n'y a qu'une chose qui le tue, c'est l'humiliation et si elle est publique, le coup porté est d'autant plus violent, il peut aller jusqu'à s'auto détruire...
Finalement la créature est un être faible qui n'a pas du tout confiance en elle. Elle est sans foi, ni loi...insignifiante et n'a aucune personnalité, aucune sensibilité, aucune originalité...Elle fait des coups bas, dignes du fayot des cours de récréation.
Elle est incompétente dans presque tous les domaines. Souvent castré, c'est la manipulation psychique et l'imaginaire qui lui donnent du pouvoir.
A partir du moment où vous êtes capable de le démasquer, il n'est plus rien, que poussière....Comme le " Golem ", un monstre d'argile bien fragile quand on connaît son talon d'Achille ! Pendant toute l'année 2016, j'ai cherché un Ange...et j'ai trouvé le Diable !
Le vampire a bien failli avoir ma peau...
A propos, le Diable existe bien sur terre...et les Anges aussi !
Et si l'Ange que j'ai si longtemps cherché, c'était finalement tout simplement

MOI ...

LE DERNIER MYSTÈRE...

    Je crois avoir trouvé les réponses à toutes mes questions mais il en reste encore une en suspens...Et quelques zones d'ombre encore.
    J'ai toujours dans la tête cette pupille noire en fente aperçue furtivement, tout au fond du parc du château...Quand le monstre attaque, ses pupilles se transforment en aiguilles tueuses et quand il se défend et qu'il se contracte comme pour parer un coup, ses pupilles sont identiques à celles du chat au repos : deux fentes noires, très surprenantes dans le regard d'un être à l'apparence humaine.
    J'ai cherché sur internet, en vain, et me suis rendue à Paris, au zoo du Jardin Des Plantes pour poser des questions aux spécialistes des félins, pour comprendre ce que j'avais vu (même si personne ne peut me croire, je sais que ce n'était pas une hallucination).
    J'ai questionné un photographe animalier aussi qui était présent et je n'ai pas pu établir de lien entre la panthère ou même le tigre et le sociopathe ou encore le serpent.
    Alors, je me suis rappelée ma première impression : le vampire !
Oui, mais les légendes ça n'existe pas !
Et si le vampire n'était que la représentation en image du " pervers narcissique " qui existe depuis la nuit des temps.
    En effet, en lisant l'auteur de " Vampirisme énergétique ", Arnaud Thuly évoque la même idée, enfin quelqu'un qui pense comme moi !
Les légendes ne tombent pas du ciel ! Elles ont été écrites par des hommes et des femmes aussi qui ont vécu bien avant nous.
    La créature qui m'a attaquée, attaque depuis des siècles... mais comment transcrire en image le portrait du sociopathe ?
Le peindre ne serait d'aucune utilité puisqu'il ressemble à monsieur tout le monde, même s'il a un port hautain, un menton trop relevé et des incisives centrales supérieures trop longues, c'est insuffisant pour l'identifier sur l'instant pour bon nombre d'entre nous.
    En créant le vampire, l'homme n'a fait qu' imager son ressenti :
Il porte une cape comme les " super-héros ". Il est très vif, physiquement et psychologiquement, la difformité de son visage reflète la laideur de son âme.

Avec des griffes, une queue, des grandes oreilles et des canines de félin, l'instinct primitif de prédation est parfaitement rendu.

L'énergie vitale qu'il prélève a été imagée par le sang qu'il ponctionne, directement dans la veine de sa victime. Il s'agit en réalité des couches énergétiques profondes qui sont vidées par simple contact corporel prolongé avec la proie. Ces couches sont invisibles mais avec l'avancée scientifique, il est possible de les matérialiser avec différentes couleurs, même si en réalité elles sont incolores.

Les machines sont introuvables ! Où sont-elles cachées ?

(Il existe bien des vampires " sanguinaires " qui vont réellement boire du sang humain ou animal, néanmoins ce n'est pas la majorité d'entre eux)

Le vampire a des pupilles rondes comme des billes, très petites lorsqu'il attaque, en forme de fentes noires sur d'autres images. Il s'agit en fait d'un réflexe en mode de défense, d'auto protection de la bête.

J'ai enfin trouvé une explication à cette zone d'ombre. Ma fille a découvert sur internet que les humains entrainés peuvent dilater ou rétracter leurs pupilles consciemment, étonnant non ? Le crocodile ne pleure-t-il pas avant d'engloutir sa proie ?

Aujourd'hui si le vampire se sent attaqué, en se contractant, il a 2 fentes noires à la place de ses pupilles rondes. Facile à identifier !

Il ne semble pas en être conscient mais d'ici quelques années l'info aura circulé et il sera capable d'empêcher ce réflexe instinctif… Dommage !

Chez certains magnétiseurs aussi lorsqu'ils cherchent des informations sur une personne, en la fixant dans les yeux ou même en supprimant l'angoisse pendant un soin, moi je perçois cette fente à la place de la pupille. Il se peut, que tout le monde ne puisse pas voir ce que je vois, puisque maintenant je suis convaincue que cette perception relève d'une certaine sensibilité. Possible aussi, que certains magnétiseurs soient des vampires éthiques ou pas…Sur 4 magnétiseurs que j'ai rencontré, 3 sont des sociopathes. C'est assez affolant mais insuffisant pour établir un pourcentage.

Quand je crois avoir trouvé l'explication " du mystère des yeux en fente " je pense que la boucle est bouclée et que mes recherches s'achèvent.

Il n'en est rien ! Je découvre dans l'ouvrage d'Arnaud Thuly des vérités bouleversantes par rapport à mon histoire.

Ses expériences scientifiques et ses résultats fiables viennent confirmer certaines suspicions, certains ressentis.

Nous allons entrer dans le monde des énergies subtiles. Elles sont invisibles, mais pourtant elles existent !

Il aborde la notion d'aura. J'ai appris en Yoga que nous avons tous un corps physique et un corps énergétique composé de fines couches successives, qui enveloppent notre corps physique.

Le contour de notre corps au niveau de la dernière couche s'appelle l'aura. Les belles personnes ont une aura très lisse contrairement aux mauvaises…

Nous possédons aussi un corps astral qui pour moi est encore difficile à ressentir (l'extraction de mes dents de sagesse à 20 ans en est en partie la cause, puisqu'elles sont en lien avec le céleste).

Je suis tout de même convaincue de l'influence de la lune sur les comportements humains et leur agressivité lorsqu'elle est pleine.
Elle influe considérablement sur le déclenchement des naissances aussi, à la pleine lune les sages-femmes n'ont aucun doute sur ce point.
    Pour revenir aux couches énergétiques, elles protègent notre corps des agressions. Lorsque nous faisons confiance, ses barrières sautent. Plus la confiance est grande et plus les protections sont insignifiantes...D'où le danger…
    Dès le début, le " Prince Charmant " se dit très " tactile", il est en effet très collant ! Il déteste les tissus qui empêchent l'énergie de circuler car ça le gêne pour ses prélèvements qui traversent les différentes couches énergétiques de surface.
    Il aime le coton, le lin, les fibres naturelles car les synthétiques l'empêchent de prélever l'énergie comme il le souhaiterait. Il déteste la soie car elle fait écran. Il est très dérangé par les métaux, l'acier pur le gêne terriblement, pour cette raison j'ai eu droit à des réflexions sur ma montre qui était trop grosse et qui ne m'allait pas et pour cause ! J'ai vérifié, comme par hasard elle est en " acier pur " !
    Dans les cas de vampirisation par le sexe, les prélèvements d'énergie vitale se font très profondément. Les couches énergétiques sont toutes traversées pour atteindre les couches profondes dans l'utérus, près du nombril. Au moment de son orgasme, le PN ponctionne la vie et pourrait directement entraîner la mort.
    Il déminéralise aussi, en prélevant des éléments précieux à cet endroit précis. mais il sait doser pour pouvoir se nourrir à nouveau sur sa proie. S'il la tuait sur le coup, il n'aurait plus de nourriture régulière. Le " viagra " commandé sur Internet
(pour ne pas se faire repérer par son médecin traitant ou le pharmacien, est une aide précieuse pour lui). Il lui permet de s'introduire le plus loin possible dans sa victime pour prélever beaucoup en quelques secondes au moment de l'orgasme. C'est à cet instant que les couches profondes s'ouvrent et qu'il se nourrit abondamment.
    C'est aussi pour cette raison que le magnétiseur m'avait dit que lors des relations sexuelles (normales entre 2 individus) si l'un des partenaires est déchargé, l'autre va se retrouver vidé, raisonnablement bien sûr ! Par contre, dans la relation " perverse narcissique " la proie se retrouve vidée, très vite anémiée si les prélèvement sont importants et réguliers.
    Le sociopathe ne veut ni vêtement ni bijoux pendant la relation sexuelle pour prélever au maximum l'énergie vitale qu'il souhaite, sans être gêné par des interférences.
    Il ne supporte pas que sa partenaire puisse avoir un grand plaisir, aussi il sait parfaitement doser pour qu'elle ne l'obtienne pas. Il est capable de bloquer l'orgasme de l'autre pour qu'il n'y ait aucun partage d'énergie, pour être certain de prélever un maximum. Il prétexte que la pilule est mauvaise pour la santé et comme il maîtrise parfaitement son érection, l'absence de contraception n'est pas un problème au contraire, elle génère une certaine angoisse chez la partenaire ce qui donne un goût encore plus appréciable au prélèvement vital dans les couches profondes. C'est lui qui choisit, quand enclencher une grossesse…Il connaît le cycle menstruel de sa victime par cœur et sait parfaitement quel jour elle sera féconde :
14 jours avant le premier jour des règles, très précisément...De nombreuses femmes l'ignorent, même des médecins…Possible que le PN le sache par instinct...

Bien entendu, il est contre le préservatif qui " coupe l'envie " selon lui, en réalité, le plastique empêche les énergies de circuler et le prélèvement de s'effectuer efficacement dans les couches vitales profondes.
Il génère tellement de stress chez sa victime aussi, qu'il influe sur le taux hormonal. Le cycle menstruel est donc raccourci. Nul doute, Le PN est responsable d'un vieillissement prématuré chez la personne vampirisée..
Elle peut même perdre quelques dixième au niveau de la vue mais ne fera pas le lien de cause à effet.
En faisant l'Amour, il prélève la vie et souffle la mort...
Un soir, après un gros câlin, il me disait :
" Je vais te faire l'amour pendant que tu dors et tu ne sentiras rien. "
" T'es fou ! Bien sûr que si je vais le sentir ! "
Il n'est pas bien de dire des choses comme ça !
" Je t'assure, tu ne sentiras rien. " J'avais haussé les épaules, j'étais sûr que c'était impossible avec mon raisonnement cartésien qui ne valait rien !
Après lecture des remarques d'Arnaud Thuly, je réalise que j'ai été victime d'attaques nocturnes , pendant le sommeil paradoxal et je n'ai rien senti, vu l'état de fatigue dans lequel il m'avait plongée. Il était toujours collé dans mon dos, les mains sur les zones érogènes. A mon réveil,,. j'étais dans un état second et j'étais mouillée. Je ne comprenais pas... Je trouvais une explication rationnelle : j'étais tellement amoureuse de lui que je le désirais nuit et jour ce qui expliquait pourquoi cette zone était encore humide à mon réveil. Et, oui ! Il me violait pendant mon sommeil !
Et là, ça s'appelle bien un viol ! Mais il n'était pas tout seul. Je sentais bien que son frère se nourrissait sur moi mais je ne pouvais pas l'expliquer.
J'avais le sentiment qu'il vivait notre relation, que les deux frères vivaient une fusion malsaine comme si l'aîné sortait aussi avec moi, je trouvais cette idée répugnante !
Je sentais que mon partenaire donnait des détails de notre relation. j'étais très proche de la vérité. Dans mes dernières lectures, je comprends qu'un câble énergétique reliait les deux frères au niveau de l'aura. Pendant les viols nocturnes et diurnes, l'aîné goûtait, mangeait, se délectait, savourait mon " sang ", mon énergie vitale en même temps que mon prédateur.
Et oui, mon vampire était lui aussi vampirisé par son bourreau de frère. Un cercle infernal d'où il est difficile de s'extraire.
Vous devez être sceptique sur l'existence de ce câble énergétique et pourtant il existe et je vais vous convaincre avec cet exemple personnel :
Une nuit, alors que je regardais dormir la créature, j'étais fascinée par son visage d'Ange...Tout à coup il s'était réveillé, il avait fait un terrible cauchemar et disait se faire attaquer par "des Ninjas " ! J'avais déjà parlé de ce cauchemar un peu plus haut et je l'avais trouvé très étrange...
Ensuite il était convaincu que c'était son fils qui venait de faire ce mauvais rêve. Il disait qu'il avait entendu des bruits et que l'enfant était réveillé. J'insistais pour dire que c'était son cauchemar à lui.

Il niait, puis avait fini par reconnaître...Il s'était levé, avait pris un verre d'eau et un anti dépresseur ! Il n'y avait aucun bruit à l'étage. Il était revenu toujours très angoissé, en affirmant que son fils venait de faire un cauchemar et qu'il s'était rendormi !

Le jour même, il avait eu son frère au téléphone, à côté de moi. Il avait évoqué l'incident de la nuit et lui en parlerait plus tard (quand je ne serais plus là ! Il cachait quelque chose et son angoisse était évidente).

Grâce à mes lectures, je comprends que le père a vampirisé le fils, il a posé des traceurs sur son propre enfant et sous l'effet des vases communiquant grâce au câble énergétique qu'il a établi, il récupère aussi une partie des rêves de son fils qui lui en envoie aussi !!! et comme il ignore ce phénomène, il se croit vampirisé à son tour, d'où son effroi et la prise immédiate d'un calmant.

Apparemment, il ne sait pas poser de filtre pour se protéger, bien fait pour lui !
Par contre, son frère sait le faire ! Cette crevure a posé des câbles sur toute sa famille et n'en ressent aucun effet négatif. Il a mis en place toute une stratégie visant à soigner sa petite personne, son " bien-être " : Le Qi-gong, les massages, les séances de bronzage....

Je le soupçonne même, de se servir de la kinésiologie uniquement pour son propre bien-être pour affiner ses coups mortels...En aucun cas, il ne souhaite se détourner du mal, bien au contraire.

Il pense avoir atteint le rang de Roi dans ce domaine. Il se nourrit de tissu humain, de chair humaine dans tous les lieux publics au quotidien aussi. Il peut prélever une personne jusqu'à 8 à 12 mètres ! Il provoque les contacts physiques au maximum en centre-ville, à la boulangerie, à la poste, sur les brocantes, les concerts, etc...et dans sa propre famille.

Il a fait entrer son fils aîné dans la maladie et il est responsable des séquelles du 2ème enfant. Il prélève même l'énergie vitale sur sa conjointe et la drogue avec un cocktail de médicaments qu'il lui fait prendre au quotidien. Elle ne sait même pas ce qu'elle avale et ne se pose pas la question non plus !

Quand elle se lève le matin, elle a le visage de quelqu'un qui n'a pas dormi...Comme si un cancer la rongeait de l'intérieur...Et la bête continue à " bouffer", elle n'est jamais rassasiée toutes les occasions sont bonnes pour prélever davantage ses petits vampires, sa descendance. L'aîné a perdu le combat, même s'il a lutté quand il en avait encore la force... Lui aussi est devenu un petit vampire, il est pervers et narcissique mais ne m'a jamais fait de mal.

Pour survivre, il prend l'énergie vitale de sa mère et ose la gifler quand bon lui semble...Il a un modèle...son père...Il fait comme lui !!! Il ne peut éprouver d'Amour ou de tristesse lors de la disparition d'un être cher, sauf quand il perdra son bourreau à moins qu'il ne parte avant...

Au décès de sa grand-mère, son père a prélevé plus que d'habitude, les défenses immunitaires ont baissé et la sclérose en plaque a évolué à nouveau. Il est encore plus diminué qu'avant, les gaines nerveuses et les neurones sont atteints maintenant. Le père s'est servi d'un décès familial pour justifier l'avancée de la maladie alors qu'il est l'unique responsable.

Pourtant, encore une fois, il a convaincu tout le monde d'être une pauvre victime ! Il est l'homme le plus à plaindre de toute la terre avec 2 enfants handicapés !

La belle-mère est décédée 6 mois après avoir passé 2 mois de convalescence chez sa fille dans la maison de Bozo que je devrais plutôt appeler un " mouroir ". Il l'avait accueillie pour qu'elle se repose et se ressource. Il l'a détruite psychologiquement en lui montrant de quoi la bête qui sommeille en lui était capable : frapper son enfant handicapé au sol, battre sa femme….La grand-mère a assisté impuissante au massacre...Ce qu'elle ignorait, c'est qu'il prélevait régulièrement son énergie vitale et que le cancer allait très vite prendre le dessus et la dévorer. Bozo a réussi à pénétrer sa conscience. En lui faisant confiance, sans le savoir elle a permis au diable de s'infiltrer. Très peu de temps avant que la vie ne la quitte, elle a changé d'avis et demandé l'incinération pour brûler l' esprit malin qui était entré en elle. Inconsciemment, elle avait compris...mais trop tard...Elle a tenté d'appeler sa mère à l'aide peu de temps avant son départ et tout le monde a cru qu'elle délirait mais en réalité, comme beaucoup de personnes avant de mourir, elle a eu des perceptions subtiles pendant quelques instants, elle a réellement senti la présence, l'énergie de sa mère, qui malheureusement ne lui a pas portée secours. Cette mère vénérée, était peut-être elle aussi une enjôleuse....

Le monstre ne laisse pas de trace. Les gens ont peur, ils se taisent et rendent la bête encore plus forte...Ils la renforcent par leur silence ! La justice a besoin de preuves matérielles, le PN se garde bien d'en laisser derrière lui !
Alors, il règne sur notre belle planète bleue pour la détruire, pour détruire toute vie !

Comment j'ai réussi à sortir de la spirale infernale ?
Je m'en étonne encore aujourd'hui.

Peut-être, parce-que mon instinct de vie a été plus fort que leur instinct de mort…Le déclic s'est fait lorsque j'ai compris, qu'il éprouvait du plaisir à me faire du mal et que cette relation était destructrice, même si je ne voyais pas qu'il était en train de m'enterrer vivante.

Il avait toujours 10 longueurs d'avance sur moi et pour cause !
Mes barrières de méfiance, de protection étant tombées les premiers mois (car je lui faisais entièrement confiance), il pénétrait mes pensées.

Oui, je sais, ça peut sembler incroyable mais plus d'une fois, il s'appropriait mes mots, mes phrases, alors que je venais tout juste de les prononcer dans ma tête, c'était juste hallucinant et pourtant bien réel.

Grâce aux capteurs, aux traceurs énergétiques(qui partent des aspérités de son aura, qui ressemblent aux cratères d'un volcan car son aura à lui est loin d'être lisse ...) , il était entré dans ma tête.

Alors, rien de plus facile pour anticiper, être instinctif et intrusif. Ils se font souvent aider de caméras bien placées dans leur habitation, aussi. J'ai mis du temps pour comprendre que le soi-disant détecteur de fumée filmait tous mes faits et gestes dans la chambre, de jour comme de nuit…

Ma chienne ne s'est jamais sauvée. Il l'a retenue prisonnière dans un cabanon pendant 1H30. Grâce aux caméras, il a attendu que j'aille dans la chambre pour la neutraliser. Il savait qu'elle n'aboyait pas, elle ne le faisait jamais enfermée, je l'avais dit des mois auparavant et il en avait pris note. Quand il a décidé de lever ma punition, il était revenu en courant du chemin pour qu'elle soit essoufflée, la langue pendante, pour que la situation soit tout à fait plausible et qu'il puisse être accueilli en héros ! Et oui, c'est pervers et diabolique ! Il se nourrissait encore de l'angoisse qu'il avait générée. Chaque jour, il veillait à diffuser une dose d'angoisse sans avoir aucune responsabilité en apparence.

Il voit beaucoup dans les yeux et capte bien plus d'informations que la norme. Il sait parfaitement quand il est démasqué, rien qu'en croisant un regard…Pour cette raison, ne jamais le sous-estimer. Il déteste les lunettes de soleil qui masquent les " fenêtres de l'âme " ainsi il parvient à lire dans les pensées directement par le regard, ou à proximité et à distance par les traceurs…par télépathie.

Il se concentre, semble pensif et triste mais en réalité, il entre dans l'inconscient et la lecture se fait automatiquement.

Il sait voir l'aura en tout individu, comme les magnétiseurs, il a ce pouvoir et il récupère de précieuses informations qui vont l'aider à parfaitement connaître sa victime pour mieux la détruire.

J'ai grâce aux conseils d'Arnaud Thuly, réussi à couper les derniers câbles qui me reliaient encore à mon bourreau, presqu'un an après.(Attention, ils peuvent être réactivés des années plus tard et la distance spatiale et temporelle ne change rien.)

Lorsque j'étais à Quiberon, je suis allée sur la plage et j'ai visualisé les traceurs qui me reliaient encore à mon bourreau, à l'aide d'un sabre j'ai mentalement coupé les câbles et j'ai cautérisé les plaies de mon aura pour éviter les fuites énergétiques et comme il s'agissait d'une vampirisation par le sexe, j'ai visualisé l'objet qui m'avait torturée, pour le découper en morceaux que j'ai projeté sur le sable, du bout de la lame. Ils furent rapidement dévorés par les mouettes charognardes...

Les traceurs avaient définitivement disparu et je les avais brisés toute seule, puisque le seul magnétiseur que j'avais appelé à l'aide ne m'avait pas répondu.

Je n'avais pas eu le choix. J'ai fait ce que j'ai pu car la présence des traceurs m'angoissait au plus haut point, je me sentais en grande insécurité.

J'ai aussi utilisé l'encens et les résines purifiantes, pour assainir ma maison et mon corps. Le sel, le benjoin et la sauge sont recommandés dans de nombreux ouvrages pour la purification. J'ai également pris un bain purifiant en suivant scrupuleusement la recette d'Arnaud Thuly. Les naturopathes recommandent simplement le sel pour purifier le corps dans un bain. J'ai pris du gros sel de mer naturel pour purifier des bijoux sans contact direct. Quant aux couvertures et vêtements, j'ai posé le sel directement dans le tambour de la machine à laver et ça marche ! J'ai mentalement suivi les conseils, pour rompre d'éventuels liens résiduels. J'ai enfin pu constater que j'étais complètement libérée de la créature.

Je sentais des traceurs que je croyais posés sur mes véhicules, en fait ils étaient sur moi ! J'ai pris peur. Mon magnétiseur n'a pas répondu à mon appel au secours. Certains aiment plus l'argent que faire le bien ! C'est encore un livre qui m'a aidée !

Il est possible que des membres de ma famille aient des capteurs et des câbles posés. C'est à moi d'être vigilante et d'observer pour agir et trouver une solution…Les signes qui alertent, ce sont les rêves qui ne vous appartiennent pas.

Il faut arriver à les identifier…Mais aussi, si la personne a l'impression, qu'une autre personne entre dans ses pensées.

J'ai voulu écrire ce livre pour aider les autres mais je dois reconnaître qu'il m'a bien servi aussi. J'ai compris que rien n'était hasard. J'ai été amené en un endroit précis, à un moment choisi par les vampires, je ne suis même pas tombée amoureuse naturellement du pseudo " Prince Charmant " : le pervers narcissique a utilisé l'effet miroir, le mimétisme, l'hypnose…Il a plus d'un tour dans son sac le machiavel, pour parvenir à ses fins ! Il a créé le coup de foudre de toute pièce.

Les Anglais ne l'appellent pas " Love at first sight " pour rien (L'amour au premier regard). C'est mon image qu'il m'a renvoyée. Je suis tombée amoureuse d'une sorte d'idéal qu'il a réalisé d'après mon imaginaire.

Depuis 10 ans que son frère prenait des notes sur moi, ils ont créé l'homme idéal type correspondant à ma personnalité, ensuite j'ai été entraînée, dans une sorte de spirale infernale. Isolée du monde par divers procédés, j'ai lutté contre une créature, pas contre un humain.
Rien n'était visible et je ne pouvais attendre aucune aide extérieure.

Il voulait que je détruise ma famille mais j'ai réussi à la préserver et à la protéger même si j'avais l'impression d'aimer " mon ange " plus que tous les êtres qui me sont chers ! Je me suis forcée à manger, lorsque je n'avais plus du tout d'appétit. J'ai augmenté la fréquence des activités sportives malgré ma fatigue et mon manque de sommeil. J'ai puisé l'énergie au plus profond de moi, dans les pierres, la nature, la magie blanche pour lutter contre la magie noire ! D'ailleurs je crois que mon bourreau a sous-estimé le pouvoir des minéraux. Pendant la sortie d'emprise, j'étais très affaiblie. Je me suis nourrie dans les livres où j'ai bu la vérité à petites gorgées et croqué la connaissance à pleines dents.

C'est comme ça que j'ai survécu à la cruauté avec pour seuls amis intimes, les pierres et les livres…

Grâce au yoga, je captais davantage les énergies du ciel, de la lune, du soleil et de la terre. Oui, les énergies célestes et telluriques sont bien réelles et elles sont encore gratuites alors il faut en profiter !

Cette dramatique expérience ne m'a pas tuée bien au contraire, elle n'a fait que me renforcer. Quand il m'a embrassée violemment le jour de son anniversaire pour me faire croire qu'il n'en pouvait plus de m'attendre, en réalité, il a essayé de me casser les dents de devant : ces 2 incisives centrales qui représentent la vie transmise par mes ancêtres. En essayant de les briser, il a cherché à me prendre la vie mais elles ont été plus solides que sa haine.

Mon arrière-grand-père paternel avait vaincu cette force du mal… Je viens seulement de comprendre… et il m'a protégée…en offrant une rose pleine d'amour à ma mère, le jour de ma naissance…
C'est peut-être lui mon ange gardien….

Aujourd'hui, moi aussi j'ai un super pouvoir. Je peux identifier un sociopathe dans la vie quotidienne et cette capacité est très précieuse, c'est un trésor.

J'espère avoir transmis ce don dans " Les Anges Blancs ", je veux que vous ayez aussi cette " force d'identification ".

Si j'ai réussi, les ventes d'antidépresseurs et de somnifères vont drastiquement chuter, seuls les vampires en auront besoin pour soulager leurs névroses ! L'homéopathie et les huiles essentielles vont connaître un plein essor et c'est tant mieux ! Certains médecins traditionnels reconnaissent leurs limites et envoient leurs patients chez des magnétiseurs…(Faites très attention à votre choix)

Bravo ! Je les en félicite...C'est un premier pas. Il est indéniable que les 2 médecines sont complémentaires.

La sécurité sociale doit reconnaître la valeur des ostéopathes, acupuncteurs, psychologues, psychiatres, kinésiologues, radiesthésistes, art thérapeutes...

Les énergies subtiles existent, il faudra bien un jour l'accepter et se rendre à l'évidence. Non, ça ne relève pas de la croyance !

De vrais diplômes reconnus par l'État doivent être décernés à de vrais thérapeutes qui auront véritablement fait leurs preuves, ce qui éliminerait tous les charlatans. Leurs patients doivent être remboursés par la sécurité sociale et le trou serait très vite comblé !! Mais les autorités le souhaitent-elles vraiment ? Leur but n'est pas d'aider à aller mieux, mais de faire consommer plus. Combien de personnes atteintes de troubles psychiques ou psychiatriques ne se soignent pas par faute de moyen ! C'est lamentable ! Combien de maladies seraient évitées par une médecine préventive personnalisée ? Le combat sera long, très long...Ce qui m'a aidée à me reconstruire et à me relever, c'est que j'ai découvert la vérité au goutte à goutte, à petite dose. J'ai pu " digérer " les horreurs que je découvrais sur la nature inhumaine de certains êtres, au fil de mes recherches. J'admire tous ceux qui ont osé écrire sur ce sujet tabou et ma reconnaissance est infinie.

Je remercie aussi le sociopathe qui s'est livré au questionnaire du psychiatre, Il est l'un des rares vampires à vouloir sortir de l'énergie négative et meurtrière qui dort en lui, car la partie saine de son être se bat pour survivre...alors pour ce petit morceau de vie qui lutte, je lirai le livre écrit en Américain par Raven Kaldera pour aider les vampires qui le souhaitent à tuer la bête qui vit en eux.

18 MOIS PLUS TARD...

Je ne ressens ni haine ni pitié pour les pervers narcissiques…mais je ne pardonne pas. Ma colère s'est envolée, en tapant les dernières pages de mon livre qui aura bien plus de force qu'un tribunal qui à part salir ou condamner et punir n'aurait rien apporté de plus à personne. Je suis convaincue que la vengeance engendre la haine et ne fait que détruire alors elle était inutile.

Cette expérience m'a inévitablement changée…
Je n'accepte plus aucune humiliation.
Je me méfie énormément des apparences et ne fais plus totalement confiance.
J'observe encore plus qu'avant les visages, les regards, les comportements…
Je ne me mets plus systématiquement à la place des gens…
Les larmes ne sont pas forcément des signes de tristesse...Le crocodile pleure avant d'engloutir sa proie !
Je fais des cadeaux à ceux qui le méritent…
Je suis beaucoup moins diplomate !
Je vais malgré tout davantage vers les autres pour aider, mettre sur la voie et je m'efface.
Je bannis l'humour sarcastique et m'en méfie terriblement tout comme le " hors norme " et la " démesure ".
Je détecte les mécanismes de manipulation et je parviens à les identifier assez rapidement.
J'ai un seuil de tolérance beaucoup moins élevé.
Je ne m'intéresse plus aux mauvaises personnes, je n'ai pas de temps à perdre.
J'ai destitué mes parrain et marraine de leur fonction. L'une car nous n'avions qu'une relation cordiale et l'autre parce qu'un sociopathe est indigne de cette fonction et ne peut en aucun cas représenter mon père devant Dieu ! (" Godfather " en anglais !)
Je les ai remplacés par 2 belles personnes à qui je peux me confier et qui me comprennent.
Je m'éloigne des énergies négatives (Personnes et lieux).
J'utilise le sel pour purifier mon linge, mon corps...et les résines pour les lieux, les meubles et les objets...régulièrement.

J'oublie les conventions et les convenances.
Je pense plus à moi qu'avant, à mon bien-être et à ce qui me convient.
Je suis attentive aux signaux envoyés par mon corps et ma conscience. J'interprète mes rêves lucides et je note mes rêves nocturnes pour chercher la signification psychologique sur Internet, comprendre le passé, le présent et le futur.
Dans ma vie de tous les jours, lorsque quelque chose se répète plusieurs fois, je repère cette synchronicité pour comprendre le message qu'il cache.
Avant de tomber malade, je suis sensible aux signes précurseurs et j'agis au plus vite avec l'homéopathie, les tisanes et les miels adaptés, les huiles essentielles, les élixirs de pierres, l'ostéopathie et l'acupuncture...Le yoga...Le sport....
Je me suis encore davantage rapprochée de la nature, des plantes, des arbres et des minéraux...
Je me protège. Je protège ma famille.
J'aime encore plus la vie qu'avant, je savoure chaque instant.
Je voyage beaucoup avec ma famille... Seule aussi, j'en ai besoin...
Je m'émerveille devant la beauté du monde encore plus.
J'ai retrouvé mon sourire d' enfant.
 Le spectacle de la vie me remplit de joie, cette liberté retrouvée me ravie, lorsque le spectacle est trop beau, c'est parfois trop fort et ça peut me faire mal aussi, au plus profond de moi... mais la joie reprend très vite le dessus !
Je ne suis plus athée, je crois aux textes sacrés mais je renie l'interprétation faite par les religions qui ont dénaturé les textes originels à leur profit.
Je crois aux énergies célestes et telluriques, divines et diaboliques pour interpréter les origines de l'homme. Notre corps est composé à 97 % de poussières d'étoiles...
Je crois à l'existence des anges bienfaisants, des démons machiavéliques et leur enfer sur terre.
Je n'envoie plus de photos de personnes où le regard est visible car on ne peut pas savoir dans quelles mains elles vont tomber.
	Je suis persuadée maintenant que des énergies subsistent de nos ancêtres, qu'elles sont invisibles et pourtant bien présentes...Nos passions, nos passe-temps en sont la preuve concrète...
	Rien n'est hasard...La chance n'existe pas…

	Dans cette renaissance, cette nouvelle vie, je suis guidée aidée par 3 pierres sublimes, 3 apatites bleues, grosses comme des galets aux nuances océanes étonnantes…
	Mes meurtriers psychiques ont tué une partie de moi et mes pierres m'ont aidée à me renouveler.
	L'ancien chemin s'achève et le nouveau se dessine....
Mes pierres sont comme un pont tendu et me permettent d'atteindre l'autre rive.
	J'ai failli remonter le courant pour détruire tous ceux qui m'avaient fait souffrir, mais j'ai refusé de devenir bourreau à mon tour...
	Je considère mon roman comme ma plus belle création après mes enfants.
Avec ce livre, le " Monde des Bisounours " l'emporte sur le " Royaume des fous ".

Ce n'est qu'un premier pas, d'autres suivront…
Ce souffle est éternel...Il sera transmis de génération en génération à toute ma descendance...

VIVE L'AMOUR,

VIVE LA CONNAISSANCE ET L'EXPÉRIENCE,

VIVE LA VÉRITÉ ET LA LIBERTÉ,

VIVE LA VIE !

" Mon papa à moi, il est méchant mais après il est gentil. "

Romain.

BIBLIOGRAPHIE

- A study of James G.Tunny 1820-1887. Julian Bukits.
- Le stress c'est la vie ! Dr Soly Bensabat.
- Mille et un bonheur. Sœur Emmanuelle.
- Je pense trop. Christel Petitcollin.
- Je pense mieux. Christel Petitcollin.
- Échapper aux manipulateurs. Christel Petitcollin.
- Pourquoi trop penser rend manipulable. Christel Petitcollin.
- Le décodeur des pervers narcissiques. Hélène Gest-Drouard en collaboration avec Valérie Guélot.
- Les perversions narcissiques. Paul Claude Racamier.
- Vampirisme énergétique. Arnaud Thuly.
- Purification. Principes et méthodes. Arnaud Thuly.
- Plantes et encens de purification. Arnaud Thuly.
- La santé naturelle avec l'apithérapie. Dr Guy Avril.
- L'équilibre acido-basique. Christophe Vasey.
- Quand les dents racontent les origines de l'homme. Michèle Caffin.
- Le 6ème sommeil. Bernard Werber.

- Au fil de l'autre. Véronique Jannot.
- Histoires de vies. Messages du corps. Olivier Soulier.
- Aïe, mes aïeux ! Anne Ancelin Schützenberger.
- Quand j'étais quelqu'un d'autre. Stéphane Alix.
- Le monde fascinant de la télépathie. Valéry Sanfo.
- Almanach des sorcières. Opakiona Blackwood et Avy Raé.
- Le grand livre de nettoyage, protection et prévention énergétique. Docteur Luc Bodin.
- Toutes des sorcières. Aurélie Godefroy.
- L'énergie des cristaux. Mary Lambert.
- The Ethical Vampire. Second Edition. Raven Kaldera.
- Les 38 quintessences florales du Dr Edward Bach. Mechthild Scheffer.
- Harry Potter. J. K Rowling.

Mille mercis à tous ces auteurs.

Couverture : Photo de roses blanches. Louise Escampe

A TOUTES LES VICTIMES...

Celles qui ne sont plus,

qui sont détruites ou qui subissent.

Celles qui luttent ou qui dénoncent.

Les victimes qui condamnent,

qui se reconstruisent….

Celles qui survivent,

Celles qui ont fui,

A toutes celles qui renaissent

et qui vivent...

Et toutes celles qui n'en seront pas…

Grâce " AUX ANGES BLANCS ".

MYTHE DU VAMPIRE

Définition du dictionnaire Sicalien trouvé sur " La toile " (Le web), peut-être encore visible...

" Monstrueuse machination mondiale pour faire croire aux populations charmantes et innocentes que Les Vampires n'existent pas. "

A méditer....